KB242546

조선후기

진·가 확인형 소설의
형성 기반과 서사세계

조선후기

진·가 확인형 소설의 형성 기반과 서사세계

최 천 집 지음

한국학술정보㈜

이 책은 필자의 박사학위 논문을 첨삭 수준에서 고치고 책으로 출판한 것이다. 박사논문의 주제는 진짜와 가짜를 확인하는 것을 주지로 삼는 소설을 찾아내고 그런 소설을 유형으로 묶어 그것이 어떤 형성 기반과 서사 세계를 가지고 있는가를 찾아내는 것이었다. 논문의 주제를 찾기 위해 필자는 오랜 시간을 준비하고 모색하였다. 주위의 사람들은 필자의 이런 기간을 못 견뎌하며 힘들게 바라보고 안타까운 마음을 드러내기도 했다. 그러나 정말 필자에게 그때는 책을 읽고 그것을 이리저리 뜯어보면서 논문의 주제로 삼을 수 있을지를 모색하는 소중하고 유익한 시간이었다. 이 기간에 필자는 학문을 할 수 있는 준비를 갖추었고 앞으로의 학문의 길을 어떻게 해나갈 것인가를 계획할 수 있었다. 지금의 내가 있기까지 이런 시간은 참으로 소중하고 중요한 의미를 지닌다고 생각한다. 그러나 그 시간은 동시에 힘들고 고통스러운 시간이기도 했다. 필자는 책을 읽고 논문 주제 찾기에 골몰하고 있다가 우연한 기회에 이런 논제를 찾았다.

논제는 정말 우연한 기회에 별안간 필자에게 다가왔다. 필자는 이 주제를 찾기 위해서 의도하지 않고 이런저런 책을 읽고 비판하는 것으로 소일하고 있었다. 글을 읽는 과정에서 이건방의 「原道」라는 글을 우연찮게 읽게 되었다. 이건방은 이 글에서 진짜와 가짜를 구분하는 것을 정밀하고 수준 높은 차원으로 올려놓고 논리적으로 풀어놓았다. 그 글을 읽는 순간 나는 무엇에 감전된 듯한 느낌을 받았다. 철학자들이 이런 문제를 자신의 논리 전개의 주제로 삼아 수준 높게 전개했다는 것이 놀라움 그 자체였다. 그런 충격을 겪고 나는 가만히 이런 논의가 논문 주제로 다루어질 수 없겠는가 하는 점을 모색하기 시작했다. 나의 주된 관심은 과연 이런 철학적인 논의가 소설로는 어떻게 표현되었고 서사적 특성은 무엇인가 하는 것으로 모아졌다. 철학적 논설에 이와 같은 수준의 논의가 있다면 문학에서 이런 경향의 작품이 있을 것이라는 확신을 가지고 그런 경향을 지닌 작품을 찾는 작업을 해나갔다. 그런 과정에서 몇 작품을 찾아내게 되었다. 그러나 찾은 작품은 4편밖에 되지 않아 작품이 너무 적고 유형으로 묶어서 다루는 데에도 많은 애로가 뒤따랐다. 그 뒤에 주위의 조언도 듣고 도움도 받아 한 작품을 더 찾아내어 총 5편의 작품으로 그것을 유형으로 묶고 형성 기반과 서사 세계를 논의하여 서둘러 박사학위 논문으로 제출했다. 그때가 2006년 6월이니 지금으로부터 2년 전의 일이다.

　2년의 시간이 지난 지금 그때의 문제의식과 논의는 여전히 유효하고 의미 있다고 보아 책으로 출판하게 되었다. 책으로 출판하기는 하지만 논문의 체계를 대폭적으로 고치고 논리를 바로잡아 새롭게 구성하지는 못하고 그때의 논의에서 부족한 부분을 보완하고 오타를 고치는 수준에 머물렀다. 이렇게 한 데에는 우리 사회에서 일어나고 있는 각종 사건의 바탕에 자리하고 있는 근본문제가 이 책에서 다루는 주제와 밀착하여 생각할 수 있는 여지를 많이 남기고 있다고 판단하기 때문이다. 우리 사회에서는 논문을 쓰고 난 이후에 '황우석 사태', '신정아 사건', '유명인의 학력 위조사건' 등이 연달아 일어났다. 이런 사태의 중심에는 필자가 이 책에서 다룬 진·가 확인을 둘러싸고 일어나는 여러 문제들이 중첩되어 있다. 예나 지금이나 이런 문제를 두고 인간은 서로 갈등하고 화해하면서 사회를 어떻게 만들어 나가고 발전시켜 나갈 것인가를 고민하고 모색한다. 모쪼록 이 책이 우리의 과거를 반성하고 현재를 살아가고 미래를 준비하는 데에 조금의 안내라도 될 수 있었으면 좋겠다.

올해 여름 우연히 책을 출판해 보자는 연락이 한국학술정보에서 왔다. 나도 논문을 책으로 출판해 보면 어떨까 하는 생각을 갖고 있던 터라 메일을 보자마자 바로 책으로 출판하자는 것에 동의를 하고 답장을 보냈다. 초학자의 신분으로 박사논문을 책으로 출판하는 데에 여러 가지 제약과 어려움이 따랐는데 이를 한꺼번에 해결해 주어 고맙고 감사할 따름이다. 이 자리를 빌려 책으로 출판하는 데 많은 도움과 수고를 해 준 사장님 이하 편집부 직원에게 고마운 마음을 전한다.

공부를 하기 시작한 후에 여러 분들에게서 많은 도움을 받았다. 석사 때부터 박사 때까지 글쓰기에 대한 철저할 정도의 엄격성을 유지하고 학문하는 사람의 모습이 어떠해야 하는지를 몸소 실천하고 보여주신 지도교수 김일렬 선생님께 감사드린다. 제자가 선생님의 풍모와 자세를 이어받아야 하나 그렇게 하지 못해 죄송할 따름이다. 박사 논문을 심사하는 과정에서 여러 가지 조언과 질정을 해 주어 논문을 완성하는 데 도움을 준 서종문 선생님, 김문기 선생님, 김기현 선생님에게도 감사를 드린다. 특히 동기이자 모교의 교수로 재직하고 있는 정우락 교수는 논문을 완성하는 데 큰 힘이 되어 주었다. 이 자리를 빌려 감사의 말을 전한다. 가족에게는 고마운 말을 하기도 부끄러울 지경이다. 멀리서 아들을 걱정하고 계신 어머님, 가장으로서의 책임도 다하지 못하고 공부를 한다고 앉아 있는 남편을 묵묵히 지켜봐 주고 뒷바라지해 준 아내, 놀아주지도 못하고 아버지 노릇도 제대로 못했는데 잘 자라준 아들에게 고마운 마음을 전한다. 그저 감사하고 감사할 따름이다.

2008년 8월 5일 무더운 여름에

최 천 집

Contents

Contents

I

서 론

1. 문제 제기와 연구사 검토

조선 후기에 자신이 진짜라고 주장하는 측과 그렇지 않다고 하는 측이 등장하여 어느 쪽이 옳으냐를 두고 갈등을 겪다가 결국에는 어느 한쪽은 옳고 다른 쪽은 그르다는 것을 밝히는 소설이 많지 않지만 몇 편이 있다. 진짜와 가짜라는 인물이 직접 등장하여 지극히 현실적인 문제를 두고 다투는 작품도 있고 인간과 동물이 등장하여 인간은 일방적으로 부정적인 행위만을 일삼아 왔음이 드러나 동물보다 못한 존재임이 폭로되기도 하는 등의 작품도 있어 그 특성은 다양하다. 작품은 진·가 확인을 두고 진지한 모색과 고민을 하였음을 드러내고 있으며 인간의 올바른 모습이 어떠해야 하는가를 깊이 반성하고 있다는 점에서 '正體 확인형 소설'이나 '眞·僞 확인형 소설’ 혹은 ‘眞·假 확인형 소설’이라고 칭할 수 있다.[1] 세 가지 용어 가운데 이 책에서는 정체가 무엇을 의미하는지 애매하다는 판단과 진·위는 가치를 중시한 용어라는 판단에 따라 보다 정확하게 작품의 특성을 드러낼 수 있는 용어인 ‘진·가 확인형 소설’ 쪽을 택해 쓰면서 논의를 전개해 나가고자 한다. 이 책은 진·가 확인형 소설이라는 유형을 설정하고 이들 유형의 소설이 어떤 형성 기반을 가지고 있으며 서사 세계는 어떠한지를 밝혀 보는 데 목적을 두고 있다.

한편, 하나의 작품을 철저하게 분석하는 이유는 유형을 제대로 읽어내기 위해서는 꼭 필요한 기초 작업으로서 의의가 크다는 판단에 따른 것이다. 그러나 너무 제한된 시각으로 작품만을 문제 삼아 그것을 철저하게 천착하려고 한다면 작품의 객관적인 성격과 문학사적 연관성을 파악하지 못할 가능성도 커지고 시야의 확대도 이루어지지 못할 것이다. 이런 단점을 극복하고 시야를 확대할 수 있는

---

[1] 세 용어는 제각기 장점과 단점을 가지고 있지만, 앞의 두 가지보다는 뒤의 것이 장점이 많아 택해 쓴다. 정체라는 말은 너무 범위가 넓어서 작품의 특성을 제대로 나타내는 데에 적당하지 않다는 것이 단점이다. 작품의 특성인 진짜·가짜가 등장하거나 진짜·가짜가 등장하지는 않더라도 진짜·가짜라 하더라도 큰 무리가 없는 인물이 등장하는 것을 제대로 드러낼 수 있는 용어는 진·가 확인형 소설이라 보고 이 용어를 선택하여 사용한다. 이 용어와 비슷한 뜻을 지닌 眞·僞 확인형 소설이라는 용어도 사용할 수 있지 않을까 하는 생각이 들지만 전자보다 후자는 가치에 중점을 두고 있는 용어라는 판단이 서서 전자를 사용한다. 그렇다고 하여 필자가 진·위 확인형 소설이라는 용어가 전혀 사용할 가치가 없다는 입장에 서 있지는 것은 아니다.

방법은 여러 가지가 있겠으나, 한 작품을 다른 작품과 연관하여 한
꺼번에 다루는 방법도 그 가운데 하나일 수 있다. 이 책은 이런 관
점에서의 연구를 진행해 보고자 하는 의도를 가지고 시도된다는 데
의의가 있다. 그렇다고 하여 이 책에서의 연구방법이 흔히 말하는
비교에 따라 한 작품과 다른 작품의 동이점을 찾아내고 그것을 확
인하는 것에 중점을 둔 것은 아니다. 이 책에서는 비교라는 방법에
서 한발 더 나아가서 유형 차원을 문제 삼고 이것이 개별 작품에는
어떻게 나타나는지를 확인하는 데도 관심이 놓여 있다.

  고전소설 중에 진·가 확인을 중요하게 다루고 있는 작품은 「유
연전」[2]·「화산중봉기」·「옹고집전」·「양반전」·「호질」 등이 있다.[3]

---

2) 이 작품을 학계에서는 傳이 소설적 지향을 갖게 된 작품으로 보기도
   했다. 그런데 이 견해도 이 작품을 소설로 보지 않는다는 것이 아니어
   서 소설로 보아도 무방하다는 측면을 이끌어낼 수도 있다. 여기에서는
   소설로 보아도 무리가 따르지 않는다는 판단에 따라 논의대상으로 삼
   았다. 장르귀속 문제는 아무리 철저하고 완벽한 논의가 이루어진다고
   하더라도 모든 사람들의 합의를 이끌어낼 수는 없고 의견이 분분하게
   일어날 수 있는 여지는 남아 있게 마련이다. 이 책은 이런 문제에 대해
   철저한 분석을 하는 데까지 관심을 두고 있지 않기 때문에 자세한 논
   의는 생략한다. 이 작품을 전이 소설적 지향을 갖게 된 작품이라고 본
   견해는 박희병이 제기하였는데 다음을 참고하기 바란다.(박희병, 「조선
   후기 <전>의 소설적 성향 연구」, 서울대 박사학위논문, 1991.)
3) 필자는 『의산문답』을 소설로 보지 않고 철학적 논설로 본다. 『의산문답』
   은 이제까지 철학소설로 보는 연구자도 있었고 敎述散文으로 보는 연구
   자도 있었으며 哲理散文으로 보는 연구자도 있었다. 이런 견해는 김태
   준, 조동일, 임형택·박희병이 제시했다.(김태준, 『홍대용과 그의 시대』,
   일지사, 1982.: 김태준, 『홍대용평전』, 민음사, 1987.: 조동일, 『문학사
   와 철학사의 관련양상』, 한샘출판사, 1992.: 임형택, 「關于洪大容'毉山

다른 작품들 중에서 이런 특성을 가지고 있는 작품을 찾아본다면 찾을 수 있겠으며 앞으로도 새로운 작품을 찾을 가능성은 항상 열려 있다.

각 작품들은 저마다 고유한 특성을 가지고 있다. 이들은 같은 유형으로 묶기에 주저될 정도로 각각의 특성이 너무 뚜렷하다. 이들 작품은 진·가 확인을 중요하게 다루고 있어 유형으로 묶어 다룰 만한 공통점을 갖추고 있다. 이제까지는 이런 점을 인식하지 못하여 함께 다루는 논의가 시도되지 않았을 뿐이다. 이 책에서는 진·가 확인형 소설이 어떤 형성 기반을 가지고 있으며 서사 세계는 어떠한지를 탐구해 보고자 한다. 이런 관점에서의 논의는 이제까지 이루어진 적이 없기 때문에 연구사적 의의도 충분하다.

기존의 논의에서는 각 작품에 대한 고찰은 많이 이루어졌지만 유형 차원의 논의는 이루어지지 않았다. 이런 한계를 극복하고자 이 책에서는 유형론과 작품론을 겸한 연구를 진행해 보고자 한다. 이 책에서 취하는 연구 방법은 기존의 방법에서 어느 정도 영향을 받아 필자 나름으로 효과적인 결과를 도출하기 위해서 시도해 보는 성격이 짙다. 기존의 연구를 통해 이 책에서 택하고 있는 방법이

問答'－'虛'與'實'的意味及其散文的性格」, 중국학술대회발표문, 1993.: 박희병, 「홍대용 연구의 몇 가지 쟁점에 대한 검토」, 『진단학보』79, 1995.) 그런데 셋째 견해는 둘째 견해에서 나아가 장르종 차원으로 갈래를 찾아본 것으로써 다른 장르로 본다고 할 수 없어 둘째 견해와 같다. 이렇게 본다면 『의산문답』의 갈래는 철학적 논설로 보는 관점과 소설로 보는 관점이 있다. 대립적인 두 견해 가운데 필자는 이 작품을 철학적 논설로 보는 관점이 더 타당하다고 판단한다.

타당하다는 것이 뒷받침되어 이 책은 시작될 수 있었다. 이제까지 이루어진 연구를 이 책과 관련된 논의를 중심으로 하여 살펴보자.

첫째로 작품의 의미를 자아의 확인으로 해석하는 관점이 이 책과 관련하여 시사적이다. 「옹고집전」과 「양반전」이 이런 관점으로 해석된 작품이다. 전자는 이강엽4)이 후자는 이원수5)가 연구하였다. 이강엽은 「옹고집전」을 읽는 방법을 새롭게 했다. 그는 이 작품을 자아의 실현이라는 관점으로 해석했다. 그 결과는 이 책과 관련해서도 중요한 안내를 한다. 그러나 그는 등장인물 가운데 진짜에게 한정하여 논의를 했으며 가짜에 대해서는 논의를 하지 않았다. 이원수는 「양반전」을 양반의 정체성 확인 과정으로 보고 작품의 의미를 「허생전」과 관련하여 해석해 냈다.

둘째로 사상사적 관점으로의 연구도 이 책과 관련하여 중요하다. 불교적 의미로 「옹고집전」을 해석한 연구자는 설중환6)인데 그는 작품의 의미를 자기의 고집을 버려라 하는 것으로 보고 이것을 불교적 眞我의 발견과 연결하여 해석해 냈다. 또한 그는 이 작품이 조선 말기의 쇄국정책에서 자주적 개방으로 나아가야 한다는 시대적 우의도 지니고 있다고 보기도 하였다. 그러나 이런 연구는 진짜와 가짜의 대립과 갈등이라는 관점으로 연구한 것은 아니기 때문에 이 책과는 기본적인 관점이 다르다. 또한 이 책에서는 불교보다는 양명

---

4) 이강엽, 「"자기실현"으로 읽는 <옹고집전>」, 『한국고소설연구』17, 한국고소설학회, 2004.
5) 이원수, 「양반전과 허생전, 그 설문과 해답」, 『연민학지』3, 연민학회, 1995.
6) 설중환, 「옹고집전의 구조적 의미와 불교」, 『문리대논집』4, 고려대 문리대, 1986.

학이 더욱 중요한 역할을 하였다는 관점에 서 있어 기본적인 관점
이 다르다. 이 책과 직접적인 관련이 있는 논의는 조동일[7]이 행했
다. 조동일은 「호질」을 조선 후기의 사상적 논쟁인 人物性同異論爭
으로 해석해 냈다. 이런 관점이 이 책과 관련하여 기존의 연구에서
제시된 방법으로 유효한 안내를 한다.

　이 책은 기존의 연구자들이 소홀히 다룬 점에 중점을 두고 있다.
유형이 발생하게 된 기반과 작품의 서사 세계가 어떠한지 주목하여
다루고자 하는 데 목적을 두고 있다.

2. 연구의 방법과 범위

　이 책은 작품들을 한 편 한 편 따로 철저하게 다룰 뿐만 아니라
묶어서 다루어 보아 그것이 지닌 형성 기반과 서사 세계가 어떠한
지를 찾아보려는 데 주된 목적을 두고 있다. 이제까지 진·가 확인
형 소설이라는 유형을 설정하고 이루어진 논의는 없어 논의 자체가
연구사적 필요성과 의의를 충분히 확보하고 있다.

　중요하게 다루어야 할 것은 유형 차원의 작업이라고 보아 필자는

---

7) 조동일, 「18세기 인성론의 혁신과 문학의 사명」, 『한국의 문학사와 철
　학사』, 지식산업사, 1996.

유형을 먼저 문제 삼아 보았을 따름이지 작품 차원의 논의를 전혀 하지 않아도 된다는 입장에 서 있는 것은 아니다. 오히려 필자는 유형 차원의 연구가 제대로 이루어지기 위해서는 작품 차원의 논의가 먼저 이루어져야만 한다는 입장에 서 있다. 그런 의미에서 작품을 연구하는 관점은 어느 하나의 고정된 방법론만으로는 만족스러운 결과에 도달할 수 없음은 물론이고 언제나 새로운 시각으로 연구가 이루어져야 한다. 여러 가지 방법을 동원하여 작품을 새롭게 해석하려는 노력을 계속하여야만 작품의 실상에 다가갈 수 있고 유형 차원의 논의도 깊이를 획득할 수 있다.

작품을 고립된 관점으로만 다루다 보면 한 작품에 대한 철저한 이해에는 이를 수 있겠지만 비슷한 경향을 지닌 작품을 함께 다루어야만 얻을 수 있는 결과를 얻지는 못할 수도 있다. 이 책에서는 이런 단점을 극복하고자 유형 차원의 논의와 작품 차원의 논의를 동시에 진행한다. 관련된 작품을 함께 다루는 연구가 보다 효과적으로 진행되기 위해서는 한 작품에 대한 철저한 분석과 이해가 선행되어야 한다는 것은 기본적인 전제이다. 이를 부정하고 이루어지는 유형 차원의 논의는 존립하지 못하거나 작품 간의 유기적인 관련을 제대로 짚어내지 못할 가능성이 많기 때문이다. 그런 의미에서 이 책에서 다루는 방법은 어느 한쪽에만 제한되지 않고 두 영역에 걸쳐 있다.

진짜와 가짜를 가리는 문제는 조선 후기에 사회의 이면에서 표면으로 부상하여 사람들의 관심을 많이 끌게 되었다. 조선 후기 이전의 사람들이라고 하여 이 문제를 다루지 않았던 것은 아니었겠지만 조선 후기 사람들만큼 절박한 문제의식을 가지고 접근하지는 않았던 것으로 보아진다. 이 문제는 인간의 보편적인 관심거리 가운데 하나여서 어떤 시대라도 다루어 볼 만한 가능성은 높았으나 시대에 따라 중요하게도 중요하지 않게도 다루어졌다. 조선 전기에는 이 문제가 사람들의 관심을 끌어 모을 정도로 시대적인 여건이 성숙되지 않아 몇몇 사람들의 관심만 끌었다. 그러나 미미하게 다루어지던 이 문제는 조선 후기에 이르면 많은 사람들의 관심을 모았고 사회적인 논쟁거리로 발전해 갔다. 조선 후기에 이런 문제가 사회 전면에 등장하게 된 데에는 전대로부터 누적되어 온 지속적인 관심이 작용하였을 것이다. 또한 조선 후기라는 혼란한 시대 상황이 이를 부추겼을 것이다.

조선 후기를 배경으로 하지 않으면 이 문제는 큰 관심을 끌지도 못했을 것이며 부각되지도 않았을 것이다. 조선 후기에 활발하게 다루어진 이 문제는 이 시대를 배경으로 하고 있다 하더라도 문제될 것은 없다. 이런 판단에는 조선 후기 이전에 이 문제를 큰 관심을 가지고 논란을 벌인 일이 없다는 사실에 의한 것이다. 조선 후기에는 이런 문제가 철학적인 논의로도 활발하게 다루어졌다.

조선 후기 이 문제는 다양한 담론으로 제시되는 경우가 많았는데 그 가운데 철학적 논설, 소설 등은 대표적이다. 철학적 논설이나 소설이라는 형태를 취하여 이 문제를 다루는 데에는 이 시대인에게만 해당되는 절박한 문제의식이 표현형식을 찾아 이루어진 것이라 평가할 수 있다. 관심이 증대하니 이런 문제는 문학적 형상화의 대상으로 부각되었고 다양한 형태를 빌려 표현하는 과정에서 시대적 성격을 드러내는 담론양식이 되어 갔다. 소설에서마저 이 문제를 전적으로 다루는 경우가 생긴 것은 사회 전체가 이 문제를 두고 논란을 벌였고 누구나 이 문제에 관심을 가졌다는 간접적인 징후의 하나로도 볼 수 있다. 이렇게 된 데에는 진·가 확인 문제가 당대인들에게 일반화되고 부각될 수밖에 없었던 절박한 시대적 이유나 필요성이 작용하였다고 보아진다. 즉 조선 후기라는 시대나 조선이라는 사회가 가진 특성이 이 문제를 부각시키는 데 결정적인 작용을 하였음을 반증하는 현상이 소설에서 드러났다고도 할 수 있다. 더욱이 진·가 확인 문제는 어느 시대에도 사회의 관심거리로 다루어지지 못했기에 이런 식의 인식은 확실하게 이 문제를 다룰 수 있는 기본적인 시각으로 유효하다.

조선 후기라는 시대에는 중세의 요소를 버리고 근대를 모색하는 여러 가지 징후들이 생겨났다. 조선 후기는 과도기에 해당하는 데 갈등과 혼란이 끊임없이 일어났으며 그런 와중에 진·가 확인형 소설도 등장하고 있어 시대와 문학이 어떤 연관을 맺었는지 보여준다. 이 책에서는 조선 후기라는 시대가 진·가 확인형 소설의 등장과 밀접한 관계를 지녔다고 보고 논의를 해나간다.8)

---

8) 진·가 확인형 소설은 조선 후기에 등장하여 유행하였기 때문에 이것을 연구하는 데는 조선 후기라는 시대를 전제하지 않으면 제대로 된 연구가 불가능하다. 진·가 확인 문제는 어느 시대 어떤 사람이라도 중요한 관심거리로 다루어 볼 만한 가치와 무게를 지니고 있는 보편적인 성격을 띤다고 누누이 강조했다. 그렇지만 이런 문제가 시대의 제한을 받지 않고 모든 사람들의 관심을 끌어내지 못했고 조선 후기에 본격적으로 다루어지는 특수한 문제에 속한 것으로 제한되어 있었다. 당연히 진·

그러나 이제까지 이 문제에 대한 관심은 문제 자체를 다루어야 한다는 인식이 싹트지 않아 어떻게 다루어야 할지도 모색되지 못했다. 이 책은 진·가 확인 문제가 조선 후기에 발생할 수밖에 없었던 이유를 시대와 연관하여 다루어 보고, 작품 간의 상호 연관성과 차이점은 무엇이며 그것에 나타난 작자의식은 무엇인가를 찾아보며, 이 유형이 지닌 문학사적 의의가 무엇인가를 찾아보는 데에 연구의 목적을 두고 있다.

철학적인 논설은 이 문제를 다루는 데에 논리를 분명히 세우고 논란의 양상을 전면적으로 수용하여 빠뜨리지 않고 다룰 수 있다는 장점을 지녔다. 그런 장점을 사대부 계층은 활발하게 이용하였다. 그러나 철학적인 논설은 일부의 학자에게만 유용했다. 이런 한계를 극복하려는 의도가 더욱 열린 장르로의 관심으로 이어졌고 소설이 선택되어 활용되었다. 철학적인 논설은 학자들 간에 오고간 편지라는 형식의 글에 많이 개진되어 있는데, 특히 주자학자와 양명학자 간에 오고간 편지에 이에 대한 첨예한 대립을 보여주는 언설들이 나타나 있다. 편지에는 진지한 학문적 대화가 오고가는 가운데 토론 상대자가 이단에 기초하여 논리를 전개한다는 기미를 보이기만 하면 가차 없는 비판과 비난을 가한 내용이 나타나며 상대의 비난과 비판을 받는 쪽은 자신을 변호하기 위해 이단이 아니라고 거듭 강조하는 언사를 늘여 놓는 내용도 나온다.

洪大容의 『毉山問答』이나 李健芳의 「原道」는 철학적 논설이라는

____

가 확인 문제를 다루기 위해서는 조선 후기라는 특수한 시대적 여건을 고려하지 않으면 그 본질에 다가갈 수 없다.

형태를 띠고 있으면서 이런 논의가 얼마나 높은 수준에 이르렀는가 보여준다. 철학적인 논의에 진·가 확인 문제를 다루었다는 것은 이 시대인들이 이를 보편적인 관심거리 가운데 하나로 바라보아 인식하기 시작했다는 의미이다. 철학자들은 중요한 문제로 진·가 확인 문제를 인식하기 시작했고 그것을 부각하여 다루는데 어떤 부류의 사람들보다 적극적으로 나섰다. 철학적 논의는 철학자들만의 관심 영역에 머무르지 않고 일반인들에게 영향을 주면서 그 저변을 확대하여 갔다. 이렇게 된 데에는 이 시대인들에게 진·가 확인 문제를 해결하는 것이 시대의 고민을 풀어나가는 하나의 길과 연결되어 있다는 인식이 작용했다고 생각된다.

이 책은 다음과 같은 순서로 진행된다.

Ⅱ장에서는 진·가 확인형 소설이 발생하게 된 기반을 다룬다. 여기에서의 논의는 진·가 확인형 소설의 발생에 작용한 사회적·사상적·문학적인 배경과 인간과 학문에 대한 담론이 어떻게 진행되었는지 등이 다루어진다. 나누어 논의하는 것은 논의의 편의를 도모하기 위하여 선택한 것이지 이런 요소들이 따로따로 작용하였다는 것은 아니다. 분리된 논의는 확연하게 소설의 형성 기반을 여러 측면에서 설명해 줄 수 있는 유효한 길이다. 여기에서의 논의로 진·가 확인 소설이 어떤 기반을 가지고 발생하였는지 드러나 소설을 이해할 수 있는 기초가 놓아질 것이다.

Ⅲ장에서는 진·가 확인 소설의 유형적 특성을 개별 작품들의 중심으로 하여 논의할 예정이다. 이 논의에서는 진짜와 가짜를 나누는 것이 어디에 기준을 두고 있는가를 중시하여 사실의 진·가 확인에

중점을 두고 있는 것을 하나로 묶어 다루고 가치의 진·가를 확인하는 데에 중점을 두는 것을 하나로 묶어 다루고자 한다. 진·가를 확인하는 데에 사실과 가치가 나누어질 수 있을까 하는 의문이 들기는 하지만 작품은 확연하게 어느 한쪽에 중요한 목적을 두고 진·가 확인 과정을 거치고 있어 확연하게 나눌 수 있다.

사실의 진·가 확인을 중시하는 작품으로는 「유연전」과 「화산중봉기」가 있고 가치의 진·가 확인을 중시하는 작품으로는 「옹고집전」과 「양반전」 및 「호질」이 있다. 전자의 유형에 속하는 두 작품은 가치보다는 사실에 중점을 두어 진·가를 나누고 있어 유형으로 묶는 데 아무런 어려움이 없다. 그런데 후자의 세 작품은 진·가 확인형 소설로서는 대단한 가치를 지니고 있으면서도 작품의 개별적 특성도 강력하여 유형으로써 묶는 데 어려움을 준다. 그러나 이 세 작품은 사실의 진·가에 중점을 두어 구조를 엮어놓은 것이 아니라 가치의 진·가에 중점을 두어 구조를 결구하고 있다. 따라서 두 작품을 하나의 유형으로 묶어 다루는 것이 가능하다.

Ⅳ장에서는 진·가 확인형 소설에 나타난 작자 의식은 어떠한지 찾아보려는 데 목적이 있다. 이들 소설은 조선 후기를 생성 기반으로 하고 있으니 그 시대를 산 사람들의 의식이나 고민거리를 투영하기 마련이다. 이것을 논의하는 데는 사회라는 객관적 현실을 어떻게 살아가야 하는가에 대한 당대인의 고민이 무엇인가가 논의의 핵심을 차지하여야 한다. 이 문제를 다루는 데에 확연하고 절대적인 기준은 없지만 사회, 역사라는 객관적인 현실을 살아가면서 과연 인간은 어떤 고민을 하였으며 어떤 해결책을 찾아 나갔는지가 중요한

기준으로 작용할 것이다. 이런 점에 중점을 둔 본장에서의 논의는 개인적·사회적·역사적 차원 등에서 어떤 문제와 해결책을 찾아 나갔는지가 중요하게 다루어지면서 이것이 작자의식의 대강을 이루고 있다는 관점으로 진행된다.

Ⅴ장에서는 위에서 논의한 것을 기반으로 하여 진·가 확인 소설이 발생하는 데 결정적인 영향을 미친 사상사적 문제가 무엇인지를 찾아보고 그것을 소설에서는 어떤 반응을 보였는지를 찾아보고자 한다. 조선 후기에 치열하게 전개된 사상의 문제가 어떻게 전개되었으며 그것이 소설에는 어떻게 연결되는지가 다루어질 것이다.

Ⅵ장에서 이 책의 결론이 내려진다. 결론에서는 논의한 것을 요약하고 앞으로의 논의에서는 어떤 점을 더욱 본격적으로 심화시켜 다루어 보아야 하는지를 제시하는 것으로 마무리를 짓고자 한다. 이 부분의 논의를 거침으로써 이 책에서 다루지 못한 점이 중요하게 부각될 것이며 그것을 진행하기 위해서는 어떤 관점으로의 논의가 더욱 철저하게 진행될 필요가 있는지가 드러나게 될 것이다.

끝으로 이 책에서 다룰 대상 작품을 선정해 보자.

진·가 확인형 소설은 진짜와 가짜가 등장해야 하는 것이 기본적인 조건이다. 이런 인물이 등장하지 않는다면 이 유형의 소설이라 할 수 없다. 이런 조건에 맞는 작품은 「유연전」, 「화산중봉기」, 「옹고집전」, 「양반전」, 「호질」 등이 있다. 앞의 세 작품에는 진·가의 성격을 가진 인물이 확연하게 나누어져 등장하고 있기 때문에 이 유형의 소설에 넣어 다루어도 문제될 것이 없다. 그러나 뒤의 두 작품은 진·가가 확연하게 구분되지 않아 이 유형의 소설에 넣어 다룰 수 있는지가 문제될 수 있다. 먼저 이 유형의 소설이 가진 공통점을 추출해 보자.

첫째, 이 유형의 소설에는 진짜와 가짜라고 할 만한 인물이 등장해야 한다. 인물이라고 하여 인간이어야만 할 필요는 없으며 동물이 등장해도 무방하다. 「호질」은 호랑이가 등장하고 있지만 동물인가 인간인가는 절대적인 기준이 될 수 없다. 왜냐하면 진짜와 가짜라고 할 수 있는 인물이 등장하고 그들이 확인과정을 겪고 있기 때문이다. 등장인물이 동물인가 인간인가는 중요하지 않으며 인물이 진짜와 가짜의 성격을 가지고 있는가가 중요하다. 작품 가운데 인물이 확연하게 진짜와 가짜로 나누어지는 것이 있는가 하면 나누어지지 않는 것도 있다. 그런 진짜와 가짜의 명확성과 불명확성은 이 유형의 소설에 넣을 수 있는가 넣을 수 없는가를 결정하는 요소는 아니다.

둘째, 이 유형의 소설은 진·가를 확인하는 과정이 있어야 한다. 작품에는 진짜와 가짜가 등장하여 이들이 진짜라고 주장하고 서로를 배척하는 과정이 나타난다. 진짜는 자신이 진짜라고 주장하고 가짜도 자신이 진짜라고 주장하여 서로 갈등을 겪는데 갈등은 당사자 간의 직접적인 갈등으로 나타나기도 하고 당사자 이외의 주변 인물에게로 전이되어 나타나기도 한다. 그러나 갈등의 성격이 어떠한지는 이 작품이 진·가 확인형 소설이냐 아닌가를 가르는 기준은 될 수 없다. 과연 이 과정이 진짜와 가짜를 확인하는 과정으로 볼 수 있는가 볼 수 없는가가 중요할 따름이다.

셋째, 진·가 확인의 과정에는 매개체가 있어야 한다. 매개체는 두 인물 가운데 어느 쪽이 진짜인지와 가짜인가를 결정하는 데 중요한 역할을 맡고 있다. 매개체가 등장하여 두 인물을 확인하는 과정에서 인물은 어떤 점에서 긍정되고 부정되는지가 드러난다. 매개체가 등장하여 진짜와 가짜에게 다양한 시험과 확인의 과정을 겪게 함으로써 진·가 확인형 소설은 그 특성을 더욱 부각하게 된다. 그런 과정에서 매개체는 어느 한쪽의 입장을 옹호하는 자세를 견지하면서 진짜와 가짜를 가르는 데 결정적인 역할을 담당한다. 위의 세 가지 조건이 작품에서 어떻게 나타나고 있는지를 살펴서 제시된 작품 가운데 어떤 작품이 이 유형에 속할 수 있는지를 알아보자.

「유연전」에는 진짜와 가짜가 독립된 인격을 갖춘 인간으로 등장하고 있다. 가짜 유유는 진짜 유유가 나가고 없는 집에 들어와 가장의 지위와 특권을 차지하려 한다. 진짜 유유는 가출을 하여 떠돌다가 다시 집으로 돌아오게 되고 자신이 진짜라고 주장한다. 두 측에서 하는 주장은 직접 당사자 간의 대립으로 나타나지는 않지만 주위의 인물들에 의해 대리되는 양상을 보인다. 간접적인 대립도 대립의 한 양상으로 볼 수 있기 때문에 진·가의 확인 과정이 아니라고 할 수 없다. 또한 작품에는 확인 과정에 다양한 매개체도 등장한다. 매개체는 가족에서부터 사회의 구성원까지 다양하다. 확인의 매개체 가운데 가장 큰 역할을 수행하는 것은 관가이다. 관가의 역할이 이렇게 중요하게 부각하는 것은 믿을 만한 확인 매개체를 상정하여 확인 과정에 타당성을 부여하려는 의도 때문으로 보아진다.

「화산중봉기」에는 진짜와 가짜가 독립된 인격을 갖춘 인간으로 등장한다. 그러나 이들 인물은 직접적으로 대립하지 않으며 다른 인물이 대립하는 양상으로 전개된다. 진짜가 아닌 사람이 집안에 들어오는데 들어온 인물을 가족은 각각 다르게 판단하여 받아들이려고 하거나 배척하려고 한다. 시각의 차이는 진·가의 확인 과정을 거치면서 어느 쪽의 판단이 옳은지가 밝혀진다. 혈연으로 이어진 아버지의 판단은 가짜를 진짜로 보고 있어 잘못 판단하고 있는 데 반해 계약으로 맺어진 부인의 판단은 가짜의 실상을 바르게 판단하고 있다. 그 과정에서 관가의 역할은 아주 적극적이고 중요하게 작용하고 있다. 관가가 적극적으로 나서서 잘못된 상황을 바로잡아주는 역할을 해나간다. 이런 점은 다른 작품에도 일정하게 나타나는 부분이다.

「옹고집전」은 진짜는 인간으로서 독립되어 있으며 가짜도 인간의 성격이 부족하기는 하지만 인간의 부류에 속한다. 가짜는 진짜의 인격적 완성을 도와주는 존재로서 등장하고 있기 때문에 독립된 인격으로서는 모자라는 존재이다. 그러나 이들 인물은 확연하게 진짜와 가짜로 나누어져 있으면서 누가 진짜인지를 두고 치열한 확인과정을 거친다. 누가 진·가인지를 확인하는 과정에서도 매개체가 작용하고 타당성을 확보하려고 노력한다. 매개체 가운데 관가라는 집단이 중요한 역할을 수행하는 점은 위의 두 작품과 같다. 이런 점에 따라 판단한다면 이 작품은 진·가의 확인형 소설에 넣어도 된다.

「양반전」에는 양반이지만 현실에서는 양반이라 할 수 없는 정선양반과 현실에서는 서민이지만 양반이 되고자 하는 천부가 등장한다. 이들 인물은 겉으로 드러난 점에서 본다면 정선양반이 진짜 양반이고 졸부는 가짜 양반이라고 할 수 있지만 숨겨진 의미까지 고려하여 판단한다면 졸부가 진짜이고 정선양반은 가짜라고 할 수 있다. 왜냐하면 정선양반은 양반이라는 신분을 유지하고 있지만 주위 사람으로부터 비난을 받으면서 위기를 극복하는 데만 급급한 반면에 졸부는 군수라는 인물에게까지 칭찬을 받으면서 양반이 근본적으로 어떠해야 하는지를 반성할 기회를 제공하고 있기 때문이다. 이런 점에 근거를 두고 판단한다면 이들 두 인물은 누가 진짜인지를 두고 다툼을 벌일 가능성은 충분히 가지고 있지만 그렇게 하지 않고 확인 매개체인 군수가 진정한 양반은 어떠해야 하는가를 두고 졸부와 갈등을 하면서 전면에 부각하고 있다. 인물의 관점으로 본다면 작품에는 진짜와 가짜가 확연하게 구별되지는 않으며 등장하고 있어 유형에 속할 수 있는 기본적인 요건을 갖추고 있다. 이런 점 이외에도 작품에는 진짜와 가짜를 확인하는 과정이 많다. 또한 확인 매개체가 등장하고 있으며 이들이 적극적인 역할을 하고 있어 모든 면에서 이 유형의 소설에 넣을 수 있다.

「호질」은 진·가의 확인형 수설에 속한다. 인물이 다른 작품과는 달리 동물로 등장하고 있지만 인물이 인간인가 동물인가는 이 유형에 속하느냐 속하지 않느냐를 결정하는 요소로 중요하지 않으며 인물이 진짜와 가짜의 성격을 지니고 진·가의 확인 과정을 거치는가가 중요하다. 작품에서 호랑이는 가짜이지만 진짜 같은 성격을 지니고 있으며 북곽 선생은 진짜이지만 가짜 같은 성격을 가지고 있다. 두 인물은 치열한 진·가 확인 과정을 겪고 있으며 그 과정에 다양한 확인 매개체가 등장한다. 그러나 이 작품은 이런 과정에서 누가 진짜인지와 가짜인지를 결정할 수 없지만 확인하는 과정이 등장하기 때문에 이 유형의 소설에 넣어야 마땅하다.

이 유형의 소설은 진짜와 가짜라고 할 만한 인물이 등장해야 하며 이를 확인하는 과정을 겪어야 하고 그것을 판단해 줄 매개자가 있어야 한다. 이런 조건에 맞는 작품으로는 「유연전」, 「화산중봉기」, 「옹고집전」, 「양반전」, 「호질」 등이 있다. 이 책은 이들 작품을 대상으로 하여 유형이 어떤 기반을 가지고 형성되었으며 서사 세계는 어떠한지를 살펴보는 데 목적이 있다.

Ⅱ

진·가 확인형 소설의 형성 기반

진·가 확인형 소설은 조선 후기에 존재했다.[9] 발생 시기를 달리하는 몇 편의 소설을 하나의 유형으로 묶어 다루어야 하는 연구는 무엇보다 종합적인 시선에서의 고찰이 필요하다. 여기에서는 소설이 형성하게 된 기반에 대한 논의가 이루어질 것이다. 소설의 발생에는 여러 요인이 작용할 것이지만 이 책에서는 기본적으로 조선 후기[10)]

---

[9] 이런 소설이 발생하여 유행한 시기는 16세기에서부터 19세기에까지 이른다.

[10] 역사학계에서는 임진왜란과 병자호란을 기준으로 하여 조선시대를 전기와 후기로 나누는 견해가 일반적인 시대 구분법으로 활용되고 있다. 조선조의 시대변화를 둘로 나누는 이 방법은 전기와 후기의 차이점을 확연하게 인식할 수 있는 틀로 유효하여 널리 받아들여져 활용되어 왔다. 그러나 이 견해는 너무 간단하게 시대를 나누고 있어 시대의 변화를 실상대로 드러내지 못할 가능성이 있다는 비판을 받기도 했다. 이런 범박한 시대구분의 단점을 극복하고 시대 변화를 보다 실상대로 인식하자는 목적에 따라 조선 중기를 설정하자는 견해가 제시된 바도 있다. 하지만 이 견해는 아직까지 학계에서 양분법을 뛰어넘을 정도로

사회의 여러 요인들이 혼효·작용하여 이런 유형의 소설을 형성시켰다는 판단을 바탕에 깔고 이 유형이 형성되게 된 기반을 사회·문학·사상·담론의 차원에서 논의해 보고자 한다.

조선 후기라는 시대와 사회는 혼란으로 점철되었는데 몇 차례에 걸친 전쟁은 당대인에게 가장 큰 충격으로 다가왔을 것으로 형성 기반과 연관하여서 중요하다. 전쟁이 당대인들에게 던진 물질적인 피해도 엄청난 것이었지만 정신적인 충격도 결코 만만치 않았을 것인데 이런 두 가지 측면이 어떻게 소설의 형성 기반으로 작용하였는지 찾아볼 것이다.

국내·외의 전반적인 혼란은 가치관의 혼란으로 이어졌다. 여기에는 사회를 지탱하는 튼튼한 버팀목 역할을 수행하던 주자학적 사상체계가 긍정적인 측면보다는 부정적인 측면을 더욱 많이 가진 사상으로 변해 있었다는 상황이 중요하게 작용하고 있다. 그렇다고 하여 주자학을 대신할 만한 사상이 등장하여 다가올 시대를 이끌어 갈 만한 강력한 사상체계로 부상하지도 않고 있어서 이래저래 혼란은 계속되는 상황이었다. 특히 진·가 확인 문제는 사상사에서의 혼란과 갈등이 전제되어 일어난 현상의 하나로 볼 가능성을 다분히 지니고 있다. 사회와 사상 간에 얽혀 들어간 양상을 논의함으로써

타당하다고 인정받지 못해 유효한지를 두고 많은 고민을 거치는 과정이 필요하여 수용하기에는 꺼려지는 바가 있다. 시대 구분은 그 시대의 특성과 변화를 제대로 짚어낼 수 있다면 타당하다 하겠기에 진·가 확인형 소설을 분석하는 데는 양분법을 활용하는 것이 더욱 유효하고 효과적인 논의를 이끌어 낼 수 있다고 보아진다.

진・가 확인에 대한 관심이 사대부층을 중심으로 하여 자신들의 학문 자세를 어떻게 정립하고 다져나갈 것인가의 문제와 연관되어 있음을 밝혀볼 것이다. 이와 같은 것들과 연관하여 문학을 바라보는 인식의 변화가 어떻게 일어났으며 이런 변화는 소설에 대한 인식을 어떻게 변화하게 하였는지를 찾아보아 이것이 소설을 형성하게 된 기반으로 어떻게 작용하였는지 찾아 나가려고 한다.

1. 발생 배경

발생에 일반적으로 작용한 요소를 사회, 문학관, 사상사의 흐름에 기준하여 찾아보는 것이 여기에서의 시술의 주된 내용이다. 이 유형의 소설은 조선 후기를 배경으로 하여 등장하였기 때문에 조선 후기의 특징적인 변화에 대해 주목하고자 한다. 이를 효과적으로 찾아내기 위해서 세 가지로 나누어 고찰해 보는 순서로 진행해 나가고자 한다.

1) 사회의 변화와 가치관의 혼란

조선 사회는 임진왜란을 기점으로 하여 근본적인 변화를 겪을 수밖에 없었다. 변화는 사회 일각에 그친 것이 아니라 사회 전반에 걸쳐 일어났다. 당대인들의 삶의 기반이 되어 왔던 신분제의 동요는 급격하게 일어났으며 이가 모든 변화의 기폭제로 작용했다. 전쟁 전에 견고하게 유지되던 신분적 위계질서는 전쟁을 겪으면서 상당히 무너져 내렸고 상·하층이 따로 있다는 인식은 더 이상 유효하지 않았다. 상층이 전쟁을 겪으면서 몰락하기도 했고 하층이 전쟁 중에 공을 세워 상승하기도 하였다.[11] 신분적 상하 질서가 유지되어 사회가 견고하게 유지되지 못할 것이라는 위기의식은 널리 퍼져 나갔다. 혼란의 와중에도 집권 세력은 당파 싸움을 더욱 치열하게 전개하는 부정적 모습만을 보여주어 제 역할을 수행하지 못했다.

임진왜란 이전에 사회를 주도하면서 결정적인 역할을 해 왔던 사대부 계층은 전쟁을 겪으면서 부정적 측면을 가지고 있음이 드러났다. 사회의 기층을 이루고 사대부의 사상적 기반 형성에 중요한 요소를 제공하던 피지배층을 침탈과 수탈을 대상으로 보고 그렇게 한 것이 부정적인 행위의 대표적인 예이다. 이런 행위는 자신들의 출발점이나 기반을 이루는 중요한 일부를 부정하는 것이었으며 사회 내부의 갈등을 증폭시켰다. 임진왜란이라는 바깥으로부터 온 충격에 사대부 계층은 제대로 대응하지 못했고 사회의 주도세력으로서의 위상과 역할을 상당 부분 잃어버렸다.

이런 상황에서도 사대부의 일부는 의병 활동에 참여하여 그나마 자신의 위상과 역할에 부합하는 행동을 하는 경우도 있었다. 그러나

---

11) 강만길 외, 『한국사』9, 한길사, 1994, 266면.
　　국사편찬위원회, 『한국사』34, 탐구당, 1995, 1면.

의병 활동도 백성들의 삶과 유리되어 자신이 속한 계층의 이익만을 추구하려는 목적에서 한 활동이라는 측면도 있었다. 이 시대에 진행된 의병활동에는 백성을 보호하고 사랑하는 순수한 마음의 발로가 중요하게 작용한 경우는 있었으나 그것에서 벗어난 목적을 가진 경우도 많았다.12) 지배층은 의병 활동을 賊徒化된 일반 백성들로부터 자신의 생명과 재산을 보호하고 명군의 수탈로부터 자신을 보호하려는 목적을 가지고 펼치기도 했다.13) 일어났던 의병 활동이 순수하게 나라를 구하려는 충정의 발로가 아니니 그들의 역할이나 위상이 떨어지게 마련이었다. 또한 의병 활동에 참여한 사대부는 극히 일부에 국한되었으니 이런 활동이 그들 계층의 부정적 측면을 상쇄시키는 데에 한계가 있었다. 전쟁을 겪으면서 그들은 자신들의 이념과 어긋난 사회 현실에 직면하여 이념이 현실에서 어떤 역할을 할 수 있으며 어떤 점에서 모자라고 어떻게 바뀌는 것이 올바른지를 반성하는 기회를 갖기도 하였다.

임진왜란이 일으긴 성신적인 피해는 그렇게 크지 않았으나 물질적인 피해는 심각한 수준이었다. 왜냐하면 조선은 임진왜란을 겪으면서 온갖 어려움을 견뎌내어 결국 전쟁을 승리로 이끌어 내어 기존의 사회 체제를 유지하는 결과를 얻었기 때문이다. 그러나 물질적 피해는 심각했다. 전국에 걸쳐서 인구가 급격히 감소하여 전쟁이 끝난 후 농촌은 비어 있는 경우가 많았으며 두 마을을 합하여 한 마

---

12) 최영희, 『壬辰倭亂中의 社會變動』, 한국연구원, 1975, 127면.
13) 국사편찬위원회, 『한국사』34, 탐구당, 1995, 51면.
    최영희, 위의 책, 90−97면.

을로 만들어야 하는 경우도 있을 정도로 사회적 기반은 무너져 있었다.

전쟁 중에 피지배층은 자신의 생명을 보호하려는 의도에서 적에게 정보를 제공하기도 하고 신분적 해방을 위해 국내인의 생명을 빼앗는 일도 서슴지 않고 자행했다. 피지배층은 난이 시작될 무렵에 적의 嚮徒가 되어 침략 경로를 안내하는 일을 하기도 하고 왜적이 점령하고 있을 때에는 어쩔 수 없이 의병에 가담하기도 하다가, 왜적이 물려난 뒤에는 의병 활동을 접고 土賊이 되기도 했다. 또한 피지배층 가운데 노비들은 전쟁이라는 상황을 틈타 신분 상승을 도모하기도 하고[14] 도망을 하기도 하였으며 힘없는 상대를 약탈하기도 했다. 지배층은 피지배층의 이런 행위를 목도하고 충격을 받았으며 전쟁이 끝난 후에 그들을 믿지 못할 부류로 인식하였다. 신분 질서를 벗어나서 자행되는 피지배층의 부정적인 행동은 인간에 대한 근본적인 반성을 일으키게 했다.

사대부층은 이 시대에 신분적 처지 및 경제적 여건에 따라 위상의 변화를 겪었다.[15] 사대부로서 행사하기 위해서는 대대로 정치를 담당하는 계층에 머물면서 특권을 유지하고 있어야만 했다. 그러나 신분적 처지나 경제적 여건을 유지한다는 것이 그렇게 쉬운 일은 아니었다. 상황의 어려움 때문에 지배층은 다른 사대부들의 관직 진출에 극도로 민감한 반응을 보였다. 왜냐하면 관직을 과거 합격자와

---

14) 조계찬, 「임진왜란기의 신분상승에 대한 소고」, 『동아논총』12, 동아대, 1975.
15) 국사편찬위원회, 앞의 책, 34-40면.

나누어 가진다면 자신들이 차지한 특권을 이들에게 나누어 주어야 하고 자신들은 특권에서 제외될 수 있기 때문이다. 이런 상황에서 기득권을 계속 유지하기 위해서는 온갖 부정을 동원하여 과거를 자신들만의 독점적인 권력 유지의 수단으로 삼을 수밖에 없었다. 일부 계층이 자신들의 세력 유지를 위해 과거를 독점하다시피 하니 거기에서 제외된 대다수의 사대부들은 과거를 통해 신분적 특권을 획득할 수 없었다. 그러니 사대부층은 극단적으로 처지가 다른 부류로 나누어졌다. 한쪽은 권력을 세습하는 명문거족으로 올라갔고 한쪽은 명색만 사대부이고 실제로는 평민보다 못한 殘班으로 몰락해 갔다.

극단적인 처지의 변화와 차이는 사대부들의 계층적 특성이나 사회적 위상을 반성하게 했다. 사대부들은 신분의 분화를 겪으면서 위상이나 정체를 어떻게 정립해야 될지를 고민해야 했다. 선대에는 권력의 핵심에 속하여 사대부로 행사하는 데 아무런 장애나 어려움을 겪지 않았지만 몇 대에 걸쳐 지배층에 편입되지 못하고 몰락을 거듭하다 보니 더 이상 자신이 사대부라고 할 수 없을 정도로 처지가 떨어졌기에 정체의 혼란을 겪었다. 또한 그들은 하층에서 상층으로 신분 이동을 겪은 사람들을 보면서 자신들의 위상을 고민하기 마련이었다. 신분의 변화와 혼란은 정체에 대한 관심이나 고민을 일으키는 요인으로 작용했다.

임진왜란이 조선사회 내부에 일으킨 변화도 컸지만, 국제질서에 일으킨 변화도 컸다. 일본의 도발로 시작된 임진왜란은 조선을 근본적으로 변화시켰으며 명이라는 세계의 중심을 차지하고 질서의 기준을 마련해 주던 나라를 망하게도 했다. 조선은 임진왜란의 위기를 명의 구원에 힘입어 극복하였지만 명은 조선에 구원병을 보냄으로써 계속된 국내의 난을 진압하지 못하고 몰락의 길을 밟아갔다. 명이 망하기 이전까지 명나라가 세계의 중심으로 간주되어 질서의 핵을 차지하고 있었으나 망하고 난 이후에는 이민족으로 취급되던 청나라가 세계의 중심을 차지하니 이런 상황은 국내의 사대부들에게 받아들일 수 없는 것이었다. 세계의 중심으로 간주되던 명나라를 대신하여 이민족인 청나라가 세워져 조선의 외부·내부를 간섭하니, 이런 세계는 이 시대를 살아가는 사람들에게 심각한 이념적 혼란을 일으켰다. 혼란의 와중에 당대인들은 고스란히 노출되어 가치관의 혼란을 겪었다.

한편, 사대부는 정치에 참여하면 붕당을 형성하여 다른 집단에 소속되어 있는 사람을 극단적인 배제와 무조건적인 멸시로 대했다.16) 당을 달리하고 정치적 견해가 다르다는 이유로 행해진 士禍와 黨爭은 이런 의식이 나타난 결과다. 정치 상황은 사대부들의 의식에 일정한 영향을 주었다. 사대부들은 몸을 먼저 닦은 이후에는 정치를 통해 이상을 펼치고 실현하기를 바라고 있는 이념에 따라 정치에 대한 관심을 시종일관 유지하고 있었기 때문이다. 그들은 독서를 하는 단계에 머물러 정치를 맡으려는 준비 기간에도 정치는 언젠가는 자신이 들어가 몸담아야 할 세계로 생각하여 정치에 대한 지대한 관심을 가지고 있었다. 정치를 하지 않는 상황이라 하더라도 붕당을 사이에 두고 벌어지는 정치적 갈등과 대립은 언제나 사대부

---

16) 강만길 외, 앞의 책, 105-110면.

들의 관심거리가 되어 있었다. 이런 상황에서 붕당론은 그들의 의식을 지배하는 이론으로 부상하고 있었다.

지배층이 붕당을 결성하여 이념이나 정책의 대결보다는 黨利黨略에 따라 상대를 철저하게 파멸시키는 싸움을 계속해 나가면서 사대부들은 붕당론을 이론화시키려는 노력도 했다. 그 과정에서 그들은 자신들이 무슨 이념에 근거하여 이런 활동을 펼치고 있으며 다른 당과의 차별성은 과연 무엇인가를 두고 고민하고 다른 당에 맞서나갈 논리를 마련해야 할 필요성을 절감했다. 자신들의 당은 다른 당과는 어떤 점에서 다르며 어떤 이념과 정책을 가지고 있다고 내세워야 할 필요성이 높아졌으니 자신들의 당을 구성하는 인물들이 어떤 인품을 지닌 인물들로 구성되어 있고 다른 당의 인물들은 어떤 부류의 사람으로 구성되어 있어 자신들의 당과는 다른지를 설명해야 했다. 이들의 논리에는 객관적인 기준에 의한 인물평가가 이루어지는 경우는 없었으며 단순히 자신들의 당인가 아닌기에 따른 평가민이 행해졌다. 그러나 이런 평가의 기준은 붕당이 형성되던 초기에는 중요한 작용을 하였으나 점점 세월이 흘러가고 붕당 내에서도 정쟁을 겪는 과정을 거치면서 인물의 본래적 성격이 중요하게 고려되기도 했다.

붕당론의 심화된 논리는 인간에 대한 이론적 탐색을 깊이 있게 만들어 놓았다. 붕당론에서는 인물을 군자나 소인으로 나누어 보았는데, 인물 평가의 기준에는 자신들의 당에 속하느냐 속하지 않느냐가 가장 결정적으로 작용했다. 자신의 당에 속하면 군자로 다른 당에 속하면 소인으로 보는 것을 당연하게 여겼다. 인물을 둘로 나누

고 전자는 기본적으로 '道'를 후자는 '利'를 중요하게 생각하고 있
다고 했다. 이들의 의식에는 자신의 당은 군자의 성격을 가지고 있
다는 논리와 다른 당은 소인의 성격을 가지고 있다고 인식하는 이
분법적 사고가 작용하고 있었다. 인물의 평가는 당을 구성하는 개개
인물들의 이념의 深淺, 학식의 高低, 행동의 是非에 따라 이루어지
기보다는 어떤 당에 속하느냐는 것이 중요하게 작용하여 일방적인
好 · 惡로 이어졌다. 붕당론에서 인물을 인식하는 이런 시각은 자연
히 진 · 가를 구별하는 데도 작용했다. 군자는 眞과 소인은 假와 연
결되기 마련이었다.

　붕당론17)은 15세기까지만 하더라도 부정적으로 인식되어 논의하
지 말아야 할 것으로 보고 멀리 하는 인식이 퍼져 있었다. 그러나
16세기 이후부터는 신진사류가 도학정치를 하겠다는 사명의식에 불
타 자신들의 무리를 군자로 보고 기존관료나 반정 공신계의 인물들
을 소인으로 보는 견해를 내보임으로써 긍정적인 인식의 대상으로
바뀌게 되었다. 이때 정치를 담당하는 사람들은 자신들의 이념을 현
실정치에 실현하기 위하여 대립적인 위치에 있는 인물들을 정치에
쓰지 말아야 하고 자신들이 속한 당의 사람들은 적극적으로 써야
할 대상으로 보았다. 이런 논리에 대해서 상대방은 이들이 붕당론을
주장하는 무리로서 자신들만을 당으로 묶어 정치를 전담하려는 의
도를 지니고 있어 다른 부류를 정치에서 소외시키는 결과를 가져온

---

17) 붕당에 대한 대체적인 인식의 변화 과정은 정만조, 「16세기 사림계
　　관료의 붕당론」, (『한국한논총』12, 국민대 한국학연구소, 1990.)을 참
　　고하여 필자가 요약한 것이다.

다는 보고 잘못된 인식을 하는 부류로 간주했다. 몇 번에 걸친 공신계 인물의 공격을 받고 신진사류들은 자신들의 당을 朋이라고 하고 상대방의 당을 黨이라고 하는 논리를 마련하여 이에 대응하기도 했다. 그러나 신진사류가 정치를 주로 담당하고 이들이 동인·서인으로 나뉘어져 가자 붕당론은 그들의 정치를 뒷받침하는 이론적 바탕이 되어 긍정할 수밖에 없는 이념이 되어 갔다. 붕당론이 긍정적으로 인식되는 단계에 이르러 진·가론은 그만큼 이론적 기반을 확고하게 갖추게 되었다.

자신의 당을 묶어주고 상대의 당을 비방하는 논리로 이용되던 붕당론은 정치적 상황의 변화에 따라 인식체계를 완전히 바꾸어 놓았다. 붕당론은 자신의 당을 다른 당과 구분하고 자신의 당에 속한 사람들만을 일방적인 긍정하는 입장에서 상대 당에도 군자가 있을 수 있고 자신의 당에도 소인이 있을 수 있음을 인정하는 입장으로 바뀌어 갔다. 자신의 당을 하나로 결속시키고 다른 당의 인물을 거부하던 배타적인 인식은 당파 내의 결속을 공고하게 다져주었고 정치적인 위기를 넘기는 데도 아주 효과적인 역할을 수행하였다. 그러나 정치적인 어려움을 극복하고 성공을 이룩한 뒤에는 당파만을 기준으로 인물을 평가하는 것이 전혀 불가능했다. 당파는 더욱 분화를 거듭해 갔고 정치적인 입장도 그에 따라 당파를 기준으로 하여 결정되지만은 않았다. 이에 따라 붕당론은 어느 당에 속하는가에 따라 자신의 당에 속하면 군자로 상대 당에 속하면 소인으로 일방적으로 판단하는 논리로는 더 이상의 의미를 지닐 수 없었고 사람의 인격에 따라 평가해야 했다.

또한 조선 후기에 경제적 여건의 변화는 의식의 변화를 유도했다.[18] 조선 전기에는 국가에서 농업을 진흥하는 정책을 펼쳤고 농업이 사회의 중요한 산업으로 간주되었다. 이 시대에는 농업 이외에 다른 산업은 국가가 금지하여 허용하지 않았으며 허용하더라도 농업을 해치지 않는 선에서 머물렀다. 따라서 국가의 중요정책이 농업을 어떻게 육성하고 발전시키는가에 중점을 두고 있었다. 국가는 농민들을 세입의 원천으로 삼아 국가를 경영하는 데 없어서는 안 될 계층으로 인식하고 중요하게 대우했다. 그러나 조선 후기에 이르면 농업에 기초한 사회는 더 이상 유지될 수 없었다. 상황의 변화는 농촌에서 자신들의 삶의 기반을 유지한다는 것이 더 이상 불가능한 현실 때문에 연유했다. 확실한 물적 기반을 가지고 농촌에서 지탱하던 지주층들이 급격히 감소하면서 농민들이 농촌을 기반으로 하여 생활을 도모한다는 것이 더 이상 불가능하게 되었다. 그들은 농촌을 떠나 도시로 삶의 기반을 바꾸거나 농촌에서 삶을 유지하더라도 달라진 환경에 적응해야 했다. 이런 변화된 상황은 인간의 정체성의 혼란과 그것에 대한 관심을 일으키는 요인으로 작용했다. 이런 상황에서 정체에 대한 관심의 증대는 당연하다 할 정도로 중요하게 인식되었다.

요컨대, 조선 후기에 일어난 다양한 변화와 혼란은 진·가 확인 소설의 발생에 일정한 영향을 미쳤다. 사회의 혼란은 가치관의 혼란으로 이어졌고 이것이 인간에 대한 관심의 증대를 불러왔다. 신분제

---

18) 강만길 외, 앞의 책, 64면.

의 동요, 국제 정세의 혼란, 전쟁으로 인한 혼란 등이 중첩하여 일어나면서 물적 기반과 정신적 기반이 무너져 내렸다. 사회의 혼란에 따라 조선조의 사람들은 자신들의 정체에 대한 고민을 어떤 시대보다도 철저하게 겪어야 했다. 사회 전반의 모든 사람들이 자신의 정체에 대한 위기를 겪으면서 정체에 대한 고민을 철저하게 인식하는 상황을 맞았다. 이런 상황이 진·가 확인형 소설의 형성을 이끄는 기반으로 작용했다.

2) 천기론의 대두와 소설에 대한 인식 변화

조선 후기에 이르면 문학도 급격하고 다양한 변화를 겪었다. 여기에서는 진·가 확인형 소설의 발생을 이끌어 낸 요인을 문학론과 소설을 인식하는 태도가 어떻게 달라졌는가에 중점을 두고 논의해 보고자 한다.

조선 후기 문학에서의 변화 가운데 특징적인 점은 문학 담당층의 변화와 확대가 이루어진 것이다. 조선 전기에는 문학을 담당하는 계층이 주로 사대부 계층이었으나 조선 후기에는 문학을 담당하는 계층이 이들에게만 국한되지 않고 다른 계층으로 확대되어 갔다.[19] 조선 전기의 사대부들은 문학을 단지 사상을 효과적으로 전달할 수 있으면 가치가 있다고 보고 문학의 독자적인 가치를 인정하지 않았

---

19) 조동일, 『한국문학통사』3, 지식산업사, 1984, 155－169면 참조.

다. 그들은 자신들이 하는 문학이 이념을 전달하는 수단이기만 하면 된다고 생각하고 이를 어떻게 수행하는지를 가치 있는 문학의 잣대로 여겼다. 문학관을 실현하고자 하는 활동을 펼치면서 그들은 문학을 이념의 보조수단으로 보았다. 그러나 조선 후기에 이르면 문학을 담당하는 계층이 중인이나 서민에게까지 확대되어 갔다. 이런 현상은 문학을 담당하는 계층이 확대된 표면적 현상에 그치지 않고 문학을 보는 관점의 변화를 일으키기도 했다. 조선 후기에는 문학을 담당하는 주된 계층이 문학의 본질을 두고 심각한 논란을 벌일 상대를 갖게 되었으며 이런 상황에서 문학의 가치는 높아졌다.

문학은 상대방의 논리에 맞서 이론적인 근거를 가지고 설명하여야 할 대상이 되었다. 그 결과 문학이 사대부만의 이념을 전달하는 수단으로만 취급되지는 않았다. 기존의 문학 담당층은 자신들의 문학이 새로운 계층의 문학보다 가치가 있으며 진정한 문학이라고 주장하여야 하고 새로운 문학 담당층도 기존의 문학 담당층과 맞서 자신들의 문학이 그들과는 어떻게 다른지를 적극적으로 나서서 내세워야 했다. 문학을 담당하는 계층이 하나에 머물지 않고 여러 계층으로 확대됨으로써 문학관을 정립하여 자신의 문학과 상대의 문학을 구분할 필요가 있었으며 상대방의 문학을 뛰어넘는 진정한 문학이 무엇인지를 내세워야 하는 이론의 모색이 필요하였다. 이런 상황 때문에 조선 후기 문학관에서 진정한 문학에 대한 관심이 생겼으며 이는 자연스럽게 천기론의 등장을 이끌었다.

조선 전기의 문학관에서는 성리학적 문학관[20]이 점점 자리를 잡아 확고한 위치를 확보해 가는 과정에 있었기 때문에 문학의 가치가 낮고 도덕의 가치가 높았다. 이를 간단하게 '文以載道'와 '道本文末'이라는 용어로써 설명한다.[21] 그러나 이런 경향은 조선 후기에는 절대적인 영향력을 행사하지 못했다. 절정에 이르렀던 이런 관점의 문학관은 조선이 어느 정도 안정기에 접어들자 다양한 비판을 받았다. 문학관의 변화는 문학을 바라보는 가치관의 변화에만 국한된 현상이 아니라 사상의 변화를 기반으로 하여 일어난 현상이기도 하다.

조선 후기에는 사회를 통제하던 성리학의 영향이 감소하거나 부

---

20) 여기에서는 성리학을 주자학이라 하여도 별다른 문제는 없다. 그러나 이 연구의 진행에 따라 어떤 곳에서는 주자학과 성리학을 엄밀하게 구분할 필요가 있고 이런 필요성에 따라 두 용어를 엄밀하게 구분하여 사용하도록 한다.

21) 이는 엄밀하게 나누어서 인식하여야 한다는 의견이 제시되어 있는데, 도문일치라는 관점에서 본다면 그렇게 엄밀하게 나눌 수 있을까 하는 의심이 들기는 하지만, 나누어 인식하는 것이 여러 모로 보아 문학관의 변화를 잘 파악할 수 있다는 점이 있어 나눈 견해의 대강을 제시해 보면 다음과 같다. 이동환이 제시한 견해가 참고가 될 만하기에 그가 제시한 견해를 여기에 소개해 두기로 한다. 그는 문이재도는 도와 문의 분리가 전제된 결합이고, 도본문말은 도와 문이 미분리된 일도연속으로서의 결합이라 하고, 전자가 문학의 형식적 측면에 대한 일정한 고려가 허용되는 데 반하여, 후자는 형식적 측면은 거의 무시되는 한편 표현론적 형식을 아울러 가지게 된다 하였다. 또한 한문학사에 이를 적용한다면 대체로 정도전의 공식적인 표명이 나오기 전후의 주자학 수용 초기에서 16세기 초 사림파 대두 전까지는 전자가 주도적인 흐름을 이루었고 주자학이 토착 개화한 사림파 주도기에는 후자가 주도하였다고 하였다. 이런 점은 이동환, 「조선후기 문학사상과 문체의 변이」(황패강 외 편, 『한국문학연구입문』, 지식산업사, 1981.), 291-292면에서 확인할 수 있다.

정적으로 바뀌어 있었다. 그런 성리학의 역할을 대신할 수 있는 사상이 사회의 이면에서 표면으로 점점 부상해 갔는데 도가나 불가나 양명학 및 실학이 중요한 역할을 했다. 이런 사상은 조선조 내내 이단으로 취급되어 사회 표면으로 등장하여 적극적인 목소리를 내지는 못했지만, 사회 이면에서는 성리학의 이념을 보충해 주거나 성리학이 사상적으로 성숙하는 데 일정한 영향력을 행사했다. 그런데 앞의 두 사상은 기존에 존재하던 사상으로서 이 시대에만 특별히 부상한 것이 아니어서 특별히 주목할 필요가 없지만, 양명학과 실학은 이 시대에 특별하게 부상한 사상으로서 주목해야 한다. 두 사상이 사회의 전면에 부상하면서 이에 근거하여 문학을 바라볼 수 있는 기반을 확보한 것은 더욱 중요하다. 문학을 바라보는 관점은 두 사상의 부상에 따라 성리학에만 한정되지 않고 바라볼 수 있는 터전을 마련하였다. 새로운 사상에 근거하여 문학을 바라보니 문학이 어떤 기능과 역할을 하여야 하는가를 두고 다양한 논란을 벌일 수 있었으며 문학의 가장 기본적인 기능이 아무래도 진정을 어떻게 담아내어야 하는가가 부각되었다.

천기론을 조선 후기 문학론을 대표하는 하나의 경향으로 취급하는 시각이 널리 인정되어 왔다.[22] 그러나 근래에는 천기론을 조선

---

22) 대표적인 논의만을 제시하면 다음과 같다.
　　장원철, 「조선후기 문학사상의 전개와 천기론」, 한국학대학원 석사학위 논문, 1982.
　　김혜숙, 「한국한시에 있어서의 천기에 대한 고찰(1)」, 『한국한시연구』 2, 한국한시학회, 1994.
　　김혜숙, 「한국한시에 있어서의 천기에 대한 고찰(2)」, 『한국한시연구』

전기부터 있었던 문학론의 하나로 보는 관점이 제시되기도 하여 문학사적으로 어떤 시대에 이것이 등장하였는가가 문제되기도 했다. 이런 문제의식을 해결하는 방법으로 천기론이 性情論과 상대적인 개념이 아니라는 인식이 이루어지기도 하여 이론적 기반을 찾는 데까지 이르렀다.[23] 그러나 이런 견해가 모두 긍정적이고 바람직하다고만 할 수 없으며 어떤 견해는 수긍할 수 없는 것도 있다.[24] 특히 이런 연구가 문학 이론의 기원에 너무 사로잡혀 장자의 사상이 천기론의 기초라고 하는 견해를 내보인 것은 찬성할 수 없다. 왜냐하면 천기론을 구성하는 요건에는 다양한 요소들이 혼합되어 있을 것인데 이런 견해에는 사상을 주장하는 주체의 고민, 역사적 여건 등은 무시한 측면이 강하여 오로지 사상의 연원만을 문제 삼아 내린 측면이 있기 때문이다. 천기론은 양명학과 일정하게 맥이 닿아 있는데 이런 문학관이 유행한 시대적 상황은 무시하고 이념의 동질성으로 도가 사상과 천기론을 연결하여 다룬다는 깃은 아무래도 너부

3, 한국한시학회, 1995.

이승수, 「17세기말 천기론의 형성과 인식의 기반」, 『한국한문학연구』 18, 한국한문학회, 1995.

임유경, 「18세기 천기론의 특징」, 『한국한문학연구』19, 한국한문학회, 1996.

이동환, 「조선후기 미학사유 천기론과 그 문예·사상적 함의」, 『한국한문학연구』21, 한국한문학회, 2001.

23) 이런 인식은 김혜숙(위의 글)이 제기하였으며 임유경(위의 글)도 받아들였다. 그들의 견해는 위의 글을 참고하면 알 수 있다.

24) 박태성, 「耳溪 홍양호의 天機論과 詩的 特性 研究」, 연세대 대학원 국문과 박사학위 논문, 1997.

지나치다고 할 만하다. 또한 어떤 사람이 이런 견해를 보였는가를 찾아내고 그런 견해가 나타나기만 하면 그것을 그 시대의 문학이론에 미친 사상의 영향이라고 치부하는 견해는 너무 기원주의에 사로잡혀 전체적인 문학사적 흐름을 고려하지 않은 근시안적 견해일 가능성이 높다. 천기론에 장자의 사상이 들어와 있는 것은 인정할 수 있는 사실이지만 전적으로 장자의 사상에만 의존하여 천기론이 나왔다는 것은 시대의 흐름을 전혀 고려하지 않고 내려진 견해이다. 이는 사실을 너무 단선적으로 보았다는 점에서 문제가 있다.

기존의 논의를 통해서 우리는 잘못 알고 있었던 성정론과 천기론의 관계를 연속성과 공통점을 가진 것으로 견고하게 묶어서 파악할 수 있는 인식바탕을 마련하기도 했다. 성정론과 천기론이 부정과 극복의 관계라기보다는 긍정과 수용의 관계로 같은 내용을 지녔지만 용어를 달리해서 표현된 것에 불과하다고 밝혀졌다.25) 물론 이런 공통적인 기반은 중요하게 다루어야 하겠지만 시대적인 의미와 다양한 역할에 대한 차이도 고려하는 균형 잡힌 시각이 무엇보다 필요하다. 어떤 사람은 성정이라는 말을 사용하여 논의를 전개하고 어떤 사람은 천기라는 말을 사용하여 이론을 전개하면서도 지향하는 목표점은 어떻게 하면 진정한 문학을 실현할 것인가라는 문제로 모아졌기 때문이다. 이들 두 관점은 연속과 극복의 측면을 동시에 지니고 있다고 여겨진다. 이런 지향점은 문학만의 현상에 국한된 것이 아니라 예술 전반에서 일어났다. 먼저 문학에 있었던 논의는 다음과 같다.

---

25) 김혜숙(앞의 글)과 박태성(위의 글)이 이런 관점을 취하고 있다.

詩는 하나의 작은 기술이다. 그러나 名利를 脫略하지 않으며 마음에 얽힌 바가 없는 것이 불가하다. 어리석은 장 씨가 "하고자 하는 자가 깊은 자는 그 天機가 얕고 두루 옛날부터 보니 시를 공교롭게 하는 선비는 山林川澤의 아래에서 많이 나왔으나 부귀하고 세상의 이익을 추구하는 자는 반드시 시에 능하지 못했다. 이로써 보건대 시는 진실로 작지 않음을 그 사람 또한 알 것이다."라고 말하였다.[26]

위의 글 첫 부분에서 洪世泰(1653 - 1725)는 시를 하나의 작은 기술로 본다고 함으로써 전대의 문학관을 이어받고 있음을 내비친다. 그 끝부분에 가서 시를 짓는 재주가 작은 기술이라고 했지만 이런 기술이 작은 것이 아니라 중요한 의미를 지니고 있다고 하였다. 작은 기술인 시가 사람들의 사회적 위치에 따라 결정되지 않음으로써 현실에 존재하는 신분적 위계질서를 깨뜨리는 역할을 하여 '시가 진실로 작은 재주가 아님'이 은근히 강조되고 있다. 위의 글에서는 글의 표면에서보다 이면에서 의미가 깊은 일들이 벌어지면서 사회에 존재하는 잘못된 가치를 뒤집고자 한다. 아래의 글에서는 우리의 문학이 중국의 문학에도 뒤지지 않음을 언급하였는데, 그런 판단의 근거로서 천기에 근거한 시작 활동이 있었기 때문이라고 하고 있다.

---

26) 洪世泰, 「雪蕉詩集序」, 『柳下集』 권9(『閭巷文學叢書』1, 여강출판사, 1986.), 308면. "詩者一小技也. 然而非脫略名利, 無所累於心者, 不能也. 蒙莊氏有言曰, 嗜慾深者, 其天機淺. 歷觀自古以來, 工詩之士, 多出於山林川澤之下, 而富貴勢利者, 未必能焉. 以此觀之, 詩固不可小而其人亦可以知矣."

우리나라 문헌의 盛함은 중국에 비해 손색이 없다. 대개 사대부들이 위에서 노래하면 갈옷 입은 선비들은 아래에서 고무되어 시를 지어 스스로 울리니 비록 그 배운 바가 넓지 못하고 자료 취함이 멀지 못하나 천으로부터 얻은 것이므로 스스로 超絕하여 맑은 풍조는 唐에 가깝다. 경치를 그린 시의 깨끗함은 봄새와 같고 서정의 悲切함은 가을벌레인 듯하다. 느껴서 울리는 것이 천기 가운데 자연히 유출되지 않음이 없은즉 이를 참된 시라 하는 것이다.27)

홍세태는 중인층인 자신들을 갈옷 입은 선비들이라고 하여 사대부들과는 다르다는 차별 의식을 철저하게 가지고 있다. 그러나 신분적 차별을 인정하기는 하지만 그것 때문에 받는 제약에 '배운 바가 넓지 못하고 자료 취함이 멀지 못한' 현상이 나타났을 따름이지 '자발적으로 고무되어 시를 지어' 문학 활동을 하는 데는 아무런 지장이 없다고 한다. 즉 그들의 詩作 활동은 '느껴서 울리는 것이 천기 가운데 자연히 유출된 것으로 참된 시를 짓기 때문에' 충분히 현실적인 모순을 극복하고도 남음이 있다는 한다. 이런 詩作에서의 진정에 대한 논의는 일반적인 생활상의 진정의 발로로 연결되어 다루어지기도 한다.

---

27) 洪世泰, 「海東遺珠序」, 『柳下集』 권9(위의 책), 310면. "我東文獻之盛, 比埒中華. 蓋賤臣大夫一唱于上, 而草茅衣褐之士, 鼓舞於下. 作爲歌詩, 而自鳴. 雖其爲學之不博, 取資不遠, 而其所得於天者. 故自超絕, 瀏瀏乎風調近唐, 若夫寫景之淸圓者, 其春鳥乎, 而抒情之悲切者, 其秋蟲乎. 惟其所以爲感而鳴之者, 無非天機中自然流出, 則此所爲眞詩也."

眞情의 발로는 古鐵이 활기차게 못에서 뛰놀고, 봄날 죽순이 성 낸 듯이 흙을 뚫고 나오는 것 같고, 假情의 꾸밈이란 석물이 매끈한 넓은 들에 발린 것 같고, 기름이 맑은 물에 뜬 것과 같은 법이다. 七情 중에 슬픔이 가장 직접 발로하여 속이기 어려운 것인데, 슬픔이 울음에서 지극하게 되면, 지성스러운 마음을 그치게 할 수 없다. 그러므로 진정으로 우는 울음은 뼈 속에 들어가고 거짓으로 우는 울음은 털 위에 뜨는 것이니, 만사의 眞假는 미루어 알 수 있다.[28]

李德懋(1741－1793)는 위에서 진정의 발로가 어떤 상태인지를 구체적으로 제시하고 있다. 이런 서술을 통해서 진정의 발로가 어떤 상태인지 손에 잡힐 듯 구체적으로 이해할 수 있다. 진정의 발로라는 모호한 개념을 위에서는 구체적인 상황으로 제시하고 있어 이가 중요하게 인식되는 변화가 일어났음을 예측할 수 있다. 진정의 발로를 위해서는 세상에 존재하는 사물들에 대한 관찰이 필요하다고 하면서 관찰의 범위를 점점 좁혀가면서 남녀의 정을 살펴보는 것이 가장 좋은 방법임을 제시한 예[29]도 이런 경우의 연장선상에 놓여 있다.

다음으로 문학이론과는 상관없을 듯한 繪畫에서도 진실을 드러내

---

28) 李德懋, 「耳目口心書」二, 『靑莊館全書』 권49(민족문화추진회, 앞의 책 258, 2000.), 381면. "眞情之發, 如古鐵活潑池, 春筍怒出土, 假情之飾, 如墨塗平滑石, 油泛淸徹水. 七情之中, 哀尤直發難欺者也. 哀之甚至於哭, 則其至誠不可遏. 是故, 眞哭骨中透. 假哭毛上浮, 萬事之眞假可類推也."

29) 李鈺, 「二難」, 『俚諺』(김균태, 『이옥의 문학이론과 작품세계의 연구』, 창학사, 1986, 62면의 주)57에서 재인용.) "夫天地萬物之觀, 莫大乎觀於人, 人之觀, 莫妙乎觀於情, 情之觀, 莫眞乎觀於男女之情."

는 것이 중요하다 했다. 회화에서의 논의는 문학과는 상관이 없다고 보고 여기에 끌어들인다는 것이 쓸모없는 일이라고 판단할 수 있으나 꼭 그런 것만은 아니다. 문화 전반의 시각으로 볼 때 문학이나 회화는 연결될 가능성을 충분히 가지고 있고 논의가 이루어진 상황을 안다면 그 시대인들의 고민거리가 어떤 인식에 기반을 두고 있었는지를 확인할 수 있기 때문이다. 회화나 문학은 예술이라는 큰 범위에 넣어서 본다면 어떤 것이 가치가 높고 낮다고 할 수 없어 함께 다루더라도 큰 무리는 없다. 이 시대의 논의에서는 문학과 회화의 관련성에 대한 논란이 빈번하게 일어났는데, 그 논의들에서 관련성이 있다고 인식되었다.

> 그림이 형체를 묘사하듯 한다면 비슷하다 할 수 있을까? 길 가는 자가 움직이지 않고 말하는 자가 소리가 없으니 어찌 비슷함을 얻겠는가? 그렇다면 마침내 비슷함을 얻을 수 없는가? 말하노니 대저 어찌하여 비슷함을 구하는가? 비슷함을 추구하는 것은 진짜가 아닌 것인데 말이다. 천하에서 말하기를 서로 같으면 꼭 닮았다고 하고 구별하기 어려우면 진짜 같다고 하지만, 무릇 眞이란 말 속에는 假가 있고 닮음이란 말 속에는 다름이 있다.[30]

朴趾源(1737-1805)의 위의 글은 그림을 그릴 때 비슷함을 추구

---

30) 朴趾源, 「綠天館集序」, 『燕巖集』 권7(민족문화추진회, 앞의 책 252, 2000.), 111면. "如畵之描形, 可謂似也. 曰行者不動, 語者無聲, 惡得而似也. 曰然則終不可得而似歟. 曰不何求乎似也. 求似者非眞也. 天下之所謂相同者, 必稱酷肖, 難辨者, 亦曰逼眞, 夫語眞語肖之際, 假與異, 在其中矣."

하는 것이 과연 어떤 의미를 지니고 있는지 철저하게 따지는 과정에서 결론으로 한 말이다. 일반적으로 그림은 형체를 묘사하듯 하면 비슷하다고 하는 믿음에 따라 아무런 의심을 하지 않고 그것을 진짜로 믿어 버린다. 하지만 이런 일반적인 인식은 잘못된 것이다. 왜냐하면 비슷하게 그렸다는 것은 실상 현실을 정반대로 그렸다고 할 수 있기 때문이다. 그림에서는 길을 가는 자가 움직이지 않고 말하는 자가 소리가 없지만 현실에서는 이들이 반대로 있으니 그림은 현실을 비슷하게 그려내지 못한 것이다. 비슷함을 추구하여 진짜를 그리고자 하지만 가짜를 그려놓고 진짜를 그렸다고 인식하는 잘못을 저지르고 있다. 그러므로 비슷함을 추구하는 것은 가짜로 귀착되기 마련이다. 그러나 현실에서 일어나는 이런 현상이 당연한 것으로 인식될 수 있는 근거가 다음의 언급에서 명확하게 제시된다. 박지원은 眞과 假의 관계에 대해서 眞이란 말 속에는 假가 들어 있고 닮음이란 말 속에는 나름이 전세되어 있다는 높은 인식에 도달함으로써 모든 문제를 일거에 해결할 수 있는 포괄적인 논리를 마련한다. 연암의 이런 인식에는 당대에 일반적으로 널리 논의되고 있던 진·가의 관계에 대한 심각한 고민이 수용되어 있으며 그 해결이 어느 수준에까지 이르렀는지 보여준다.

천기론에서는 문학과 회화를 확연하게 구분하여 다루지는 않았다. 천기론이 문학이론에만 머물지 않고 문예양식 일반에도 적용되면서 회화에 대한 논의가 상당히 많아지고 중요한 영역으로 부상했다. 많은 사람들이 문학을 어떻게 보는가를 제시하면서 그림에 대해서도 언급하였으며 이 둘을 확연하게 나누어서 언급하지는 않았다. 그만큼 그들에게 문학과 회화는 같은 것으로 보더라도 크게 문제될 것이 없었고 오히려 논리전개를 자연스럽게까지 하는 데에도 유리하였다. 문학으로 설명하지 못하는 것은 회화를 보조수단으로 삼아 설명한다면 더욱 쉽게 이해할 수 있는 길을 찾을 수도 있었다. 천기론이라는 이론이 조선 후기 예술 일반의 존립근거를 제공할 수 있는 굳건한 틀로서 자리잡고 있었기에 이런 현상은 자연스럽게 일어났다. 천기론이 문학론이라는 하나의 고정되고 좁은 시야에만 적용되는 것이 아니라 다양한 예술 일반으로 확대·적용되는 과정에서 생겨난 것임을 알려 준다. 논의를 진행하면서 사물을 보는 관점, 문학을 보는 관점, 회화를 보는 관점, 사람의 마음이 이것들과 어떻게 연관되어 있는가 하는 점들이 동시에 언급되는 경우가 많은[31] 점에서 이는 금방 증명된다.

천기론은 주로 한시를 대상으로 하여 전개된 이론이다. 물론 이에는 천기론을 전개한 이론가들이 당대의 문학 정수인 한시에 대한 논의를 통해서 문학 일반을 쉽게 포괄하고자 하는 의도가 전제되어 있었고 문학의 최고 수준을 한시가 보여준다는 암묵적인 전제가 있었기에 일어난 현상이라고 판단된다. 그러나 천기론은 한시에만 적용되지 않고 산문을 다루는 이론으로도 활용되었다.

---

31) 趙熙龍, 『漢瓦軒題畵雜存』(실시학사 고전문학연구소, 『조희룡전집』3, 한길아트, 1999.), 120면. "人愛眞石, 我愛畵石. 眞石在外, 畵石在內, …… 在外者爲假, 在內者爲眞."

이른바 문장이란 또 무엇인가? 가슴에서 취하여 事境에 닿도록 함에 그 天眞을 잃지 않음이 옳다. 또한 어찌 분칠과 짙은 냄새를 쓸까 보냐. 조리가 과도하면 도리어 그 바른 맛을 잃듯이 퇴고가 너무 많으면 도리어 그 참된 자세에 累가 된다.[32]

문장을 지을 때는 天眞을 잃지 않음이 무엇보다 중요함을 강조하고 있다. 음식을 만들 때에 저지르기 쉬운 분칠과 같은 냄새나는 조미료를 많이 쓴다든가 조리를 과다하게 하면 오히려 음식의 바른 맛을 잃어버릴 수 있듯이 문장도 마찬가지라고 하였다. 진정한 문학을 하는 자세는 음식의 맛을 내는 데 어떻게 해야만 하는가에 따라 유추하여 판단해 본다면 결코 수식을 지나치게 많이 하지 않아야 한다. 그런데 사람들은 퇴고를 너무 많이 하여 글을 쓴 사람의 참된 자세가 무엇인가를 가려버려 좋은 글이 가지고 있었던 천진을 잃어버리게 하는 경우가 많았다. 따라서 조리가 너무 많으면 도리어 음식은 맛이 없어지듯이 문장도 퇴고를 너무 많이 하면 도리어 그 참된 자세를 가려버릴 가능성이 짙어서 이를 피하는 것이 좋다고 했다.

文이란 의사를 묘출해 내면 그만이다. 저 글제를 앞에 놓고 붓을 잡고는 문득 고어를 생각해 내고 억지로 經旨를 찾아내며 짐짓 근

---

32) 金昌翕, 「霅沙集序」, 『三淵集』 권23(민족문화추진회, 앞의 책 165, 1996.). 482면. "此所謂文章, 亦何物哉. 取諸襟抱, 達于事境, 不失其天眞可矣. 亦焉用粉澤與醲郁也哉. 調脈過多, 則反失正味, 塗沫太盛, 則却累眞姿."

엄한 척하여 글자마다 장중하게 꾸며대는 자는 비유하자면 畵工을
불러 초상화를 그릴 적에 얼굴이며 자세를 고치고 앞에 나서는 것
과 같다. 눈길은 뻣뻣하게 굳어 움직이지 않고, 옷 주름은 말끔하
게 펴져 있어 그 평상시의 태도를 잃어버리면 비록 훌륭한 화가라
하더라도 그 참 모습을 얻기 어려울 것이다. 글을 짓는 것 또한 이
것과 다를 것이 무엇이겠는가?[33]

위의 글에서 박지원은 글짓기를 그림그리기와 연관하여 다루고
있다. 두 가지가 똑같이 중요한 것은 아니며 글을 짓는 것이 더욱
중요하게 다루어지면서 그림을 그리는 것은 글을 짓는 방법을 더욱
선명하게 설명하기 위한 보조적인 수단으로 차용되고 있다. 오히려
그림을 그릴 때도 위와 같은 점에 주의하여 그림을 그린다면 수준
높은 그림을 그릴 가능성은 더욱 높아진다. 글을 짓는 과정에서 생
길 수 있는 잘못된 점들을 글을 짓는 상황에 국한하여 설명하려고
만 했다면 그 구체적인 결점과 극복방안을 위의 방법에서 제시한
수준으로 제시하지 못했을 것이다.

또한 위의 글에서는 文이란 의사를 묘출해 내면 그만이라 하고
있다. 글제를 앞에 두고 글을 지으려는 사람은 문득 고어를 생각해
내고 유교 경전에서 의미 있는 문구를 억지로 찾아내어 자신의 글
에 활용하여야만 좋은 글이 된다는 자세를 갖고 있다. 이런 태도로

---

33) 朴趾源, 「孔雀館文稿自序」, 『燕巖集』 권3(앞의 책), 60면. "文, 以寫意
則止而已矣. 彼臨題操豪, 忽思古語, 强覓經旨, 假意謹嚴, 逐字矜莊者,
譬如招工寫眞, 更容貌而前也. 目視不轉, 衣紋如拭, 失其常度, 雖良畵史,
難得其眞. 爲文者, 亦何以於是哉"

글을 지으려는 사람은 자신의 모습을 그림에 담으려고 하면서 畵員을 불러 놓고 평상시 자신의 모습은 모두 바꾸어 버리고 자세까지 고치고서 그림을 그려내라고 하는 사람과 같다고 한다. 이런 상태에서 화공은 아무리 재주가 뛰어나다고 하더라도 참모습을 그려낼 수는 없고 꾸민 모습만을 그려내게 마련이다. 글짓기를 잘 하기 위해서는 평상시의 진정한 모습을 글 속에 집어넣는 것이 가장 중요한 것인데 이를 제대로 지키지 않는 것이 글을 쓰는 사람들의 일반적인 추세가 되어 버린 것에 대한 비판이 위의 글에서는 나타난다.

조선 후기에 이르러 진정성의 발로가 글을 짓는 데 중요한 요인으로 부각하였다. 소설은 진정성의 발로와는 근본적으로 다른 양태로 존재할 가능성이 높아 가치 있는 문학으로 인정받기 쉽지 않다는 특성을 지니고 있다. 소설은 현실에서 일어났던 일을 소재로 삼아 창작하였다고 하더라도 사실을 있었던 그대로 그려내는 데만 머물 수 없어 진실성과는 거리가 멀어질 가능성이 높다. 소설가가 사실을 자신의 관점으로 구성하는 과정을 거치면서 소설 속의 사실은 사실 차원에서만 그려지지 않고 가공된 사실의 성격을 가지게 된다. 소설에서 그려내는 사실은 엄밀한 의미에서 현실에서 일어났던 사실 그대로가 아니라 작자에 의해 가공·취사·선택되어 변화가 일어난 것이다.

고전소설이 부정적인 평가를 받은 데에는 사실을 그대로 그려내어야 하는데 그렇게 하지 못한다는 비판이 내재되어 있다. 사실이 眞情을 드러내는 데 가장 기본이 된다는 인식은 소설에만 국한되지 않고 산문의 이론으로도 적용되면서 일반의 폭넓은 지지를 받았다.

소설이라고 하여 산문을 설명하는 논리를 벗어날 수 없으며 그것을 따르기 마련이다. 소설이 긍정되기 위해서 갖추어야 하는 기본적인 요건인 사실에 근거하여야 한다는 것은 소설의 존립을 침해하거나 불가능하게 할 가능성이 많다. 즉 소설은 사실에 근거하여야 한다는 논리를 충족시키면서 존재한다는 것이 근본적으로 불가능하거나 가능하더라도 상당히 제한된 수준에서만 가능할 뿐이라는 한계를 가지고 있다.

소설을 부정적으로 바라보고 거부하는 태도가 일반화된 데에는 소설의 기본적인 특성을 강력하게 인식하고 이것을 거부하고자 하는 자세 때문에 일어났다. 소설을 바라보는 관점에는 소설의 존립근거를 고려하지 않은 당대인의 사실에 대한 강박적인 집착이 작용하고 있으며 이것은 성리학자들의 載道論的 문학관에 의해 뒷받침되고 있다.

그러나 그런 이상으로 소설의 유행이나 그것이 가진 매력을 거부한다는 것은 한계가 따른다. 소설이 사실을 다루어야 한다는 강박관념은 소설에 등장하는 사실을 두고 이것이 실제로 있었던 일이냐 그렇지 않느냐를 두고 논란을 빚는 현상으로 나타나기도 했다. 고전소설에는 작자가 작품의 문면에 직접 등장하여 자신이 서술하는 이야기가 어떤 사람에게서 들은 것이기 때문에 사실에 근거하고 있음을 강조하는 부분과 사실은 아니지만 泯滅될까 두려워하여 작품을 기록한다는 언급34)이 많이 나온다. 이런 부분들은 물론 사실의 기

---

34) 이런 예를 무작위로 몇몇 작품에서 뽑아 제시해 보면 다음과 같은데 이런 부분은 주로 작품의 끝부분에 제시되며 주로 한문소설에 많이 나

록으로 보아야 할 것들도 많지만 사실에 대한 독자들의 요구를 작자가 의식적으로 받아들여 작품구성의 한 부분으로 활용하려는 의도가 작용하고 있다. 물론 연구자는 이런 부분이 사실인지 아닌지 사실이 아니라면 왜 작자는 이를 사실과 연관시키려 하는지 그렇게 함으로써 어떤 의도를 달성하려고 하는지 등을 찾아내어 합리적인 해석을 하는 노력을 경주하여야 한다. 그런 부분을 두고 사실인가 작품 구성의 한 부분인가를 두고 의견이 분분하게 일어났음은 충분히 소설을 두고 벌어질 수 있는 논란거리였다고 판단된다. 그런 예들은 일일이 열거할 수 없을 정도로 많아 소설은 사실을 다루어야 한다는 강박관념은 상당히 폭넓게 자리잡았음을 확인하고도 남음이

타난다는 특성을 갖는다. 그렇다고 하여 한글소설에 전혀 등장하지 않는다는 것은 아니며 많은 작품에서 이런 부분이 나타나기도 한다. 그렇지만 이런 부분은 한문소설 가운데 특히 傳이라는 문학양식의 관습을 따르고 있는 작품들에서 많이 나타나는데 이는 전의 입전의도 가운데 인멸될 가능성이 높은 인물의 행적을 기록하여 후세에까지 그 사실을 전해 주고자 하는 의도가 중요하게 작용한 현상의 하나로 여겨진다.
조위한, 「최척전」. "余流寓南原周浦, 陟時來訪余, 道其事如此, 請記其顚末, 無使煙沒, 不獲已, 略擧其槩. 天啓元年, 辛酉閏二月日, 素翁題"
「화산중봉기」. "이 사적이 비록 옛적 사기에는 없으나 이부인의 만고 정렬과 일문지내에 조손이 모두 충신이요, 고부도 또한 열녀인지라, 이러므로 후세에 전파하매 그 충렬이 민멸할까 하여 책을 지어 천고에 유전케 하노라."
변종운, 「角觝少年傳」. "子明先君上舍公, 異而問之, 郭輒道角觝少年事. 余嘗槩聞於子明. 其後, 貞谷老人黃敬日談此尤詳焉."
이옥, 「심생전」. "日, 先生於沈生事甚詳日, 此吾之少年時窗伴也. 其山寺哭書時, 吾及見之, 故聞其事, 至今不忘也. ……余輩其聽之, 爲新說也. 後讀情史, 多如此類. 於時追記爲情史補遺."

있다. 이런 현상의 기저에도 당대인들이 소설에는 사실을 다루어야
한다는 너무 강한 집착과 이를 진정한 문학으로 연결시키려는 의식
이 자리잡고 있음은 물론이다. 소설이 사실을 그려내는 데에 한계가
있다면 소설을 긍정할 수 있는 논리는 어떻게 마련하여 가치를 부
각해야 했을까가 문제된다.

　사실에 근거하여야 진정한 문학이라는 논리에 따르자면 소설은
진정한 문학이 아니므로 부정해야 할 대상이다. 그러나 아무리 부정
적으로 소설을 바라본다고 하더라도 소설을 읽는 사람들이 늘어나
고 그것에서 어떤 의미나 재미를 찾는 부류가 늘어나는 것을 막지
는 못했다.35) 오히려 소설을 부정하면 할수록 소설이 가진 특성은
부정적인 인식을 하는 사람들에게 크게 부각되어 갔다. 그들은 소설
이 사람들의 마음을 어지럽게 한다고 하면서 소설을 읽지 말아야
한다고 하지만 이미 일반 사람들은 소설을 읽고 즐기는 대상으로
삼음으로써 긍정적 측면이 무시할 수 없을 정도로 부각되었다. 소설
에는 사실과 관련 없는 일이 많이 등장하지만 이것이 사실보다 진
한 감동과 재미를 불러일으키는 경우가 많았다. 이런 현상에 대해
단순히 사실이 아니라는 논리로 부정한다는 것은 쉽지 않았다. 변화
된 의식을 형성하게 된 데에는 소설 자체의 발전이 중요하게 작용
했겠지만 소설을 읽고 그것에서 의미를 찾아내고자 한 독자층의 경
험 축적도 작용했다. 소설을 읽는 것이 아무런 감동도 주지 못하는
무의미한 일이 아니라 사실을 통하여 얻어내는 감동보다도 더욱 큰

---

35) 소설의 평가로 이루어진 언급들은 이를 증명하고도 남음이 있다.

것을 주기도 한다는 경험이 축적되었으니 소설의 가치를 긍정적으로 바라보고 인정해야만 한다는 인식이 싹텄다.

당대인들의 고민이 어떤 식으로든 소설을 규정하는 관점의 변화를 모색게 했다. 소설을 부정적으로 바라보는 입장에서 긍정적으로 바라보는 입장이 변화한 데에는 이와 같은 여건들이 작용하고 있다. 모색된 논리 중의 하나는 소설에 그려진 사건은 사실과는 일정한 거리가 있지만 사람들의 마음을 감동시키는 데 크게 작용한다는 것이다. 당대인들은 소설은 독자를 진정으로 감동시키면 사실이 아니어도 무관하며 그것이 사실보다 더욱 중요한 것임을 인정하게 되었다. 이런 인식은 작자를 중요하게 여기는 것에서 독자들의 반응도 소설 인식에 중요하게 고려해야 한다는 인식의 발로를 보여주는 예이다. 그러나 이런 인식을 하는 사람은 있더라도 극히 제한적인 일부만 가지고 있었으며 부정적 인식을 하는 사람은 상당히 많았다고 하겠다. 부정적인 인식을 하는 사람들은 이 시대에 널리 분포되어 있는 양반 사대부 계층의 거의 전부였을 것이며 긍정적인 인식을 하는 사람은 소설을 창작하거나 독서를 즐기는 몇몇 사람들에 국한되어 있었을 것이다. 소설을 부정적으로 인식하는 사람이 소설을 긍정하는 것이 얼마나 어려웠는지를 이덕무의 아래의 언급은 보여준다. 그는 소설에 대해 부정적 언급으로 일관하고 있으면서도 수준 높은 논평을 하고 있어 대외적으로 언급하는 것과 자신의 일상 속에 들어와 있는 소설을 멀리하는 것이 얼마나 어려운 일이었는지를 우리에게 알려 준다.36)

소설에는 세 가지 의혹이 있으니, 없는 것을 있는 것처럼 거짓
꾸미고 귀신과 꿈을 이야기하니 그것을 짓는 것이 한 가지 의혹이
요, 허황한 것을 부추기고 천하고 더러운 것을 고취하니 그것을 평
하는 것이 두 번째 의혹이요, 노력과 시간을 허비하고 경전을 거칠
고 묵어지게 하니 그것을 보는 것이 세 번째 의혹이다. 그것을 짓
는 것도 오히려 불가한데 평을 하는 것은 무슨 마음에서이며, 평하
는 것도 불가한데 또 「삼국지」나 「수호지」의 속편을 짓는 자도 있
으니 더럽고 더럽도다.37)

이덕무는 소설에 대한 부정적 인식을 견지하고 있었으나 그에 못
지않게 상당한 인식에 도달하였음을 위의 글은 보여준다. 소설의 장
르적인 성격의 핵심에까지 다가간 언급이 그의 논의에는 등장하는
데 '없는 것을 있는 것처럼 거짓 꾸미'는 것이 소설이라고 본 것과
소설을 쓰는 사람과 평하는 사람, 그리고 읽는 사람이 어떤 역할을
하는지를 나누어 인식하고 있다는 점이 그것이다. 이런 언급은 소설

---

36) 이런 인식을 하고 있는 사람으로 대표적으로 성대중을 들 수 있다. 그
　　는 "사람의 마음에 누가 부모가 낳아 기를 몸으로 즐겨 도적들의 무리
　　를 쫓고자 하겠는가. 대개 또한 부득이한 것이니 굶주림과 추위에 쫓긴
　　바요 문법이 몰아붙인 바요 감분에 격해진 바요 기양이 시킨 바이다.
　　(성대중, 「書仇十洲畵水湖軸後」, 『靑城集』 권8(앞의 책 248, 2000.),
　　505면. "人情孰肯以父母生之身, 樂趨於盜賊之群哉, 盖亦不得已也, 飢寒
　　之所迫也, 文法之所逼也, 感憤之所激也, 技痒之所使也.")"라고 하였다.
37) 李德懋, 「歲精惜譚」, 『靑莊館全書』 권5(앞의 책 257), 97면. "小說有三
　　惑, 架虛鑿空, 談鬼說夢, 作之者一惑也. 羽翼浮誕, 鼓吹淺陋, 評之者二
　　惑也. 虛費膏晷, 魯莽經典, 看之者三惑也. 作之猶不可, 何心以爲評, 評
　　之猶不可, 又或續國誌者, 續水滸者, 鄙哉鄙哉."

을 부정적으로 보는 사람들이 항상 소설을 비판하면서 했던 말이지만, 소설에 긍정적인 시선을 가진 사람들도 활용하여 그 속에서 진정성을 찾아낼 수 있다는 논리를 내세워 긍정하는 인식을 가지는 단서가 되기도 했다. 소설에 대한 긍정과 부정의 사이에서 갈등을 일으키고 있었던 사정이 위의 논의에서는 인지되지만 그 언급의 이면에는 소설에 대한 깊은 독서가 이루어지고 있었음도 느껴진다.38) 그렇기에 그는 조선 전기의 사정이 이런 경향에서 벗어나지 않았으나 조선 후기로 접어들면 소설을 두고도 진정성의 발로가 어떻게 가능한가를 文이란 큰 범위 속에 위치시켜 인식했다. 문이란 범위 속에 소설은 당연히 포함되어 다루어진 것이 조선 후기의 상황임을 여기에서 확인할 수 있다.

요컨대 천기론의 등장은 사상의 전환을 기초로 하였는데 양명학이 그런 바탕을 마련해 주었다. 또한 문학을 담당하는 계층의 확대로 인해 문학을 설명하는 이론적 기빈을 양명학이 제공하면서 문학관은 양명학에 따른 인식도 가능하게 되었다. 기존의 문학관과 새로운 문학관이 갈등하게 되고 천기론은 조선 후기 문학론의 주된 경향으로 자리잡을 수 있었다. 천기론은 한시를 대상으로 하여 적용된 문학이론이지만 여기에 머물지 않고 산문을 설명하는 논리로 확대되어 소설도 이런 논리에 따라 설명될 수 있었다. 그런 과정에서

------

38) 실제로 이덕무는 소설을 열심히 읽었음을 스스로 밝혀놓았는데 "어려서 십여 종을 보았는데 다 남녀풍정과 여항비언이었다.(余幼時, 看十餘種, 皆男女風情, 閭巷鄙諺)"라고 하여 소설을 많이 읽고 나서 그것을 평가할 수 있었음을 우리에게 알려 주고 있다.

천기론은 소설에 대한 인식의 전환을 가져오는 원인으로 작용했다.

3) 주자학의 사회적 위상 변화와 대응 사상의 발생

조선 후기에는 주자학과 이를 대체하려는 사상[39]이 심각한 갈등을 일으켰다. 주자학을 대체하려는 사상으로는 성리학이라는 범주에 들어와 있는 것[40]과 그것에서 벗어나 다른 사상의 성격을 지닌 것이 있다. 전자로는 양명학과 실학이 있으며, 후자로는 불교·도가·서학 등이 있다. 그런데 대체적으로 전자가 더욱 활기차고 예리한

---

39) 주자학을 대체하는 사상이 脫朱子學的인 성격을 지녔다고 보는 사람도 있었고(장창수, 「西溪 朴世堂의 脫朱子學的 思想에 관한 연구」, 계명대 철학과 석사논문, 1997.) 反朱子學的인 성격을 지녔다고 보는 사람도 있었다(이을호, 「反朱子學的 思想의 擡頭」, 『한국철학연구』 중권, 동명사, 1978.). 이런 인식은 주자학과 이들 사상이 맺는 관계를 더욱 철저하게 파악하고 난 이후에 그에 바탕을 두고 내려져야 더욱 설득력을 높일 수 있을 것이다. 이들 사상이 탈주자학이라고 규정한 것은 연속에 중점을 두어 내려진 평가라면 반주자학이라고 규정한 것은 변화에 중점을 두어 내려진 평가이다. 이들 사상은 주자학과의 연속적 측면을 가지고 있고 변화적 측면을 가지고 있어 어느 하나에 중점을 두어 평가를 내려질 수 없는 성격을 지니고 있다는 점은 인정할 수밖에 없는 사실이다.

40) 성리학이라고 용어는 철학의 기본적인 바탕에 性과 理를 중요하게 다루는 특성을 고려하여 붙인 이름이기 때문에 여기에 근거한다면 양명학과 실학도 포함될 수 있다. 용어를 엄밀하게 구분하여 사용할 필요가 있다. 즉 성리학은 주자학과 실학뿐만 아니라 양명학까지도 포함할 수 있는 용어이기 때문에 주자학과는 구분하여 사용하여야 한다.

문제의식을 가지고 주자학의 모순을 드러내는 데에 적극적으로 나섰다. 이들 사상과 주자학 사이에는 활발한 상호 영향이 일어났다. 조선 후기에는 주자학과 그것에 대한 반발 사상이 일어난 시대였다고 할 수 있는데 그런 특성을 갖추고 있는 사상이 양명학과 실학이다. 사상의 발생과 접합이 진·가 확인형 소설의 발생 기반으로 작용하였다. 곧 양명학과 실학이 주자학을 대신하는 사상으로 등장하려는 상황에서 주자학과 이들 사상은 갈등하면서 관계를 형성해 갔는데 이런 점이 진·가 확인형 소설을 발생하게 하는 기반으로 작용했다.41)

조선은 주자학을 정통으로 인정하고 주자학 이외를 이단으로 몰아 강력하게 금지해 나갔다. 조선 후기에 이르러 사상에 대한 금지와 탄압은 관념에 머물지 않고 행동이 따르는 경향을 띠어감으로써 사회적 문제의 성격을 가지게 되었다. 사회의 갈등으로까지 인식되지 않았던 사상적 문제는 조선 후기에 이르러 사회 성원의 현실적 처지와 맞물린 문제가 되어 갔다. 주자학을 선택한다는 것으로 사회적 성공을 주자학 이외의 사상을 선택한다는 것으로 사회적 실패를 결정했다.

상황이 이렇게 되자 이단으로 내몰린 사상가들은 자신이 하는 학문이 이단이라는 평가를 받고는 있지만 이를 연구하는 것이 어떤

______

41) 사상계가 이렇게 진행된 데에는 사회의 전반적인 분위기도 일정한 작용을 하고 있었다고 볼 수 있다. 사상계에 일어난 현상은 그것에만 제한되어 있지 않고 사회의 전반적인 상황에 영향을 받으며 일어난 반응이라는 측면도 갖는다.

의미를 지니는지를 철저하게 따져보아야 했으며 그런 평가를 내린 사람들에게 자신의 학문을 적극적으로 변호할 필요성도 커졌다. 자신의 사상적인 입장이나 이념을 상대에게 알리고 부당한 평가에 대해서는 변호하거나 그렇지 않음을 주장하면서 사상적 입장을 적극적으로 정립해야 할 필요성이 높아졌다. 학문 간의 상호 갈등과 논란이 더욱 치열하게 전개될 수밖에 없게 되었다. 이는 또한 이단이라는 평가를 받는 사상을 연구하는 일군의 학자들이 이 세상에 존재하는 이유에 대한 최소한의 의의를 자신의 학문에서 찾고 이를 강하게 유지하게도 했다.

한편, 양명학이나 실학이 발생하여 이념적 기초를 찾아 나가려 노력하는 과정에서 주자학도 변화하게 했다. 이단 사상이 발생하여 기존의 정통으로 간주되는 사상에 도전하면서 주자학은 현실에 적응할 수 있는 노력을 기울이게 되었으며 이념적 기반을 더욱 확고하게 찾아 나갈 수밖에 없었다. 주자학은 이념적인 문제들을 이단 사상과의 갈등과 토론을 거치면서 더욱 확고하게 다져나갈 수 있었다.

임진왜란을 겪고 난 뒤를 사대부들은 난세로 인식하였으며 그 근원에는 주자학이 너무 명분론에 얽매여 있었다는 것을 기반으로 하고 있었다. 여기에 정치적인 혼란이 중첩되어 일어났으니 사상적인 혼란은 더욱 심해져 갔다. 임진왜란 이후에 일어난 정치적 혼란에 대해 趙翼(1579－1655)은 비판적인 시각을 드러내고 있는데 그 원인이 전대로부터 축적되어 온 여러 요인의 종합에 의해 일어나기는 했지만 그 가운데에서도 사상적인 전환이 중요하다고 했다.

우리 조정이 나라를 세운 지 어언 200여 년, 중간에 失政이 여러 번 생겼고 폐단이 따라 생겨나고 因循함이 더욱 심하여졌습니다. 宣祖 朝부터 識者는 오히려 또한 폐정을 고치지 않았고 왜란의 어려움을 거치면서 모든 일이 고식적으로 처리되었으며 廢朝에 이르러 파괴와 혼란이 극에 이르렀으니 生民이 水火 가운데에 처한 지가 진실로 오래되었습니다. 그러한즉 지금 인순하고 있는 법제는 모두 백성을 병들게 하는 적폐일 뿐입니다. 지금에 도를 행하는 길은 오직 대변통과 대경장에 있으니 그 폐단을 통렬히 고쳐서 이에 水火 가운데 빠진 백성들을 건져 낼 수 있을 것입니다.[42]

조익은 임진왜란 이후의 조선 사회를 난세라고 하면서 그것을 극복하는 방법으로는 현실적인 모순을 해결하는 길이 있다고 하고 있다. 현실적 모순을 해결하려는 방법으로는 주자학 이외의 사상에 근거할 수밖에 없다는 인식이 위의 글에서는 감지된다. 그러나 이런 인식이 확고한 수준에까지 이른 것은 아니다. 위의 글에는 '지금 시행되고 있는 법제는 모두 백성을 병들게 하는 폐해'라고 하여 기존 사회의 바탕을 이루었던 제도에 대한 비판적 시각을 드러내고 있지만 이것이 절박하고 적극적인 의식에까지 이르지는 못했다. 그는 주자학 이외의 사상에 현실 모순을 해결할 수 있는 방법이 있다고 믿

---

[42] 趙翼, 「因求言論時事疏」, 『浦渚集』 권2(민족문화추진회, 『韓國文集叢刊』 85, 1988.), 55면. "我朝立國, 餘二百年, 中間政失者屢, 弊隨而生, 因循滋甚. 自宣祖朝, 識者猶又弊政之不改, 及經倭亂板蕩, 庶事姑息. 至於廢朝, 壞亂極矣. 則生民在水火之中, 固久矣. 然則今之所循以爲法制者, 皆是病民之積弊也. 爲今之道, 惟在大變通 大更張, 以痛改其弊, 乃可以攏民於水火之中也."

었지만 그것을 적극적으로 주장하지는 않았다. 다만 주자학의 모순을 극복할 방법으로 양명학이 일정한 기여를 할 수 있다는 기대를 가지고 있었던[43] 수준에 머물러 양명학을 주자학의 모자라는 점을 보충하는 수단으로 생각하였다[44]고 할 수 있을 정도에 이르렀다. 모순을 해결하는 방법으로 '大變通'과 '大更張'을 제시하였는데 이는 기존의 것을 부정하고 새로운 것을 긍정하는 인식에 기반을 두고 나왔다. 그 밑바닥에는 주자학보다는 양명학이 적극적인 역할을 할 수 있다는 기대가 들어가 있다고 보아진다. 다음에는 그의 이런 논리가 나타나고 있다.

대저 천하의 일은 다만 可와 否가 있을 따름이니, 이에 대처하는
도는 마땅히 可否를 마땅히 살펴 그 取捨를 결정하여 어느 한쪽의

---

43) 그는 理氣를 李珥의 '氣發而理乘'의 입장에 따라 파악하면서도 '理發而氣發'의 견해를 덧보태어 파악하는 관점을 취하고 있다. 이런 그의 입장은 李滉이 이기론을 전개하면서 이와 기를 둘로 보는 이원론에 기반을 두고 있다는 견해를 비판적으로 바라보면서 이를 이이의 견해에 따라 비판하면서 형성된 것이다. 이런 관점은 인성론으로도 연결되고 있는 것으로 보인다. 趙翼, 「讀栗谷牛溪論心性情理氣書」, 『浦渚集』 권22(위의 책), 393-395면. "以理之在氣言之, 則氣之所以發者, 皆理也. 而氣發則理又乘焉. ……自發之始觀之, 則皆理發而氣發也."
44) 그가 양명학에 대해서 가졌던 생각은 문집의 여러 글에서 나타난다. 양명학에 대한 그의 견해는 심학을 전개하는 과정에서 특징적인 면을 보이고 있기도 한데 그의 문집에는 심학에 대한 언급이 상당히 많은 분량을 차지하고 있다. 그는 『大學』 팔조목 가운데 誠意를 가장 중요하게 인식하면서 그것을 수행하는 방법으로 '無自欺'를 들고 있는데 이런 것도 심학의 영향이라 보아야 한다.

議論만을 고집해서는 안 됩니다.[45]

　조익은 일방적인 하나의 의논만을 신봉하여 어느 한쪽만 따르는 것은 잘못되었다고 했다. 이런 경향이 너무 강하게 당대에 퍼져 있었다는 데에 문제의 심각성이 있다. 위의 글에서는 이런 상황을 드러내 놓고 비판하지 못하고 완곡한 어법으로 비판하고 있어 이런 비판을 자유롭게 할 수 없었던 사회 분위기를 전해 주고 있다. 위의 글에서 '어느 한쪽의 의논만을 잡아서는 안 된다.'는 언급에서 이런 분위기가 느껴진다. 이것보다 강력하고 직설적인 어법을 동원하여 비판할 수도 있었겠지만 그렇게 하지 않고 완곡한 어조로 당대의 사회에 횡행하고 있는 잘못된 인식태도를 문제 삼고 있다.

　조선 후기의 주자학은 전대의 이론적 탐색을 이어받아 학문적으로 깊이 있는 논의를 이루었다. 주자학의 이론적 심화에 양명학은 절대적인 영향력을 행사한 것으로 판단된다. 사상적인 접촉과 탐색이 이루어졌기 때문에 주자학은 학문적으로 이론적 깊이를 획득하고 심화하는 데로 나아갈 수 있었다. 그 가운데 특히 두드러진 분야가 심성에 대한 이론적 탐색이다. 이론적 깊이와 발전을 이룩하는 데는 주자학의 오랜 시간에 걸쳐 이루어진 이론적 축적이 결정적인 작용을 했다. 여기에 다른 사상의 영향과 작용도 있었기 때문에 이론적 깊이는 확보될 수 있었다. 조선 후기에 이르면 주자학은 전대

---

45) 趙翼, 「論瀋陽送使箚 丙子」, 『浦渚集』 권11(위의 책), 195면. "夫天下之事, 只有可與否而已, 處之之道, 唯當察於可否, 而決其取捨, 不可執一論也."

에서 이어받은 자체 내의 이념적 기반을 더욱 성숙시키는 계기를
갖기도 했는데 이에는 다른 사상으로부터 영향도 작용했다.

조선 후기에는 사상에서 16세기에 확립된 영남학파와 기호학파가
17세기에 들어와 격화된 당쟁과 얽히면서 스승의 설을 더욱 심화하
고 절대적인 이념으로 받아들이려는 경향을 더욱 강하게 띠어 갔다.
또한 다양한 학맥의 분화와 그 학맥의 소속에 따라 어떤 문제에 대
해서는 다른 학파와는 다른 견해를 취하면서 이론적 깊이를 획득하
려는 노력을 기울이는 과정을 겪음으로써 이론적 논리는 갖추어졌
다. 조선 후기에도 어떤 하나의 주제를 두고 치열한 논쟁을 거치는
현상이 일어났는데 이런 과정에서 心에 대한 논의가 더욱 분분하게
일어났으며 이는 人物性同異論爭에도 영향을 주었다.

주자학의 이론적 심화·분화 과정에는 주자학 이외의 사상이 일
정하게 영향을 준 측면이 있다. 조선 후기를 이끌어 가던 주도 이
념으로서의 주자학의 위상은 많이 약화되었고 그 자리를 주자학 이
외의 사상이 보완해 가면서 다른 사상의 영향력은 자연스럽게 강화
되었다. 주자학의 침체와 다른 사상의 부상은 동시에 진행되었는바
각각의 사상은 접촉을 통해 이론적인 깊이를 확보해 나가면서 서로
에게 영향을 주고받고 이론적 성숙을 이룩했다. 주자학에 강력한 영
향력을 발휘한 양명학은 주자학의 쇠퇴를 틈타 사상적인 위상을 높
여가면서 주자학과는 특수한 관계를 형성해 갔다. 이렇게 된 데에는
양명학이 지닌 사상적 특성이 주자학과 일정하게 맞닿으면서 고유
한 성격을 획득해 간 이념이었다는 성격이 강하게 작용하고 있다.
그만큼 양명학과 주자학은 관련된 역사가 깊을 뿐만 아니라 대립의

강도도 강력하여 특이한 관계를 형성하고 있었는데 이런 관계 때문에 양명학은 주자학과 밀접한 관계를 형성하면서 결정적인 영향력을 줄 수 있었다.

우리나라에서 양명학은 사상계에 등장하던 때부터 주자학으로부터 강력한 비판과 금지를 받았다. 이렇게 된 데에는 양명학에 대하여 비판적 입장을 견지했던 이황의 언급이 강력한 영향력을 미쳤기 때문이라 여겨진다. 이황은 몇 차례에 걸쳐 양명학이 지닌 이단성을 역설했는데 이는 후학들에게 양명학을 해서는 안 되는 학문으로 인식하게 만들기에 충분할 정도로 강력했다. 그의 언급을 받아들인 조선조의 대부분의 사대부들은 양명학에 대해서는 이단이라는 시각을 가지고 바라보았다. 그러나 철저할 정도의 통제로 일관하였는데에도 불구하고 양명학은 사상계의 이면에서 사회의 전면으로 부상했다.

양명학을 공식적으로 사회에 드러내 놓고 연구할 수는 없었지만 家學으로 숨어서 일마든지 연구할 수 있었나. 이런 과성을 거지면서 양명학은 이념적인 깊이와 기반을 확보하여 주자학과 대등한 사상으로 올라설 수 있었다. 대립과 갈등의 한쪽 면은 주자학이 차지하고 있다면 한쪽은 양명학이 차지하고 있었다. 이런 점에서 실학은 양명학의 영향력이 어느 정도 미치고 있는 상황에서 발생한 사상이라는 특성도 지닌다.46) 양명학이 조선의 사상계에 들어오기 시작한

---

46) 이런 관점은 너무 사상을 단순하게 파악했다는 비난에서 벗어날 수 없다. 그러나 실제로 실학에서는 양명학의 이론이 다각적으로 나타나는 것도 사실이어서 기존의 연구에서 이런 점에 대한 지적은 자주 있어 왔다. 대표적인 연구는 다음과 같다. 윤남한, 『조선시대의 양명학

것은 조선 전기부터인데 이때에는 양명학이 체계적이고 깊이 있는 연구의 대상이 되지 못하고 그저 새로운 사상이라는 점 때문에 관심의 대상으로 취급되었다. 그나마 받은 관심마저도 당대인들에게 자주 무시되거나 깊이를 더하지 못하고 있다가 임진왜란을 겪으면서 명으로부터 온 구원병을 통해 사상이 소개됨으로써 본격적인 연구의 대상으로 인식되기 시작했다. 그런데 이때에도 양명학은 개인적인 관심거리와 본격적인 연구대상의 경계에 머물렀다. 전쟁이라는 상황 때문에 당대인들은 사상적인 모색을 하고 있을 만한 여유를 가지지 못했으며 현실적인 위기를 극복하는 데 힘을 모아야 했다. 필요성을 중시한 결과 양명학을 받아들이는 데 적극적으로 나설 수 없는 상황에 처해 있었다.

그러나 전쟁을 마친 이후에는 상황이 달라지기 시작했으며 양명학의 위상이 높아졌다. 전쟁을 치르면서 사대부들은 현실에 제대로 대처하지 못했으며 그들이 신봉하는 이념에 대해 반성의 기회를 가졌다. 이런 상황을 겪고 난 이후에 사대부들은 어떤 식으로든 주자학에 대한 반성과 이를 대체할 수 있는 새로운 사상을 모색해야만 했다. 이런 상황에서 양명학은 관심을 많이 끌었다. 주자학을 대신할 수 있는 새로운 사상에 대한 관심이 증대하면서 다양한 사상을 모색해 나가는 현상을 불러왔고 이런 과정에서 양명학이 관심의 중심으로 떠올랐다. 조선 후기에 다양한 사상이 일어나 주자학을 대신할 수 있는 상황으로 발전한 데에는 이와 같은 시대적인 여건이 작

연구』, 집문당, 1982.: 송석준, 「실학자의 사상에 나타난 양명학적 사유구조」, 『유교사상연구』7, 한국유교학회, 1994.

용하였다. 양명학이 자연스럽게 사회의 이면에서 표면으로 부상하는 계기를 맞은 것은 이런 상황이 크게 작용하고 있다. 양명학은 주자학과 닮은 점이 많아 주자학을 반성하는 데에도 알맞은 방향을 제공할 수 있었으며 수입되어 여러 시대에 걸쳐 연구되어 왔다는 점도 일정하게 작용하여 특히 관심을 많이 받는 사상이 되기에 충분한 여건을 가지고 있었기에 당대인들이 부담을 갖지 않고 주로 선택하는 사상이 되었다고도 할 수 있다. 그러나 이 시대에는 양명학이 주자학을 완전히 대신하는 사상으로까지는 부상하지 못했으며 단지 주자학의 단점을 보완하는 선에만 머물렀다. 즉 양명학은 주자학의 대립 사상으로서뿐만 아니라 주자학이 중시하지 않는 부분을 되돌아보게 하는 자극제의 역할도 하게 되면서 그 위상을 높일 수 있었다.

양명학이 사상으로서 제 기능을 수행하는 데는 여러 세대에 걸친 수용의 과정과 적극적인 연구 과정을 거친 이후에나 가능했다.[47] 이 과정에서 두 차례의 전란은 양명학이 사회적으로 부상하는 데 중요한 자극이 되었으며 정치적인 혼란도 중요했다고 하겠다. 즉 정

---

47) 양명학은 조선 전기에 수입되었음은 여러 기록을 통해 확인할 수 있다. 이런 기록에는 이때의 양명학이 사상으로서의 체계를 갖추고 있지 못한 초보적인 수준에 머물러 있어 깊이 있는 학문 수준에 도달하지 못했음을 알려 준다. 주자학을 절대적인 사상으로 믿고 그것을 사회의 기본적인 이념으로 정립하려는 시기에 들어온 양명학은 하나의 사상으로서 관심을 끌지 못했고 학문적인 진지한 탐구의 대상으로도 취급되지 못했다. 조선 전기에는 주자학을 사회의 주도 이념으로 올려놓으려는 열의가 대단했는데 다른 사상을 용납함으로써 이런 분위기를 흩어놓을 수 있다는 걱정 때문에 이런 현상이 일어났다고 보아진다.

치에서 소외된 계층이 많이 등장하여 양명학을 깊이 있게 연구할 수 있는 인원이 늘어나고 이들이 양명학의 이론적 천착을 이룩할 수 있는 여건을 갖추게 되었다. 정치적 패배를 겪고 학문에 몰두하는 사람이 많아짐으로써 이들이 양명학을 하나의 사상으로 받아들여 연구해야 할 학문으로 올려놓았다.

지식인층은 전란을 거치면서 주자학의 현실 대응력이 어느 정도인지 체험했고 주자학의 체질 개선의 필요성을 절감했으며 당쟁의 격화로 이를 더욱더 심각하게 인식했다. 이런 과정을 겪으면서 주자학자는 양명학을 하나의 학문으로 인정하고 바라볼 수 있는 시각을 갖게 되었다. 주자학자 가운데 양명학에 대한 관심을 가지고 긍정적인 시선을 던졌던 사람들이 시대가 내려올수록 차츰 늘어가는 현상을 반영한다. 정치적인 혼란이 계속되고 이를 극복하는 데는 사상적인 기반을 바꿈으로써 가능하다는 인식이 싹트고 주자학자들은 자기 사상의 객관성을 양명학을 통해서 하게 되었다. 사상의 혼란과 정치적 위기를 극복하는 수단으로 이때의 지식인들은 양명학의 논리에 기대었다.

또한 강조해야 할 것이 실학48)의 사상적 성장을 들 수 있다. 실학이 사상계에 등장하여 성장한 것은 조선 후기의 사상에 일어난 가장 확실한 변화 가운데 하나다.49) 실학의 등장은 주자학의 절대

______

48) 실학에 대해서는 양명학만큼 다루지 않는다. 그것은 너무나 많이 알려져 있기 때문이기도 하며 앞으로 논의에서 더욱 구체적으로 언급될 것이기 때문이다.
49) 실학이 발생한 시대와 성격을 두고 논란이 일어났다. 그러나 여기에서

적 위상에 대한 반성과 대안의 구실을 했다. 조선 전기까지 주자학의 강력하고 절대적인 영향력이 유지되던 상황은 조선 후기에 이르면서 점차 변화하면서 그를 대신할 만한 사상으로서 실학이 대안적인 사상으로서 가장 확실하게 학파의 성격을 지니면서 부각했다.[50] 실학의 등장과 주자학과의 갈등은 진·가 확인형 소설의 등장을 견인하는 기반으로 작용했다. 실학도 주자학이 정통으로 취급되는 상황에서는 제대로 된 취급을 받지 못했다. 이런 상황은 주자학이 너무 넓은 지지층을 확보하면서 다른 사상에 대한 탄압을 가한 상황이 중요하게 작용하고 있다. 주자학을 대신하는 사상은 주자학을 허학이라고 하고 자신들의 학문을 진학이라고 하면서 비판을 가했다.[51] 이런 상황이 이 유형의 소설을 발생시키는 기반으로 작용했다.

요컨대 조선 후기에는 주자학의 위상이 낮아지면서 이를 대신하는 사상으로 성리학의 범위 내에 들어가는 사상 가운데 양명학과

는 이런 논란을 문제삼지 않고 보편적으로 조선 후기에 발생한 경세치용, 이용후생, 실사구시의 사상만을 실학이라고 부르고자 한다. 여기에서는 17세기에서 19세기까지 일어난 탈성리학적 경향을 지닌 조선 후기의 실학만이 이에 합당한 대상이다.

50) 조선 후기의 사상에서 주자학은 강력한 영향력을 발휘하고 있었다. 거의 모든 유학자들이 주자학을 신봉하고 연구한 것은 부정할 수 없는 사실이기 때문이다. 거의 모든 유학자들이 주자학에 매몰되었다고 하더라도 그것에 벗어나려는 움직임이 일어나고 있었으니 이것을 주목해야 한다는 것이다. 즉 조선 후기에는 양명학과 실학이 주자학의 전횡과 횡포에 비판을 가하는 사상으로서 등장하고 있었던 것도 사실이기 때문이다. 미약하다고 하여 그것을 부정할 수는 없다고 본다.

51) 이런 점에 대한 보다 상세한 논의는 다음 절의 2. 올바른 학문 자세 정립을 위한 벌인 논란에서 다루어질 예정이다.

실학이 강력한 힘을 발휘했다. 사상의 전환 과정은 진·가 확인형 소설의 등장을 이끌어 내는 요소로서 강력하게 작용하고 있었다. 주자학에서는 인성에 대한 논의를 다양하게 모색하여 왔으며 인성의 핵심을 차지하는 마음에 대한 관심도 자연히 깊이 있는 논의를 마련해 두었는데 이에는 양명학과 실학이 유·무형으로 중요한 영향을 미쳤다. 조선 후기 사상의 변화 가운데 우리가 주목해야 할 것은 마음에 대한 관심의 증대와 이론적 심화를 이룩한 점이다. 물론 이런 마음에 대한 탐구는 주자학 자체 내의 논리적인 전개과정에서 얻은 결과라는 측면도 다분히 지니고 있다. 그러나 주자학 내의 문제가 더욱 논리적인 깊이를 더하고 논의의 수준을 높이는 데는 두 사상의 기여도 크게 작용했다. 물론 조선 후기 이전에도 마음에 대한 논의가 몇 사람에 의해 이루어져 관심은 있었으나 그런 논의는 조선 후기와 같은 수준이나 깊이를 갖추지는 못했고 주자학의 중심 문제로 다루어지지도 못했으니 부차적인 차원에 머물렀다. 따라서 조선 후기의 사상계에서 일어난 변화는 마음에 대한 관심의 고조와 그것의 이론적 전개를 주목할 만하여 이가 문학적으로 형상화하는 관심을 높여 놓는 데 가장 결정적인 요인으로 작용하였다. 주자학의 위상 변화와 양명학과 실학의 발생은 진·가 확인형 소설의 형성배경으로써 강력하게 작용하였다.

2. 인간과 학문에 대한 담론

진·가 확인형 소설의 출현에는 주자학과 양명학이라는 두 사상에서 가장 근본적인 입장의 차이를 보인 인간을 규정하는 관점과 학문을 어떻게 하는 것이 올바른지를 두고 벌인 입장의 차이가 중요하게 작용하고 있다. 여기에서의 논의는 모두 사상적인 입장의 차이가 인간관과 학문관의 차이에 따른 것이며 이것이 담론으로 실현되면서 글쓰기의 차이로 나타났다고 본다. 사상의 흐름과 변화가 논의의 출발점을 이루고 있기 때문에 모든 변화는 일어날 수 있었다는 입장에 서서 그것이 어떤 근거를 가지고 어떻게 전개되었는지 부각시켜 다루어 본다.

주자학과 양명학이 만나 갈등한 것은 이런 소설의 발생에 가장 중요한 출현의 요소로 작용했다. 가치관의 혼란에는 기본적으로 인간을 규정하는 시각의 차이가 내재되어 있기 마련인데 여기에서는 이런 차이를 이끌어 가는 구체적인 모습이 어떠하며 이것이 학문자세를 정립하려는 논란과는 어떤 연관을 지니고 있는지를 다루어 보아 두 가지가 담론으로 어떻게 실현되는가를 확인하는 데에까지 나아가고자 한다.

1) 인간을 규정하는 시각의 차이

진·가 확인형 소설에는 인간의 정체를 두고 고민과 모색을 하는 작자의 관심이 두드러지게 나타난다. 작자는 소설에 등장하는 인물 가운데 어느 쪽을 진짜로 가짜로 할 것인가를 두고 심각한 고민을 하고 두 인물을 정체 확인 과정으로 몰아가서 하나에 긍정적인 시선을 보내고 다른 하나에는 부정적인 시선을 던지면서 인물에게 중요한 의미를 부여하여 인간을 규정하는 시각의 차이를 투영한다. 진짜에게는 작자의 긍정적 시선이 작용하고 가짜에게는 작자의 부정적 시선이 작용하는 것이 일반적인 시각의 전형을 이루다시피 하고 있다. 인물을 평가하는 시선을 통해서 작자는 인간을 규정하는 시각의 차이를 확인한다.

주자학에서는 인간을 관념적인 차원에서보다는 현실적인 차원에서 규정하는 경향이 짙었다. 주자학에서 인간을 규정하는 관점은 불교에서 바라보는 인간이 너무 관념적인 차원에 기울어져 있었기 때문에 이에 대한 반성·극복의 차원에서 이루어졌기 때문에 이런 경향을 지니게 되었다고 보아진다. 불교에서는 인간을 현실을 떠나 마음을 닦아야 하는 존재로 바라보고 마음을 제대로 닦기만 한다면 인간은 부처도 될 수 있다고까지 하면서 인간의 가치를 적극적으로 올려놓았다.[52] 불교에서 인간을 긍정적이고 가치 지향적인 존재로 판단한 견해는 인간의 가치를 절대적인 위상으로 끌어올려 놓기도

---

52) 금장태,『한국유학의 心說』, 서울대학교 출판부, 2002, 5-8면.

하였지만 인간이 발 딛고 서 있는 현실적 차원에서의 의미는 고려하지 않는 결과를 빚기도 했다. 또한 여기에서 한발 더 나아가 불교에서는 인간이 가치 있는 존재로 바뀌기 위해서는 현실을 떠나야한다고까지 주장하니 인간의 현실적 존재로서의 위상과 가치는 위축·감소되는 것은 당연하다. 이런 불교에서 규정하는 인간관이 인간이 발 딛고 서 있는 현실을 떠나 이것에 얽매이지 않으면서 인간이 가진 고유성의 하나를 중시한 점을 주자학에서는 적극적으로 나서서 비판하여 보다 현실에 발붙이고 있는 인간을 중시하는 시각으로 바라보아야 한다고 했다.

두 사상에서 인간을 파악하는 관점은 주자학과 양명학의 근본적인 이념의 차이 때문에 일어난 현상에서도 이어진다. 양명학에서 인간을 규정하는 근거는 주자학의 단점을 극복하기 위하여 불교적 측면을 다시 사상적 기반으로 끌어들여 마련했기 때문이다. 양명학에서는 주자학에서 바라보는 인산이 너무 객관적인 실체에 얽매여 정작 중요하게 다루어야 할 근본적인 토대를 놓치고 있다고 보고 인간의 고유성을 확인할 수 있는 근본적인 요소인 마음의 중요성을 재인식해야 한다는 점을 부각하여 다루었다. 이런 논리는 다분히 불교적인 색채를 띠고 있어 양명학은 주자학으로부터 禪學의 기미가 있다는 비판을 받았다.

주자학에서는 인간이 聖人도 될 수 있다고 보았는데 이런 관점은 불교에서 인간이 부처가 될 수 있다고 생각하는 것과 일정하게 맥이 닿아 있다. 인간을 이 세상의 어떤 사물보다도 부각시켜 다루고 거기에 적극적인 의미를 부여한 이런 관점은 불교의 영향이라고 하겠지만 그것에만 머물러 있지 않고 주자학만의 독창적인 이론으로서 논리를 보강하고 특성을 갖추어 감으로써 새로운 사상으로서의 특성을 가진 부분이 되어 갔다. 주자학에서는 인간이 사물의 한 부류로서 존재할 따름이지 모든 존재를 초월하여 존재할 수는 없다고 보았다. 따라서 주자학에서의 인간은 모든 가치의 중심을 이룰 정도로 절대적인 가치를 지닌 존재로 부상할 수 없었으며 다른 존재와의 관계를 맺으면서 의미를 획득해 가는 존재로 인식될 수밖에 없었다. 이런 관점을 따른다면 인간은 사물의 한 종류로 여럿 가운데 하나일 따름이어서 자연과 우주를 구성하는 하나의 부분적인 논리에 근거해야만 이해될 수 있다. 주자학에서 인간은 현실적인 존재로 사물과의 관련하에서 의미를 지닐 수 있고 여러 객관적인 현실과 만나서 의미를 획득해 나가야만 한다.

李滉(1501－1570)은 인간을 우주론과 자연관의 연장선상에서 파악하였다. 인간이란 존재가 우주라는 큰 범위에서 어떤 의미를 지니고 있는가를 파악하려는 그의 노력은 객관적인 인간의 위상을 확인하게 해 주었다. 그에 의하면 인간은 하늘뿐만 아니라 땅과도 관련을 맺으면서 자신의 고유한 의미를 찾아 나가는 존재로서 의미를 지닌다.53) 그에게 인간의 핵심을 차지하는 마음은 우주의 핵심인 태극을 그대로 모방하고 있는 것으로 보아 그것의 연장선상에 지나지 않을 정도로 객관적인 실체로 파악되어야만 했다. 마음을 현실에

---

53) 李滉,「天命圖說」,『退溪集』續集 권8(민족문화추진회, 앞의 책 31, 1988.), 211면, "問, 人物之生也, 其所受之性, 均是天地之理. 所稟之形, 均是天地之氣, 然則人與物, 本無間也."

서 실천하기 위한 노력이 무엇보다도 필요하게 되며 이것은 인간의 핵심을 차지하는 심성의 파악에도 그대로 적용되었다.[54]

인간의 심성을 둘로 나누어 파악하는 점은 그의 철학에서 고유한 점이지만 그것이 가진 의미가 심성을 다루는 점에서도 그대로 이어졌다. 그런 의미에서 마음을 주재하는 몸의 가치는 마음이 현실적인 존재형태를 띠고 나타나는 증거이기에 강조될 수밖에 없다. 즉 그에게는 마음이 현실의 자극에 의해 발현된 형태로서만 의미를 드러낸다. 마음의 주재를 받는 몸을 어떻게 닦아 이를 현실적인 국면에서 실천할 것인지를 찾아 나가기 위해서는 몸의 고유성에 대한 논의가 마음의 핵심에 다가가기 위한 하나의 길을 제공한다고 인식했음은 당연하다 하겠다. 이황에게 있어 몸은 마음이 존재한다는 것을 드러내는 데에 없어서는 안 되는 요소로 부각되어 다루어지는 특성을 가지고 있다. 이런 마음을 다룰 때 몸을 부각하여 다루는 기본적인 관점은 후학들에게도 이어진다.

李珥(1536 - 1584)는 마음을 파악하는 근본적인 입장을 이황과 같이하면서도 자신만의 독창적인 이론을 덧보태어 새로운 면을 개발하기도 했다. 마음에 대한 논의는 李珥에게도 중요한 철학적 논의의 기초를 이루는 한 부분으로 인식되고 있었기에 이런 변화를 이룰 수 있었다고 할 만하다. 마음을 논의하기 위해 이이는 누구보다 적극적인 노력을 기울였고 그 결과 그의 견해는 조선 후기의 마음에

---

54) 李滉, 「答奇彦明」, 『退溪集』 권18(위의 책 29), 457 - 458면. "理氣合而爲心, 自然有虛靈知覺之妙, 靜而具衆理, 性也. 而盛貯該載此性者, 心也, 動而應萬事, 情也, 而敷施發用此情者, 亦心也."

대한 인식의 주된 흐름을 이끌어 가는 하나의 기준 역할을 할 정도로 강력한 영향을 미쳤다. 이이는 근본적인 입장에서 이황과 같은 관점을 취하고 있기도 했지만 독자적인 논리를 개발하여 후학들에게 가장 강력한 영향력을 미쳤다.

李珥는 마음을 통합적 인격의 주체로 파악하는 관점에 서 있었다.55) 그는 性과 情과 意의 출발점을 이루는 것이 마음이라고 했는데, 이런 관점에 따른다면 마음의 주체는 독립적인 가치를 지닐 수 없이 다른 요소와 불가분의 관련을 맺으면서 존재할 수밖에 없다. 마음이 모든 사물을 주체적으로 이끌어 가는 위치에 있기는 하지만 그것이 존재한다는 사실만으로는 가치를 인정받을 수 없는 제한된 의미가 있다. 이런 것은 그들이 가진 二元的 철학체계의 근본적인 시각에서부터 영향을 받아 형성된 측면이 지닌 어쩔 수 없는 한계로 주자학자라면 누구나 지니고 있는 기본적인 생각이라 할 만하다.

주자학자들은 언제나 體와 用이라는 이원적 시각에서 이 세상의 존재를 파악하는 관점을 택해 왔다. 이런 관점에서 벗어나서 마음이 파악될 수 있는 것은 아니다. 體를 이루는 마음은 用이라는 짝을 만나야 존재로서의 가치를 지닐 수 있으니 몸이라는 용이 실천하는 행위가 무엇보다 마음의 한 부분을 이루어야 마음은 온전한 의미를 지닐 수 있다. 體를 제대로 갖추었다고 하더라도 用이라는 실천이 따르지 않는다면 그것이 아무런 의미가 없다고 하면서도 엄격한 의

---

55) 李珥, 「答成浩原 壬申」, 『栗谷全書』 권9(민족문화추진회, 앞의 책 44, 1988.), 194－195면. "大抵未發則性也, 已發則情也, 發而計較商量則意也. 心爲性情意之主, 故未發已發及計, 皆可謂之心也."

미에서 체와 용이 확연히 분리된 두 가지를 이루고 있다는 입장을 취하는 것은 아니다. 오히려 이이는 주자학자들의 근본적인 입장을 수용하면서 인간의 몸이 기질로 이루어진 것처럼 마음도 기질로 이루어져 있어 그것이 통합되어 있다는 입장을 견지하였다.

> 사람의 마음이 성명의 올바름에서 곧바로 나왔으나 혹 순응하여 이를 수 없어서 사사로운 의식이 사이에 끼어들면 이것이 道心으로 시작하였다가 人心으로 끝맺는 것이다. 혹 形氣에서 나왔으나 올바른 이치를 저버리지 않았으면 진실로 도심에 어긋나니 않는 것이요 혹 올바른 이치를 저버렸으나 그릇됨을 알고 굴복시켜 욕심을 좇지 않으면 이것은 인심에서 시작하였다가 도심으로 끝맺는 것이다. 대개 인심과 도심은 성정을 겸해서 말하는 것이다.[56]

李珥는 인간의 마음이 원래부터 人心과 道心으로 나누어져 있지 않다고 했다. 마음은 고유성을 가지고 있지 잃은 것으로 현실석 상황과의 만남과 變奏를 거쳐야만 의미를 지녀 人心도 되고 道心도 된다는 것이다. 인간은 현실이라는 곳에 발을 붙이고 여러 객관적인 사물과 만나며 어떤 자세를 취하는가에 따라 인심을 실현하는 사람으로도 도심을 실현하는 사람으로도 자신을 결정해 갈 수 있는 流動的인 존재일 따름이다. 인간이 기질을 어떻게 닦아 어떤 존재로

---

56) 李珥, 「答成浩原 壬申」, 『栗谷全書』 권9(위의 책), 194면. "今人之心, 直出於性情之正, 而或不能順而遂之, 閒之以私意, 則是始以道心, 而終以人心也, 或出於形氣, 而不咈乎正理, 則固不違於道心矣, 或咈乎正理, 而知非制伏, 不從其欲, 則是始以人心, 而終以道心也. 蓋人心道心, 兼性情而言也."

결정되는가는 현실과의 만남이 전제되어 있다. 이이는 다음과 같이 인간을 기질에 따라 세 부류로 나누었지만 그것이 인간의 고유한 성격으로 굳어져 있는 것이 아니라 현실과의 만남을 통해 변화할 수 있다고 보고 있다.

> 기질이 맑고 형질이 순수한 자는 알고 행함을 힘쓰지 않고도 할 수 있으니, 더 이상 보탤 바가 없다. 기질이 맑고 형질이 雜駁한 자는 알 수는 있지만 행할 수는 없으니, 몸소 행하는 데 힘써서 반드시 정성스럽게 독실하게 하면 행함이 세워지고 약한 자도 강하게 될 것이다. 형질이 순수하나 기질이 혼탁한 자는 할 수는 있으나 알 수는 없으니, 학문에 힘써서 반드시 정성스럽고 정밀하게 하면 앎을 통달하고 어리석은 자는 밝아질 것이다.[57]

知의 중요성이 강조되는데 지는 지로만 머물지 않고 行과 연결되어야 한다고 했다. 그러나 知와 行이 일치해야 한다는 것은 아니고 지가 먼저 이루어지고 난 뒤에 행이 이어져야만 의미가 있다고 했다. 또한 지와 행이 연결되어 어떤 상태에 놓이는가에 따라 인간의 부류가 세 가지로 나누어진다고도 했다. 이이는 행함과 연결되지 않는 지는 존재할 수 없으며 지가 먼저 이루어져야만 행으로 나아갈 수 있다고 했다. 지라는 객관적인 현실과의 관련성을 지닌 부분이

---

57) 李珥, 「聖學輯要 矯氣質章第六」, 『栗谷全書』 권21(위의 책), 470면. "氣淸而質粹者, 知行不勉而能, 無以尙矣. 氣淸而質駁者, 能知而不能行, 若勉於躬行, 必誠必篤, 則行可立而柔者强矣. 質粹而氣濁者, 能行而不能知, 若勉於問學, 必誠必精, 則知可達而愚者明矣."

마음을 구성하는 중요한 부분으로 이루어져 있다는 의도가 강하게 작용하고 있는 위의 글은 주자학의 인간 이해가 현실에 기반을 두고 있다는 것을 강하게 보여주고 있다.

　이런 생각은 조선 후기의 주자학에 이르면 조금씩 변화한다. 인간의 존재는 자체만으로 절대적인 의미를 지닌 것으로 인식되기 시작하는데 이는 주자학 자체의 이론적 발전에 따른 것이기도 하지만 다른 사상의 영향도 무시할 수 없을 정도로 작용하고 있다. 변화된 의식은 양명학에서 규정하는 인간관에 영향을 받은 측면도 있다. 양명학에서 인간을 규정하는 관점은 주자학이 가진 인간 이해의 단점을 극복하고 그것에서 벗어나 중요하게 다루지 못한 측면을 부각하여 다루었다는 데 의의가 있다. 이런 관점의 연장선상에서 파악한다면 조선 후기의 학자들에게서 나타나는 인간을 파악하는 시각은 여러 관점의 혼합의 과정을 거치면서 이루어졌으며 어떤 요소는 주자학에 근거하고 있으며 어떤 요소는 양명학에 근거하고 있었다고 할 수 있다.

　주자학에서는 인간의 심성을 理와 氣로 나누어 二元論的으로 파악하였다. 이원론적 입장은 주자학의 근본적인 이론 형성을 위한 출발점이 되는 것으로 그것을 극복한다는 것이 상당히 어렵다는 것은 이미 알려진 사실이다. 그러나 양명학에서는 인간의 심성을 一元論的으로 바라보아 근본적인 시각의 변화를 보인다. 정제두는 心善과 性善의 합치를 이끌어 내기 위한 논리로 '心統性情'을 활용하였는데 이런 논리는 그의 이론이 심을 성과 정으로 나누어 보는 입장을 근본적으로 반성하면서 출발하였음을 보여주기에 충분하다.

주자학에서는 四端을 가지고 있기 때문에 인간이 인간일 수 있다고 했다. 주자학에서는 『孟子』에서 규정한 사단의 인식을 이어받아 인간이 사단의 마음을 가지고 있기 때문에 인간일 수 있다고 했다. 四端은 인간이라면 누구나 태어나면서부터 가지고 있는 것으로 인간이 四肢와 四體를 가지고 태어나는 것과 같은 의미를 갖는다고 인식되어 중요한 개념으로 다루어졌다. 육체가 사지로 이루어져 있듯이 마음은 사단으로 이루어져 있다고 하는 논리적 연관성이 여기에는 작용하고 있다. 사단은 인간 마음의 본체를 이루는 근본적인 요소로서 의미가 결코 가볍지 않았다. 그러나 양명학에서는 이런 주자학에서의 논리, 즉 사단을 마음의 본체로 보는 견해를 지지하지 않고 四端의 端을 마음의 시작점으로 인식한다. 다음은 양명학에서 단을 보는 관점이 어떠한지를 보여준다.

> 인·의·예·지의 四端의 端자는 마치 음양이 시작이 없는 것과 같고 동정에 단서가 없다는 단과 같이 단시의 뜻이다. ─성이 안에 있으면 정이 단서가 되어 (근본이 되고) 인이 체를 채우게 되어 (말단이 된다). 주자는 단서의 나타남이라고 하였으니, 이것은 말단의 단이 되니 정히 서로 반대되는 것이다. ─인은 안에 있어 (근본이 되고) 정은 단이 되어 (말이 된다.) (『국역하곡집』 I (75─76면))[58]

─────────────

58) 鄭齊斗, 「四端章雜解」, 『霞谷集』, (민족문화추진회, 『韓國文集叢刊』160, 1995.), 416면. "仁義禮智, 四端端字, 如陰陽無始, 動靜無端之端, 斷始之意也, 是首端之端. ─性在內情爲端(爲本), 仁爲充體(爲末), 朱子以爲端緖之見, 見末端之端, 正相反倒. ─仁在內(爲本), 情爲端(爲末)" 여기에서의 번역문 인용은 민족문화추진회, 『국역하곡집』 I·II(1972·1973)을 참고하여 인용하지만 그대로 가져오지는 않고 필자 나름으로 다시

鄭齊斗(1649-1736)는 사단은 마음의 본체가 아니라 사물이 처음 시작하는 곳과 같은 뜻을 지니고 있어 주자의 해석이 잘못되었다고 본다. 주자는 단을 단서이자 실마리라고 정의했는데 인간의 순수 본연한 마음을 선악의 문제와 연관시켜 未發 상태의 性과 已發 상태의 情으로 구분하고 다시 이발 상태인 정에서 선의 속성만 존재하는 四端과 선악이 공존하는 七情으로 나누어 보았다. 그러나 정제두는 이런 논리에는 성이 안에 있으면 정이 드러나 정이 작용이 되는데 작용이 근본이 되어 버리고 인이 체를 채우게 되는데도 불구하고 근본을 차지하지 못하고 말단이 되는 순서의 전복이 일어난다는 보았다. 말단과 근본이 자리를 잘못 잡고 있으니 순서를 바로잡아 성이 근본이 되고 정이 말단이 되어야 한다고 했다. 따라서 사단의 단은 단서나 실마리가 아니라 시작하는 점에 불과하다고 보았다.

정제두가 인간을 파악하는 관점은 이제까지 주자학에서 잘못 판단하고 있는 점들을 지직하면서 자신의 관섬이 어떠한지를 보여주는 형식을 취하고 있다. 그런 식으로 자신의 견해를 피력하는 방식을 취했기 때문에 그의 주장에는 주자학적인 이론과 함께 양명학적인 요소도 들어가 있는 것이 사실이다. 그런 가운데에서도 정제두는 인간의 독자적인 의의를 중요하게 생각하여 그것을 강조하는 논리를 마련하는 데 열중했다. 그것이 '心卽理'라는 용어로 정리되어 있다. 그는 '심즉리'는 '性卽理'와 연관을 맺고 있으며 인간의 가치를 절대적인 수준으로까지 올려놓는 데도 이념적 근거로 작용한다 했

번역하여 인용한다. 앞으로 원문은 주에 번역문은 본문에 표시하고자 한다.

다. 주자학에서의 인간이 다른 사물과 관계하고 있는 과정으로서 가치에 중점을 두고 있어 已發 상태를 중요하게 부각하여 인식했다. 그러나 양명학에서의 인간은 존재 자체로서의 의미를 이미 갖추고 있는 것으로 未發 상태의 인간에 중점을 두어 인식되었다.59) 정제두는 객관적인 사물을 설명하던 理를 인간을 설명하는 중요한 개념으로 옮겨놓으면서 理가 마음을 떠나면 큰 근본이 될 수 없다고 했다.

> 대체로 사람을 떠나서 '理'를 말할 수 없으며, 마음을 떠나서 큰 근본을 말할 수 없다. 마른 나무에도 '理'가 들어 있지만 큰 근본이 되지 못하고, 잠들었을 때를 고요한 상태라고는 하지만 역시 큰 근본이 될 수는 없다.60)

인간은 理를 갖춘 존재인데 理가 근본을 차지하는 것은 사람의 마음에 이 理가 있기 때문이라고 했다. 인간 마음에 내재하는 理는 큰 근본의 성격을 획득하여 인간의 기본적인 요건으로 취급된다. 理가 사물에 존재하는 것에서 사람에 존재하는 것으로 바뀌었기 때문에 큰 근본의 성격을 지닌 것으로 인식될 수 있었다. 이런 논리의 연장선상에서 그는 理와 마음은 이원적으로 나누어지는 것이 아니

---

59) 주자학에서는 현상적으로 나타난 측면을 중시하여 규정했다면 양명학에서는 인간이 본래 가지고 있는 근본적인 성질을 중시하여 규정했다. 그러나 출발점을 다르지만 목표점은 같아 확연할 정도로 구분되는 것은 아니다. 출발점의 차이는 중점의 차이로서 상대적인 성격을 지닌다.
60) 鄭齊斗, 「存言」上 '太極主靜中庸未發說', 『霞谷集』 권8(앞의 책), 242면. "皆不可外人而言理, 離心而言大本. 枯木理也, 而不可爲大本矣, 睡着靜矣, 而未得爲大本矣."

라 일원적으로 뭉쳐지는 것이며 안으로부터 밖에 이르는 것이라고 했다.61) 밖에 있는 理를 밖에서 확인하는 것이 아니라 안에서 확인할 수 있다는 논리를 자연스럽게 이끌어 냈다. 이런 논리는 인간의 가치가 상대적인 위상에서 파악되는 것이 아니라 절대적인 위상으로 끌려올라와 파악되었을 때 그 가치를 온전히 드러낼 수 있다는 것을 보여준다. 따라서 그는 사람을 모든 생명체의 근원이며 모든 존재의 임금이라고도 하였다.62)

인간의 존재를 부각하여 다루는 관점은 조선 후기에 이르면 많은 사람들로부터 지지를 받았다. 인간의 존재를 파악해 보려는 부단한 노력을 기울이는 과정을 통해 인간에 대한 논의는 한층 성숙한 시각을 확보할 수 있었으며 조선 후기에 이르러 그 꽃을 피우는 단계에 이르렀다. 그렇다고 하여 인간을 물질과 관련을 맺지 않고 독립적인 가치를 지니는 존재로만 바라볼 수 있는 논리가 주된 흐름을 형성한 것은 아니었나. 오히려 사상계에서는 인간의 존재를 설명하려는 관점의 심화와 더불어 이를 물질과 관련하여 파악하려는 논의도 하나의 큰 흐름을 이루었다. 조선 후기에 일어난 人物性同異論爭이나 실학의 발생은 이런 관점의 연장선상에서 일어난 현상의 하나라고 할 수도 있다. 물론 이 둘의 성격을 이렇게 일방적으로 규정

---

61) 鄭齊斗,「存言」上 '聖學說',『霞谷集』권8(위의 책), 235면. "如是則存之爲誠敬, 發之爲聰明, 居之爲忠信, 行之爲孝弟, 叙而明之爲禮樂敎化充以達之, 爲仁義之政, 己之性盡而人之性物之性, 無不盡矣, 天地位焉, 萬物育焉."
62) 鄭齊斗,「存言」上 '耳目口鼻說 下',『霞谷集』권8(위의 책), 245면. "天地萬物, 孰爲之主. 曰惟人心, 乃其神首. ……有生之源, 有物之君."

한다는 것은 많은 무리가 따른다. 그러나 무리를 감안하면서 일반화를 감행해 본다면 전자는 인성의 심화된 논의가 절정에 이르러 물성과의 관련을 찾으려는 관심이 싹트는 단계를 보여준다면 후자는 인성에 대한 관심은 줄어들거나 없어지고 이 관심이 물성에 대한 관심으로 완전히 옮겨가 물성의 심화된 논의로 완성되는 단계를 보여준다고도 할 수 있다.

2) 올바른 학문 자세의 정립을 위해 벌인 논란

양명학과 실학은 진·가 확인형 소설의 발생을 견인하는 역할을 했다. 여기에서는 조선 후기에 일어난 일련의 사상적 전환을 이루기 위한 노력들이 진행되면서 학문하는 자세는 어떻게 정립하는 것이 올바른가를 두고 벌인 논란이 진·가 확인형 소설과는 어떤 연관을 지닐 수 있는지를 양명학자들이 자신의 학문을 주장하면서 주자학자와는 다른 자세를 왜 취했고 어떻게 가졌는가에 중점을 두어 다루어 보고자 한다. 이런 현상을 가장 부각하여 보여주는 학자로 우리는 양명학자 중에 鄭齊斗가 주자학자들의 비난과 비판에 어떻게 대응하였지 살펴봄으로써 그 대강을 짐작할 수 있다.[63] 이런 점에

---

63) 양명학에서는 朱子學에서와는 다른 格物致知의 방법을 주장하고 따른 것으로 알려져 있다. 격물치지에 대한 해석의 차이는 진리에 접근하는 방법이나 절차의 차이지 철학의 근본적인 차이는 아니다. 격물치지에 대한 유자들의 논의는 근본적인 차이가 나지 않아 특별히 부각시켜

중점을 두고 있는 여기에서의 논의는 주자학자들도 학문 자세를 두고 상당한 갈등과 모색을 하였음을 확인하는 데도 일정한 의의가 있다. 또한 실학자들도 어떤 자세를 지녔는지 확인하는 것도 관심의

다룰 만한 문제가 아닌 것으로 취급되었다. 그러나 宋明理學이 心學化되고 격물치지의 방법에서 마음의 역할에 대한 시각 차이를 보여 주자학과 양명학의 차이점이 부각되기 시작했다. 陸象山은 주자와는 달리 格物의 과정에서 마음이 적극적이고 능동적인 역할을 한다고 보았다. 그러나 주자는 마음은 아무런 역할을 하지 못하고 단지 격물을 위한 하나의 수단이나 방편에 지나지 않는다고 하였다. 육상산의 관점은 왕양명에게 이어져 마음을 논의하는 수준을 한 단계 올린 것으로 평가할 수 있다. 이런 점은 양명학이 주자학과 근본적인 차이를 보이는 사상이 아니었다는 평가를 가능하게 한다. 그런 점에서 양명학은 주자학과 다른 사상일 수 없었고 정체를 확인하는 것이 상당히 어렵다. 따라서 주자학과 양명학은 전혀 다른 사상이라고 보는 데 상당히 제약이 따르니 같은 사상의 작은 변화일 따름이라고 평가하는 것이 타당하다 하겠다. 그러나 이와 같은 관점을 아무 반성 없이 받아들이기에는 무언가 부족한 점이 있고 점검하고 넘어가야 할 문제점을 남겨두고 있다.

비판의 요점은 이렇게 보는 관점으로 사상을 고찰한다면 사상 중에 과연 새로운 것이 있을 수 있겠는가 하는 점에 놓여 있다. 모든 사상은 이미 존재하던 사상에 대한 긍정과 부정의 요소를 동시에 가지고 있으며 이런 점을 온전하게 고려하여 그 사상을 평가해야만 제대로 된 평가를 할 수 있는데 그것을 제대로 고려하지 않고 양명학을 평가한 것은 아무래도 제대로 실상을 평가하지 못했다고 할 수 있다. 이런 점에서 양명학을 주자학과 비슷한 철학으로 보는 것은 긍정과 부정이라는 양면을 균형 있게 고려한 견해라고 할 수 없고 진실이라고 할 수는 더더욱 없다. 여기에서는 다만 이런 점을 염두에 두고 양명학자들은 주자학이 전반적으로 사상계를 지배하는 당시의 상황에서 자신의 학문을 어떻게 하려고 하였는지를 부각시켜 다룬다는 데 중점을 두고 있다.

일단이 주어져 있다.

양명학은 조선 후기에 접어들면서 본격적으로 학문의 대상으로 연구되기 시작했다. 수입된 시기는 조선 전기이지만 학문의 대상으로 다루어진 것은 조선 후기에 들어와 가능한 일이었다. 양명학이 수입된 시기에 대한 이제까지의 논의는 의견이 분분하게 일어나고 있지만, 정확하게 어느 때라고 확정할 수 없다.64) 양명학의 수입 시기가 언제인가는 이 책과 관련하게 그렇게 크게 중요하지도 않고 논의하지 않더라도 크게 문제되지 않는다. 이 책과 관련하여 보다 중요한 문제는 양명학이 수입된 이후에 주자학자들이 양명학을 어떻게 보았으며 그런 시각 때문에 양명학자들이 어떤 처지에서 학문을 할 수밖에 없었는가 하는 점이다.

양명학이 수입되자 주자학자들은 양명학을 일방적인 비판하는 입장이었다. 이에는 李滉이 행한 일련의 양명학 비판이 결정적인 영향을 미친 것으로 판단된다. 이황의 양명학 비판은 주자학이 우리나라

---

64) 이제까지 양명학의 수입 시기에 대한 논의는 네 가지 의견이 제기되어 왔는데 그 각각의 주장은 판단근거를 제시하면서 주장을 펼치고 있어 어느 것이 맞고 어느 것은 맞지 않다고 일방적으로 재단할 수는 없는 실정이다. 양명학의 전래 시기는 柳成龍의 문집인『西厓集』에 보이는 양명서의 취득연도(명종 13년, 1558)로 보기도 하고, 선조 때 李瑤가 올린 請對上疏를 토대로 하여 그의 스승 南彦經이 제자들에게 양명학을 講學한 때인 인조대로 보기도 하며, 전래 시기를 더욱 소급하여 1558년 이전으로 보기도 하고, 訥齋 朴祥과 十淸軒 金世弼이 강학하면서 시를 썼는데 그곳에 등장하는『傳習錄』에 관해 언급한 내용을 토대로 중종 16년인 1551년 이전으로 보기도 한다. 이런 점은 최근덕 외,『조선조 성리철학의 구조적 탐구』(성균관대학교 출판부, 2001.), 171－174면 참조.

에 들어와 사회를 주도하는 이념이 되려는 상황에서 자칫 다른 사상을 학문적인 탐구의 대상으로 인정하였을 때 일어날 수 있는 위험을 미리 막자는 의도에서 형성된 측면이 강했다. 이황 이후의 학자들은 이황의 영향을 받아 양명학을 이단이라고 평가하였다. 양명학자들은 주자학자들의 비판적 입장 때문에 숨어서 자신의 학문을 해야만 하는 상황에 내몰렸다. 왜냐하면 주자학자들은 양명학을 이단으로 보고 우리 사회에 발붙일 틈을 주지 않기 위해 상당히 무자비한 비판과 금지를 행했기 때문이다.

李滉은 다른 사상에 대해 주로 부정적 평가를 했는데 양명학에 대한 평가는 더욱 부정적인 시각이 강했다. 이황이 다른 사상을 보는 태도는 다른 주자학자들과 비교하더라도 더 부정적이고 비판적이었음이 드러난다. 다른 주자학자들이 자신의 이론을 형성하기 위해 부딪혔던 고민을 해결하는 하나의 수단으로 다른 사상에 대한 관심을 보이는 경우도 있었고 석극석으로 수용하는 경우도 있었다는 점65)과 비교하면 이황의 이런 태도는 특이하다. 양명학을 대하는 그의 관점은 학문에 대한 태도를 결정할 정도로 작용하였으며

---

65) 이런 태도를 보인 대표적인 주자학자로는 이이가 있다. 그는 젊어서 절에 올라가 불교에 심취하기도 하였는데, 이런 행적 때문에 그를 문묘에 종사하려는 의론이 일어났을 때, 남인들은 그를 문묘 종사할 수 없다고 주장했는데 그 이유로 내세워진 것 중에 하나가 그의 사상적인 편력 때문임은 익히 알려져 있다. 즉 그는 한때 선학에 빠져 있다가 주자학으로 전환하여 자신의 논리를 전개하는 데 이를 이용하기도 하는 등 사상적으로 보다 개방적인 태도를 보여준 대표적인 학자이다. 또한 조식도 다른 사상에 대하여 상당히 개방적인 자세로 대하였다고 알려져 있다.

다른 주자학자에게 계승되었다.

　이황이 다른 사상을 이단으로 보는 태도는 다른 사상을 학습하면 위험하다는 인식이 크게 작용하고 있다. 그는 다른 사상을 비판한다는 목적으로 학습하게 되더라도 그것에 빠져서 헤어나지 못할 가능성이 많다는 걱정을 자주 하면서 다른 사상에 대한 금지로 기울어져 있었다. 그런데 후학들은 이황이 양명학을 이단으로 평가했다는 사실만을 중요하게 생각하여 절대적인 준수의 자세를 보였다. 이황 뒤의 주자학자들은 그의 언급이 지닌 논리나 사실을 따져 보고 비판적으로 바라보는 입장에 서기보다는 이황이 양명학을 이단으로 취급했다는 현상적 사실만이 중요하게 여겨 그의 견해를 그대로 따르기 일쑤였다. 주자학자들은 양명학을 이단으로 취급하고 사상으로 인정하지 않으려고 하니 양명학자의 입장에서 주자학자들이 자신들의 학문을 바라보는 시각은 잘못되어 있다고 느꼈고 이를 바로잡기 위하여 노력할 필요성이 있었다. 잘못된 방향을 시정하기 위하여 그들은 자신들이 학문하는 자세는 주자학자보다 뒤떨어지거나 잘못된 것이 아니라 올바르다고 강조했다. 이를 조선의 가장 대표적인 양명학자인 정제두의 경우를 통해서 확인해 볼 수 있다.[66]

　정제두는 자신이 양명학자임을 겉으로 내세웠다. 다른 양명학자들이 겉으로 주자학자임을 내세우고 속으로는 양명학적 이념에 따르는 '陽朱陰王'으로 처신한 경우와 대조된다. 그가 양명학을 공공연

---

66) 이런 작업은 양명학자들이 놓여 있었던 객관적인 상황이 어떠한지를 알아보기 위하여 필요할 뿐만 아니라 첨예하게 대립한 두 사상이 서로 어떤 학문 자세를 가지고 갈등하였는지를 확인하기 위해서도 필요하다.

히 믿는다고 언급하자 아는 사람들은 그의 처사가 불러올 수 있는 위험들을 열거하면서 그를 핍박해 왔다. 그러나 이런 주위의 비난과 위협에도 불구하고 그는 양명학에 대한 열의를 꺾지 않았다.

> 보내 주신 책에 일러주신 것은 첫째 입을 다물어라 하고, 둘째 함부로 욕한 말입니다. 그런데도 이처럼 또 충고의 말씀 보내 주시니 무슨 까닭입니까? 이렇게 욕을 얻어먹고서야 깨달아 머리를 돌리리라고 생각한 것입니까? 형은 내 마음을 털끝만큼도 모릅니다. ……책 끝에 다시 죽임을 당하게 될 것이라는 말까지 달아 놓았는데, 지금보다 더 나은 明辯이 있으시다면 지당한 일이지만, 만약 戮辱으로 위협하거나 禍를 입히는 것이라면 그것은 나의 알 바가 아닙니다. 죽이고 욕주고 하는 일은 학문을 권장하는 일이 아닙니다. 내가 아직까지 자신을 못 가지는 것은 그 도가 어떠한지를 모르는 것뿐입니다. 만약 그것이 참말로 옳다는 것을 확실히 알기만 했다면 학문을 논하다가 죄를 입어도 한 될 것이 없습니다.[67](I , 76 - 77.)

閔以升(1649 - 1698)은 정제두가 보낸 편지에 대한 답장으로 입을 다물라고 충고하고 함부로 욕을 하면서 일방적으로 비난했다. 주자학자들이 양명학을 바라보는 관점을 그대로 보여주는 위의 글에는

---

67) 鄭齊斗,「答閔誠齊書」二,『霞谷集』권1(앞의 책), 31면. "第於冊中申敎, 一則曰閉口, 二則曰肆罵, 而尙復如是勤敎者何哉, 謂得此可罵, 可以能開悟回頭也邪. 原來兄都不知鄙心之毫末矣. ……末復以誅戮之說繼之, 如有明辨有進於是者則固至當, 而如以戮辱威禍則非所敢知者, 誅戮之於誘學未也. 第之所未嘗能信者, 政未知其道之爲如何耳. 如使其道果能知其眞是也. 則論學而被罪, 亦所不恨也."

당대의 분위기가 고스란히 수용되어 있으면서 이것이 민성제의 의견으로 개진된다. 주위에서 양명학에 대한 평가가 어떠한지를 민이승은 그대로 수용하여 편지로 전해 주었다고 할 정도로 당대의 분위기는 험악했음을 알 수 있다. 그러나 이런 위험한 상황에 처해서도 정제두는 양명학에 대한 열의를 누그러뜨리지 않고 학문하는 자세의 확립을 더욱 철저하게 다져나가는 지름길로 삼는다. 위의 글을 통해 양명학을 본질에 접근하여 파악하지 않고 겉만을 보고 이단이라고 일방적으로 비난하는 주자학자의 견해와 그런 비난에 대해 학문적 자세를 어떻게 정립하는 것이 과연 올바르고 그 관점에서 양명학이 어떤 점에서 학문의 본질에 더욱 접근했는지를 주장하는 견해가 팽팽하게 맞서고 있다. 이어지는 부분에서는 '나는 실로 의혹을 풀지 못해 애타게 분발하고 있는데, 형은 나를 이단에 빠졌다 하여 걱정을 하니, 마땅히 깨우쳐 인도해 줄 방법을 깊이 생각해 주셔야 하겠습니다.'68)(Ⅰ, 76면.)라고 하여 그런 의향을 드러낸다.

주위 사람들이 학문하는 자세는 정제두가 생각하기에 올바르다고 할 수 없다. 자신의 학문이 '선비 친구들 사이에 말이 많이 일어나'는 현상을 불러오거나 '간혹 깊이 살피지 않고 먼저 거절해 막아버릴 의사를 가지고'69)(Ⅰ, 51－52.) 대응하는 태도만을 일으킨다. 양명학의 본지를 호도하여 '변통 없이 집착하고 번거로이 떠드는 사

---

68) 鄭齊斗,「答閔誠齊書」二,『霞谷集』권1(위의 책), 32면. "兄則以爲陷溺而爲之憂, 亦當必深思所以啓發而 導之方."
69) 鄭齊斗,「答閔彦暉書」,『霞谷集』권1(위의 책), 22－23면, "示及士友之云, 亦所冥然, 此不可諉之一段譽. ……而使亦或有不知深察而先加托塞之意."

람으로 지목하는 생각도 못한 일이 일어나'는 사태에까지 이르고
있다.[70](I , 47.)

    다만 모르는 것을 기어코 알아보고자 할 뿐인데, 형이 주신 글
속에는 의심을 풀어 해석할 만한 것을 찾아볼 수 없으니, 이미 알
았다고 생각하고 그만둘 수 없습니다. ......형이 만약 반박할 의사
를 먼저 세워놓고 나의 말을 즐겨 고찰하지 않는다면, 양쪽이 서로
의견을 다 해 볼 가망은 없어지고 한 가지 꾸지람만 당하게 될 줄
을 모르는 바도 아니지만 내 마음속에 오래 쌓아 맺어두고 풀어
헤치지 못한 이 한 가닥 의견을 끝까지 묵살해 버릴 수 없어서 당
초의 가르침을 청한 본뜻을 이에 끝마치려고 합니다.[71](I , 67.)

정제두는 학문하는 올바른 자세가 어떠해야 하는지 제시해 놓았다.
학문을 하면서 의심나는 점을 해결하려는 노력은 기울이지 않고 어
떤 학문을 하느냐에 따라 일방적인 비난만 가한다면 학문의 발전이
나 학문 간의 진정한 이해를 위한 길은 막혀 버린다는 입장에서 바
라본다면 상대의 답장은 너무나 큰 실망을 주었음이 틀림없다. 정제
두는 진실은 상대방의 주장을 면밀하게 검토하고 잘잘못을 따져 보

---

70) 鄭齊斗, 「與閔彦暉論辨言正術書」, 『霞谷集』 권1(위의 책), 18 – 19면.
    "辨言曰惜乎, 在犬爲司犬乎. ......不察人言之言若是, 而將辨乎毫釐之間
    難矣."
71) 鄭齊斗, 「答閔彦暉書」, 『霞谷集』 권1(위의 책), 28면. "惟其迷見所在, 憤
    之端, 明諭中終未得有見破而辨釋焉, 則不可謂之已有所淂而遂已矣. ......
    而固知兄意之所分辨已在其先, 不肯考察於區區之說, 則非有可望於兩竭,
    不過淂一呵斥而止."

는 진지한 자세를 통해서만 드러날 수 있다고 보았는데 그의 상대편 토론자인 민성제는 그렇게 하지 않았다. 따라서 자신과 상대방의 의문점을 풀고 주장이 타당하다는 것을 증명하기 위해 편지를 주고받던 민성제는 올바른 학문자세를 갖지 않았다. 이런 자세는 민성제 혼자만의 것이 아니라 당대의 주자학자들 대부분이 가졌다 할 정도로 널리 퍼져 있었던 듯하다. 따라서 어떻게 학문하는 것이 올바른지를 계속 강조하는 정제두의 논의는 주자학자들의 잘못된 학문 태도에 대한 비난으로 이어졌다. 다음의 글에서 이런 그의 시각이 드러난다.

> 선비는 평소에 위대한 말로써 氣節을 자임하는 자는 일찍이 적지 않았으나 이해를 당하면 하루아침에 분연히 몸을 돌보지 않고 오직 의리만을 보는 자는 적었던 것이다. 또한 위태로운 화를 당하면 지키는 바를 굽히지 아니하는 자는 더욱 적었던 것이다.[72](I , 219.)

> 그러나 뒤에 와서 배우는 이는 허다히 그 근본을 잃고 오늘날의 학설만을 주장하기에 이르렀으니, 이것은 주자를 배우는 것이 아니라 곧 주자를 빌리는 것이요, 주자를 빌릴 뿐만 아니라 곧 주자를 부회함으로써 그 뜻을 성취하고 주자를 끼고 위엄을 지어서 사사로움을 이루는 것이다.[73](II , 167.)

---

72) 鄭齊斗, 「送李仲輔謫靈岩序」, 『霞谷集』 권7(위의 책), 211면. "士之平日危言以自許氣節者未嘗少也. 一朝臨利害, 能奮不顧身, 惟義之視者盖鮮矣. 又當威禍, 能不撓其所守者尤鮮矣."
73) 鄭齊斗, 「存言 下」, 『霞谷集』 권9(위의 책), 264면. "後來學之者多失其本, 至於今日之說者則不是學朱子, 直是假朱子, 不是假朱子, 直是傅會朱子, 以就其意, 挾朱子而作之威, 濟其私."

선비들은 평상시 자신들이 기절을 가지고 있다고 자임하고 고고
한 척 행동하려고 하지만 이익에 관계되는 일에는 의리를 쉽게 버
리는 경우가 많고 화를 당하는 경우에는 자신의 신념을 버리는 경
향도 많았다. 선비들이 평소에 하는 말들을 들어보면 이런 현상은
일어나지 않아야 하고 일어나서도 안 된다. 그러나 실제 현실에서
선비들은 그와 정반대로 이해와 화에 민감하게 반응하면서 무리를
이루고 세상을 지배하는 세력이 되어 있거나 세상을 자신의 의도대
로 재단해 가려고 한다. 그들은 자신들의 이익과 보신을 위해 상대
를 무참히 짓밟는 폭력을 행사하는 데도 아무런 반성이나 머뭇거림
도 없을 정도로 부정적인 행위를 일삼는다. 그리고 주자를 빌려 위
엄을 부리면서 사사로운 이익만을 챙기는 부정한 무리들이기도 하
다. 따라서 당대의 주자학자들은 '주자를 배우는 것이 아니라 곧 주
자를 빌리는 것이요, 주자를 빌릴 뿐만 아니라 곧 주자를 부회함으
로써 그 뜻을 성취하고 주자를 끼고 위엄을 지어서 사사로움을 이
루려'고 한다.

세상의 선비가 그 그릇이 범용하고 비루하면 반드시 뜻이 낮아
서 俗學에 빠지고 다시는 인간의 세상에서 성명과 利祿밖에는 밖의
일이 있음을 알지 못할 것이니, 옛사람의 일에 무슨 관심이 있겠는
가? ……진실로 속학으로는 사람이 될 수 없음을 안다면 무슨 일
이든 하지 못할 것인가? ……원하건대 그대는 스스로를 가벼이 하
지 말고 더욱 그 뜻을 독실히 하여 옛사람의 글을 더욱 읽고 옛사
람의 뜻을 구해야 할 것이다.[74](Ⅰ, 222-223.)

세상의 선비는 옛사람의 일에 관심을 가져야 마땅하다. 그러나 그들은 그릇이 범용하고 비루하며 반드시 뜻이 낮아져 학문을 속된 수단으로만 삼고 있다. 이 문맥으로 본다면 성리학을 하는 사람들은 뜻이 낮고 속학에 빠져 있는 부류일 가능성이 높다. 이를 극복할 수 있는 방법으로 정제두는 뜻을 돈독히 하여 옛사람의 글을 읽고 뜻을 구하는 데 노력해야 한다는 방법을 제시한다. 그러나 그런 방법은 현실에서 전혀 실현될 리도 없고 실현되지도 않는다. 성리학을 하는 무리는 속학을 하면서도 자신이 하는 학문이 속학인지 모르고 행하고 있으며 잘못된 학문 자세로 학문을 하면서도 올바른 학문 자세라고 자부하고 있다.

부귀공명에 힘쓰는 무리는 항상 그 뜻을 얻고, 예·의·도·덕의 선비는 항상 불우한 것을 근심하여, 앞세우는 것은 내 몸을 이롭게 하고 사욕을 행하는 일이요, 뒤로 미루는 것은 세상을 유익하게 하고 백성을 이롭게 하는 도이다. 힘과 위엄을 가지고 억제하는 정치는 대를 이어서 서로 인습이 되고, 예·악·인·의의 다스림은 어느 시대나 용납되지 않았다. 권세를 잡은 자는 豪猾貪冒한 사람이요, 불우에서 헤매는 자는 측은하고 충현한 무리이다.[75](I , 231－232.)

---

74) 鄭齊斗, 「送李聖益歸連山序」, 『霞谷集』 권7(위의 책), 212면. "世之士
其器凡陋, 志必卑下, 嘗汩汩於俗學, 不復知世間更有事在於聲名利祿之外
也. 其於古人事奚有哉. ……願子毋自以輕, 益篤其志, 益讀古人書, 用以
求古人之志焉."
75) 鄭齊斗, 「雜著」, 『霞谷集』 권7(위의 책), 216면. "富貴功名之流恒得其
志, 禮義道德之士常患不遇, 所先者利己行事之事, 所後者益世利民之道
也. 力制威持之政, 繼世而相襲, 禮樂仁義之治, 廣世而不容, 操柄者 豪猾

정제두는 선비들을 두 종류로 나누어서 인식한다. 부귀공명을 추구하는 무리와 예·의·도·덕을 실천하는 무리로 나눈다는 것이다. 그런데 무리 가운데 전자는 항상 뜻을 얻어 권세를 잡고 현실을 지배하는 호활탐모한 사람들이 되어 있다. 윗글에서 호활탐모하다는 것은 세력이 있고 교활하여 대단히 욕심이 많다는 뜻이다. 바꾸어 말하면 이들은 백성들이나 주위의 사람들이 놓여 있는 처지는 돌아보지 않고 자신들의 이익에만 혈안이 되어 움직이는 부정적인 인간부류이다. 그런데 문제는 이들이 정치를 담당하는 주도적인 세력이 되어 있다. 그들이 일으키는 폐해는 미치지 않는 곳이 없을 정도로 사회 전반에 퍼져 있었으며 대를 이어서 전해질 정도로 뿌리도 깊었다.

그런 반면에 예·악·인·의에 의한 다스림은 과거에도 행해지지 않았고 앞으로도 이루어질 가능성이 희박하다. 전자에 속하는 무리들은 성리학을 내세우는 사람들로 정치를 행하는 무리이기 때문에 부정적인 인간유형의 주류를 이루는 세력으로 성장하여 사회를 주도한다. 반면에 후자의 무리들은 불우하게 현실을 살아가면서 세상으로부터 부당한 대우를 받으며 측은하게 살아간다. 그들은 정치권에서도 소외되어 있으며 자신의 학문을 인정받지 못하고 있다. 이들은 세상에서 이단이라는 평가하는 양명학에 기초하여 학문을 하고 있어 세상으로부터 여러 가지의 제약을 받으면서 정치에도 참여하지 못하고 있다.

貪冒之人, 捿遑者, 惻隱忠賢之流."

그러니까 양명학자들은 자신들을 전자와는 다른 부류라고 인식할 필요성을 절박하게 느끼고 주자학자들과는 다른 자신들의 특성을 내세워야 했다. 자신들은 충성스럽고 현명한 무리라고 하는 확신을 가지고 학문자세를 올곧게 확립하고 유지할 필요성을 주자 학자들과는 다른 자신들의 현실적 처지 때문에 더욱 부각하여 인식할 수밖에 없었다. 현실에서 소외되고 불우하게 보내는 자신들의 처지는 잘못된 학문자세를 지닌 주자학자들에 의해 연유하지만, 그것을 탓하고만 있을 수는 없고, 그것을 탓한다고 하더라도 상황은 조금도 나아질 가능성이 없다. 주자학자들의 대부분은 양명학을 이단으로 취급하면서 양명학자가 하는 학문 행위에 대한 금지를 더욱 강력하게 실시하는 사상통제에 더욱 적극적으로 나설 것이기 때문이다. 이런 상황을 타개하는 데는 주자학자들과는 다른 자신들의 학문자세를 철저하게 다져 나가면서 주자학자들의 학문자세가 가진 문제점을 지적하는 것이 올바른 방법일 수 있다. 이런 대응방식은 행동은 없고 학문을 통한 인식차원의 변화만을 시도한다는 점에서 한계가 있을 수 있지만, 한계보다는 장점을 더욱 많이 가지고 있다.

양명학은 주자학과는 다른 관점에서 인간 심성을 바라봤다. 두 사상은 송명이학의 중요한 두 갈래로서 인간 심성에 대한 규정을 달리했다. 이런 차이점은 그렇게 근본적이고 중요한 차이점이라고 할 수 없으며 연관하여 인식할 수 있는 측면을 가지고 있다. 두 사상은 선진 心學理論을 어떻게 수용하여 어떤 점에 강조를 두고 있느냐 하는 차이 때문에 갈라졌다. 주자학에서는 '心卽理'나 '心卽性'이라고 하였다. 여기에서의 理나 性은 性과 情을 統攝하고 있어 太

極이나 本然之性의 뜻을 가지고 있다. 주자학에서의 마음은 사람의 주인노릇을 하지 못하고 객관적인 이념에 종속된 의미로 쓰인다. 그 결과 마음은 인간을 주관하는 위치로 올라가지 못하고 인간의 객관적인 상황을 이끌어 가는 도덕성에 지배를 당하는 관리자의 위치에 머문다.

반면에 양명학에서 마음은 '心卽理'라고 규정하지만 의미는 다르다. 理는 이론적 측면을 가지고 있지 않고 마음의 깨우침이라는 인간 마음이 깨달음에 이르는 주관성이 중요하게 작용한다. 이때의 마음은 사람의 주인 노릇을 하게 되어 불교의 깨우침의 성격을 지니고 있으며 불교에서의 마음과 비슷하다. 주자학자들이 양명학자들을 禪學의 기미가 강하다고 비난하는 논리는 이런 점에 근거하고 있다. 사람의 마음에 대한 해석의 차이는 양 사상을 긴장관계로 밀어 넣고 서로를 보는 시각을 극단적인 배척 일변도로 귀결시켰다. 특히 정통과 이단으로 극단적으로 상반된 취급을 받는 상황에서는 그 관계가 더욱 배척과 비난을 첨예하게 일으키는 긴장관계를 형성할 가능성이 높다. 조선조 유자들에게 어떤 사상을 선택하는가 하는 문제는 개인적인 삶과 정치적인 성패를 좌우하는 점과 연계되어 더욱 치열한 양상을 띠고 있었다. 주자학의 선택은 사회적인 성공을 보장하는 기본적인 요건으로 작용했고 다른 사상의 선택은 사회적인 실패로 귀결했다. 물론 주자학 선택이 곧바로 사회적 성공을 보장한 것은 아니다. 그런데 주자학을 선택하고도 사회적 성공을 하지 못하는 경우가 많았는데 이단으로 취급된 양명학을 선택하면서 사회적 성공을 바란다는 것은 거의 불가능에 가까운 일이었다.

두 사상이 같으면서도 다르다는 점은 그들의 관계를 애매하게 만들었고 양명학자의 경우에는 자신을 어디에 소속시킬지 겉으로 언명하는 것을 피하게 했다. 사상이 지닌 특성이 그런 점을 강요했고 주자학자들이 자행한 사상에 대한 탄압이 이를 부추겼다. 마음에 대한 관점이 다르다는 점이 주자학과 양명학을 다른 사상으로 볼 만큼 차이가 날 정도는 아니었다. 이런 점은 양명학자들을 주자학자로 행세하면서 살아가는 데 아무런 의심도 받지 않게 했다. 두 사상은 근본적인 측면에서의 차이를 인정할 만큼 다르지 않았고 비슷한 점을 많이 가지고 있었기 때문에 이런 현상이 일어났다고 보아진다. 그 결과 조선에서는 양명학을 주장하는 사람이 거의 없을 정도로 양명학의 사상적 전개가 미미했다. 그러나 이런 상황은 양명학자들에게 심리적 고민거리를 안겨주었을 것이다. 결코 자신들의 학문자세로 보아 용납할 수 없고 용납해서도 안 되는 잘못된 현실에 대한 고민은 양명학자들에게 현실에서의 대응을 어떻게 할 것인가와 연관하여 많은 심리상의 고민거리를 만들어 주기에 충분할 정도로 잘못된 성격을 띠고 있었다. 잘못된 현실을 용납한다는 것은 자신의 학문을 포기하는 일과 같으며 자신이 학문하는 이유도 찾을 수 없게 만들 공산이 컸다. 그런 점에서 양명학자들은 내면적 갈등을 주자학자들보다는 많이 하거나 심각하게 하여 자신들이 어떤 자세로 학문을 하여야 할지를 심각하게 고민하게 만들었다.

정제두가 강화로 이동하여 학문에만 전념하는 행위는 중요한 의미를 지닌다. 그를 강화로 이사하게 하여 학문에만 전념하게 만든 이유는 당대의 정치적 상황이 작용하고 있다. 정제두가 어떤 사상을 지니고 있고 누구에게 학문을 배웠는가는 중요하지 않지만 정제두가 어떤 사상에 연원을 하고 있으며 그것을 이은 학자들은 자신의 학문적 입장 때문에 어떤 취급을 받을 수밖에 없었고 어떻게 대응했던가는 중요하다. 이런 점에 대한 파악을 통해 양명학자들이 주자학 일색의 조선사회에서 왜 자신들과 성리학자들을 진가론이라는 잣대로 파악할 수밖에 없었는가와 연결되어 있다.[76]

정제두는 주기론을 주장한 이이의 뒤를 이어 노론과 소론의 정치적 분파 가운데 소론의 학통을 이었다. 그러나 그는 주자학에만 머물지 않고 양명학으로 방향을 전환하여 소론의 사상적 전통에서 벗어나 특이한 위치를 차지한다. 이런 사상적 경향 때문에 그는 학문을 해나가는 과정에서 자신의 학파에서조차도 배척과 거부를 받는 경우가 많았다. 왜냐하면 조선조에서 학문적 차이는 정치적 견해를 달리하는 분당의 근원이 되어 서로 동전의 양면과 같은 작용을 하여 학문적 차이는 도저히 용납할 수 없는 요인으로 작용했기 때문이다. 사상적 견해의 차이는 정치적 당파의 차이와 이어졌고 정치적 당파는 학문적 연원을 달리하게 했다. 그들에게 정치와 학문은 따로 떨어져 존재하는 별다른 것이 아니라 불가분의 관계를 맺고 있는 하나로 존재하는 동일한 영역으로 간주되었다. 특히 조선 후기로 갈

---

76) 강화학파의 학자들이 가졌던 眞假論은 진·가 확인형 소설의 출현과 맺고 있는 관계는 결코 무시할 수 없을 정도로 강력했다고 보아진다. 강화학파의 진가론의 대체적인 흐름은 심경호, 「강화학의 허가비판론」 (『대동한문학』14, 대동한문학회, 2001.)과 유명종, 『성리학과 양명학』 (연세대학교 출판부, 1994.)에서 확인할 수 있다.

수록 이런 현상은 강해져 정치적 승패와 학문적 부침은 함께하는 경우가 많았다. 조선 후기에 들어와 상복을 어떻게 입고 상을 치르는 기간을 얼마로 할 것인가를 두고 벌인 예송논쟁도 이런 흐름의 연장선상에 놓여 있다. 도통의식[77]이 조선조 유자들에게 중요하게 다루어지고 그들에게 매우 중요한 일이 될 수밖에 없다는 점도 이런 의식의 연장선상에서 본다면 당연한 것이다.[78]

실학을 주장하는 학자들도 자신들의 학문에 대한 정체를 확인하기 위한 사상적인 모색을 철저하게 수행했다. 실학자들은 자신의 학문을 처음 출발할 때는 주자학으로 시작하였다가 그 이후에 주자학의 폐해를 느끼고 실학으로 학문을 바꾼 경우가 많았기에 특히 그러했다. 실학자들은 주자학자라고 하여도 무방할 정도로 사상적으로 주자학과 맞닿아 있는 경우가 많았지만 이의 폐해를 누구보다 앞장서서 인식하는 데 철저한 태도를 보여주었기에 학문 자세를 두고는

---

77) 이런 점에서 진·가 확인형 소설의 서사가 일어난 지역이 주로 영남 지방이라는 점은 눈여겨보아야 될 현상이라 할 만하다. 특히 「유연전」과 「옹고집전」이 이런 경향이 두드러진 작품이다.

78) 소설에서 조상의 혈통에 대한 상세한 언급이 진·가를 나누는 중요한 잣대로 취급되는 점은 사상에서의 영향이 강하게 느껴지는 부분이다. 조선의 주자학자들은 자신의 학문적인 순수성과 전통성을 드러내려는 목적으로 도통의식이라는 하나의 견고한 틀에 견인되어 있었다. 이런 의식은 조선의 주자 학자들뿐만 아니라 모든 학자들이 가진 의식으로 범위를 확대해 갔다. 이런 점은 문학적 형상에도 영향을 미친 것으로 보아진다. 특히 「옹고집전」에는 이런 의식의 수용이 두드러지게 나타난다. 이 작품의 배경이 안동으로 설정된 것은 이런 의미에서도 중요한 의미를 지닌 것으로 여겨지는데 여기에 대한 논의는 후고를 기약하기로 한다.

누구보다 갈등을 많이 겪을 수 있는 상황에 마주하기 쉬웠다. 우리가 알고 있는 실학자들은 이런 특성이 많이 가지고 있는 주자학자 겸 실학자라고 할 수 있는 인물들이 많다. 물론 주자학에 대한 비판이나 거리를 두는 정도는 실학자마다 달라 그것을 일률적인 잣대로 말할 수는 없다. 그렇지만 실학자들이 주자학에 근거하여 자신의 사상적인 논리를 전개시키고 있으면서도 여기에 머무르지 않고 다른 사상으로의 전환에도 일정한 관심을 두고 있다. 어떤 식으로든 실학자들은 주자학의 영향권 안에 머물지 않고 자신들의 위치를 찾아 나가는 데 적극적으로 나설 수밖에 없는 상황에 처해졌다. 실학자들의 사상적 위치도 그들이 학문적 자세를 두고 갈등을 빚을 수밖에 없는 상황으로 내몰았다.

실학은 조선 후기에 주자학이 형이상학적 탐구에만 기울어져 비실재저이고 이론적인 번잡함에 빠지고 실천에서 수기에만 치중하여 현실 감각이 둔감하여졌음을 비판하고 극복하려는 의지에서 나왔다. 그 방법으로 실학자들은 원시 유학으로의 복귀를 제시하게 되고 그것에 접근하는 것을 학문의 최종 귀착점으로 삼았다. 그런 과정에서 실학은 주자학의 학문 방법에 대한 비판하고 그것을 극복하려는 방향을 지향하게 마련이었다. 이런 점은 실학자들의 언급에 광범위하게 나타난다.

> 지금 六經에서 구하려는 것은 모두 얕고 가까운 것을 뛰어넘어 깊고 먼 것에 치달리는 것이며, 거칠고 소략한 것을 소홀히 여기고 정미하고 갖추어진 것을 본뜨려는 것이니, 이상하지 않은가? 어지

럽고 혼란스러우며, 빠지고 거꾸러져도 얻을 만한 것이 없으니, 저들은 심원하고 정미한 것을 얻지 못할 뿐만 아니라 아울러 淺邇하고 粗略한 것마저 모두 잃은 것이다. 아아, 슬프다! 그 또한 미혹됨이 심한 것이로다![79]

경을 궁구하는 것은 장차 그것으로써 쓸모 있게 하려는 것이다. 경을 말하면서 천하의 모든 일에 시행하지 않는다면, 이것은 한낱 글을 잘 읽는 것일 뿐이다.[80]

위의 두 글에서 당시에 성행하고 있는 학문 태도에 대한 비판의 시각이 드러난다. 원시 유학에서는 실용과 실제성을 중시했는데, 당시의 학자들은 반대로 먼 것과 정미하고 갖추어진 것을 본뜨려고 하면서도 그것을 달성하지 못하였고 원시 유학이 내세우는 목적에서도 멀어졌다. 비판에는 당시의 유학자들이 무용하고 심원한 것에 매달려 학문을 하는 태도는 잘못되었으니 일상적이고 실천적인 학문으로의 변화를 꾀해야 한다는 의식이 들어와 있다. 이런 관점에 따른다면 당시 주자학자들이 하는 학문은 잘못된 성격이 짙고 자신들의 학문은 진실한 성격이 있다는 것으로 귀결된다. 이런 의식은 다른 실학자들에게도 나타난다. 비판을 시작한 주자학적 학문 자세

---

79) 朴世堂, 「序」, 『思辨錄』(민족문화추진회,『국역사변록』, 1977.), 441－
442면. "今之所求於肉經, 率皆躐其淺邇而深遠是馳, 忽其粗略而精備是
規, 無怪乎. 其眩瞀迷亂, 汎溺顚躓而莫之有得. 彼非但不得乎其深遠精備
而已, 倂與其淺邇粗略而盡失之矣, 噫噫 悲夫. 其亦惑之甚乎."
80) 李瀷, 「訟詩」, 『星湖僿說』 권20(민족문화추진회, 『국역성호사설』Ⅷ,
1979.), 109면. "窮經將以致用也, 說經而不措於天下萬事, 是徒能讀耳."

에 대한 시각은 더욱 강력하고 치열하게 진행되어 실학과 주자학의 학문적 대립이 인식되는 상황으로 바뀌어 있었다. 홍대용의 『의산문답』에는 이런 인식이 강력하게 드러난다. 그는 주자학을 '허자의 학'이라 하고 자신의 학문을 '실옹의 학'이라 한다.

> 子虛子는 은거하면서 독서하기를 30년 동안 하며, 천지의 변화를 궁구하고 성명의 은미함을 연구하였다. ……허자는 '어려서 성현의 책을 읽고 어른이 되어 시와 예의 학업을 익히고 음양의 변화를 살폈다.'고 말하였다. ……그 귀결은 바로 육경을 회통하고 정주를 절충한 것이니, 이것이 허자의 학문이다.[81]

> 인생의 궁달은 스스로 정해진 명이며, 兼善과 獨善은 처할 바에 따라 본분을 다하는 것이다. 우리 유가의 실학은 옛날로부터 이와 같았다. 반드시 같은 무리에게는 문을 열어 주고 자기와 다른 것을 배척하여, 은밀히 남을 이기려는 마음을 키우고 거만하게 유아독존의 의도를 지닌 이가 근세 도학의 표준이 되니, 진실로 매우 혐오스럽다. 오직 實心・實事로 날마다 實地를 밟아야 한다. 먼저 이러한 진실된 본령이 있고 난 뒤에 主敬과 致知와 修己와 安人의 방법이 쓰이는 바가 있게 되어 헛된 것으로 돌아가지 않을 것이다.[82]

---

81) 洪大容,「醫山問答」,『湛軒集』內集 권4(민족문화추진회, 앞의 책), 89면. "子虛子, 隱居讀書三十年, 窮天地之化, 究性命之微. ……虛子曰, 少讀聖賢之書, 長習禮樂之業, 探陰陽之變, ……其歸則會通於六經, 折衷於程朱, 此虛子之學也."

82) 洪大容,「答朱郞齋文藻序」,『湛軒集』外集 권1(앞의 책), 123면. "人生窮達, 自有定命, 兼善獨善, 隨處盡分. 吾有實學, 自來如此, 若必開門授徒, 非鬪異己, 陰逞勝心, 傲然有惟我獨存之意者, 近世道學矩道, 誠甚可

위의 글에서는 당시에 주로 횡행하는 학문과 자신이 하는 학문이
대조되는 형식으로 제시되고 있다. 허학은 은거하여 천지의 변화와
성명의 은미함을 연구하는 데 육경과 회통하고 정주를 절충한 것인
데 반해 실학은 그렇지 않아도 된다고 하고 있다. 그 뒤에 이어지
는 부분에는 실학과 허학의 차이점에 대한 대화가 계속되어 상당한
분량으로 나타나고 있다. 성리학자들은 자신의 학문을 정학이라 하
고 실학자들도 또한 그렇다고 한다. 이런 명명에서 그들은 학문 자
세를 두고 극도의 대립과 갈등을 겪었음을 알 수 있다. 뒤의 글에
서 홍대용은 근세의 도학을 매우 혐오스러운 것으로 인식하면서 동
류의식에 따라 다른 무리를 배척하고 은밀하게 남을 이기려는 마음
을 키워 거만하게 유아독존의 의도를 지닌 자들을 근세 유학의 표
본이라 했다. 이런 표본이 되는 사람들은 사회의 주도적인 위치를
차지하고 있는데 이를 극복하는 방법으로 바른 학문을 하여야 가능
하다고 했는데 실심과 실사를 적극적으로 행하는 것이다.

또한 박지원은 홍대용과 같이 실학의 탈성리학적인 측면에 주목
하고 있다. 그의 실학은 홍대용보다 더욱 실사를 중시하고 구체화했
다는 점에서 일보 전진된 측면도 있다.

그러나 士의 학문은 실제로 農과 商賈의 이치를 아울러 포함하
고 있으니, 삼자의 업은 반드시 모두 사를 기다린 이후에 이루어집
니다. 이른바 농을 밝히고, 상을 통하게 하고, 공에게 슬기를 주는

厭, 惟其實心實事, 日踏實地, 先有此眞實本領, 然後凡主敬致知修己治人
之術, 方有所措置, 而不歸於虛影."

것이니, 밝히고 통하게 하고 슬기를 주는 이는 사가 아니고 누구이
겠습니까? 신이 짐짓 생각해 보니, 후세에 농과 공과 고가 업을 잘
못하는 것은 바로 사에게 실학이 없는 허물 때문입니다.[83]

정약용은 자신의 학문을 실학이라고 명명하지는 않았지만 원시 유
학으로 돌아가려는 의식은 강했던 것으로 여겨진다. '지금의 성리학'
과 '진유의 학문'을 대비하면서 그는 자신의 생각을 명확하게 밝혔
다. 원시 유학은 수기와 치인을 조화롭게 실행하는 것인데 요즘의 주
자학자들은 어느 것 하나도 제대로 하지 못한다고 하였다. 따라서 이
를 극복하는 방법으로 원시 유학으로의 회귀는 필연적이라는 것이다.

　　공자의 도는 수기와 치인일 뿐이었으나, 지금 학문을 하는 사람
　　들이 아침과 저녁으로 익히고 연마하는 것은 다만 理氣와 四七의
　　논변괴 河圖와 洛書의 수와 태극과 元會의 설뿐이다. 이러한 것들
　　이 수기에 해당하는지 치인에 해당하는지 알지 못하겠으니, 우선
　　한쪽에 두어라.[84]

83) 朴趾源, 「課農少抄」, 『燕巖集』 권16(앞의 책), 242면. "然而士之學, 實
　　兼包農工賈之理, 而三者之業必皆待士而後成. 夫所謂明農也, 通商而惠工
　　也. 其所以明之通之惠之者, 非士而誰也. 故臣竊以爲, 後世農工賈之失業,
　　卽上無實學之過也."
84) 丁若鏞, 「爲盤山丁修七贈言」, 『與猶堂全書』一集 詩文集 贈言 권17(경
　　인문화사, 1987.), 369면. "孔子之道, 修己治人已耳, 今之爲學者, 朝夕
　　講磨, 只是理氣四七之辨, 河圖洛書之數, 太極元會之說已耳, 不知此數者,
　　於修己當乎, 於治人當乎, 且置一邊."

참된 유자의 학문은 본래 나라를 다스리고, 백성을 편안하게 해
주며, 오랑캐를 물리치고, 財用을 넉넉하게 하며, 문과 무에 모두
능하여, 어느 것에도 해당하지 않는 것이 없다. 어찌 문장을 연구
하고, 구절을 지적하며, 짐승을 주해하고, 물고기를 주석하며, 도포
를 입고, 절하는 법을 익히는 것일 뿐이겠는가? ……후세의 유자들
이 성현의 뜻을 깨닫지 못하고서, 仁義와 理氣 외에 한마디라도 입
밖에 내면 그것을 雜學이라고 지적한다.[85]

위의 글에서 정약용은 주희에 대한 비난보다는 주자학에 대한 비
난을 하고 있다. 비판의 주된 방향은 원시 유학의 정신을 실천하지
못하고 있다는 것이다. 그는 자신의 학문은 참된 유자의 학문이지만
당대의 유자들은 이를 인의와 이기의 언급이 아니라는 이유로 잡학
으로 취급하고 있다. 주자학에서는 이기와 사칠의 논리나 태극설의
연구에 몰두하거나 장구의 주석에 매달려 형식에 빠진 예절의 시행
만이 관심사이다. 이런 경향은 고원하고 공허한 형태를 띠고 진행되
나 이를 올바른 학문이라 여기고 신봉한다. 그러나 실학자들이 보기
에 이런 학문은 도저히 올바른 학문이라고 할 수 없다.

위에서는 양명학과 실학이 등장하면서 그들과 주자학자가 학문을
하는 자세에 대해 서로가 올바르다고 주장하였음을 알아보았다. 그
들의 논리에는 자신의 학문은 진정한 학문이며 상대의 학문은 올바

---

85) 丁若鏞, 「俗儒論」, 一集 詩文集 論 권12(위의 책), 243면. "眞儒之學,
本欲治國安民, 攘夷狄裕財用, 能文能武, 無所不當. 豈尋章摘句注蟲釋魚
衣逢掖習拜揖已哉. ……後儒不達聖賢之旨, 凡仁義理氣之外, 一言發口,
則指之爲雜學."

르지 못한 가짜의 학문이라는 인식이 깔려 있다. 그들은 누구에게
국한되지 않고 이런 주장을 철저하게 펼치면서 진정한 학문은 어떤
학문이어야 하는지에 대한 모색에 참여하였다.

3) 인간관과 학문관이 담론으로 실현되는 방식

인간관과 학문관은 조선 후기의 학자들에게 가장 시급하게 정립
해야 할 문제로 인식되었던 듯하다. 조선 후기에 이르러 이런 문제
에 대해 적극적인 토론이 벌어졌다는 점이 이런 흐름의 증거다. 두
문제에 대해 어떤 기준을 마련하여 바라본다는 것은 다른 문제를
해결할 수 있는 출발점을 마련할 정도로 중요한 역할을 수행했으며
많은 사람들이 이를 중요하게 여겼다. 학자들은 이를 깊이 인식하고
자신과 다른 시각을 가진 사람을 상대로 하여 끈질기고 철저할 정
도의 논란을 벌이는 데에 전혀 주저함이 없었으며 이를 통해서 자
신의 학문적 깊이를 획득하는 기회를 가지기도 하였다. 논란을 벌이
는 과정을 통하여 인간관과 학문관은 깊이와 논리를 갖추어 갔으며
자신과 다른 입장을 보이는 사람의 논리가 가진 결점을 찾아내고
자신의 논리가 갖는 장점을 부각시키는 과정을 거침으로써 학문관
과 인간관을 객관화할 수 있는 기회를 가졌다. 그들이 인간관과 학
문관을 두고 벌인 논란은 상대를 두고 벌이지게 마련이고 상대의
입장이 무엇인지를 확인하고 자신의 견해는 무엇인지를 언급하는

수순을 밟아 나갈 수밖에 없었다. 그들은 이런 상대를 전제로 한 의견의 주고받음이 이루어져야 한다는 상황을 최대한 수용하여 편지라는 형식에 자신의 견해를 적극적으로 개진하는 방법을 사용하여 논리를 전개했다.

그러나 편지라는 형식으로만 학문적인 논리의 개진을 이루는 데는 일정한 한계를 지닐 수밖에 없었다. 그 한계는 특히 자신의 학문을 펼치는 데 적극적으로 나서려는 사람이나 상대의 편지가 없어도 자신의 학문을 밝히고자 하는 욕구가 일어나는 사람에게는 더욱 크게 다가왔다. 편지의 단점을 극복하기 위해 그들은 철학적인 논설을 이용하기도 하고 문학적인 형상을 이용하기도 하여 자신의 견해를 적극적으로 펼치는 기회를 찾아 나가는 방법을 동원했다. 그런데 그들은 담론으로 자신의 견해 표명을 하면서 정확하고 틀에 박힌 기준의 양식을 따르는 데만 머물지 않고 기존의 양식을 적절하게 활용하여 새로운 담론을 개발하는 데도 적극적으로 나섰다.

그들은 어떤 것을 철학적인 논설이라고 하고 어떤 것은 문학적인 형상으로 하여야 한다는 기준을 정해 놓고 담론을 선택하여 이것을 표현하는 과정을 거친 것이 아니라 보다 개방적인 자세로 이것들을 자유롭게 활용하여 자신에 맞는 형식을 개발하였다. 그 대표적인 경우가 홍대용에 의해 창작된 『의산문답』인데 이 작품은 문학적인 요소와 철학적인 요소가 적절히 섞여서 어디에도 머물지 않는다. 홍대용은 이 작품을 지을 때 기본적으로는 철학적인 논설을 창작한다는 의도를 가지고 있으면서도 여기에만 머물지 않고 문학적인 장치를 적절히 활용하여 기존의 양식으로는 어디에도 속하지 않는 작품을 만들어 놓았다. 홍대용이 작품 창작 자세를 하나에 고정시키지 않았기 때문에 『의산문답』의 성격은 어느 한쪽에 고정되어 있지 않고 두 요소를 가지게 되었다. 홍대용은 이 작품의 기본적인 성격을 철학적 논설로 유지하려고 했지만 부차적으로 문학적인 요소도 아무런 선입견 없이 받아들이는 자세로 임한 듯하다. 이런 성격을 주목하여 지금의 연구자들은 이를 두고 철학적 논설이나 문학적인 형상으로도 이 작품을 본다.

그러나 이런 논란은 당시의 창작에 임하는 작자들의 자세를 생각한다면 곧바로 해결의 실마리를 찾을 수 있다. 해결의 지름길은 지금의 기준이 아닌 그것이 창작된 시대의 기준을 적용하여 작품을 바라보고 작품을 창작하면서 어떤 점에 주안점을 두었는가를 고려하는 관점의 적용이다. 이런 점에 착안하여 여기에서의 논의는 담론이라는 큰 범위에서 진·가 확인형 소설의 출현 기반을 문제 삼는 시각에 따라 진·가 확인형 소설이 소설만의 고립된 현상이 아니라 담론이라는 큰 영역에서 일어난 하나의 작은 부분으로 일어난 유기적 현상의 하나라는 시각을 취하고자 한다. 담론이라는 큰 영역을 설정함으로써 당대의 상황을 고려하고 지금의 시각도 동시에 무시하지 않고 고려할 수 있다.

담론에 대한 정의[86]는 다양한 관점이 제출되어 왔으며 그 가운데

---

86) 談論(discouse, discourse)에 대한 일반적인 정의는 '움직이고 활동하는 언어'(language as motion, as action)라는 기본적인 성격을 가지고 있으면서 '문장 단위를 넘어선 일련의 발화'(a particular set of articulations) 혹은 '담화양식'(mode of talking)이라는 개념을 지닌 것으로 내려졌

어떤 관점을 택하는가는 연구자의 연구 목적에 따라 다양하게 적용될 수 있다. 이런 점을 고려하여 여기에서는 담론을 당대인들이 자신의 의견을 제시하려는 목적을 달성하기 위해서 어떤 종류의 말하기 방식을 사용하였는가에 중점을 두고 사용하고자 한다. 즉 여기에서 사용하는 담론이란 자연스러운 말하기 방식이라기보다는 어떤 의도적인 말하기 방식이라는 측면을 가지고 있을 때에 쓰는 용어이다. 일상생활의 모든 말하기 방식이 담론이 될 수 있으나 여기에서 사용하는 담론이란 어느 정도의 목적성을 갖춘 말하기 방식이라는 성격을 지녀야만 사용한다. 즉 목적을 지닌 말하기라는 기본 시각을 가지고 어떤 정해진 틀을 택하여 의도적으로 자신의 생각을 철저할 정도로 남에게 알리는 과정이 있어야만 한다. 이런 기준에 맞는 말하기 방식에는 철학적인 논설이라는 형태와 문학적인 형상의 형태로 나타났는데 여기에 따라 논의를 전개하고자 한다.

다. 다시 말하면 담론이라는 용어는 '구체적으로 살아있는 총체로서의 언어'(language in its concrete living totality)이면서도 이것이 '외부로 발화된 형식'(form of out articulations)이라는 조건을 갖추고 있을 때 사용할 수 있다. 여기에서 사용하는 담론은 뒤의 '외부로 발화된 형식'이라는 요건을 중요하게 부각하여 인식의 기준으로 삼은 것이다. 말하기 목적을 가지고 행해지는 어떤 의도적인 말하기 방식이라는 것은 이를 중시하여 내려진 개념 규정이라 여겨진다.

한편 담론이라는 말 대신에 '言說', '談話', '言述'이라는 말이 사용되고 있으나 이런 용어들은 일반화되지도 않았고 언어학적 측면에서 사용하는 용어이기에 여기에서는 담론이라는 말을 주로 사용하여 논의를 전개하고자 한다.

(1) 철학적인 논설로의 표출

조선 후기의 학자들이 자신의 학문관과 인간관을 펼치는 데 가장 많이 활용한 담론은 철학적인 논설이었다. 조선 후기 이전에도 철학적인 논설은 자신의 논리를 펼쳐 나갈 수 있는 담론으로서 가장 많이 선택·활용되어 왔는데 조선 후기에는 이런 현상이 더욱 심화·확대되어 갔다. 자신이 가진 학문적인 입장이나 견해를 논리적인 문장으로 구성하여 남에게 적극적으로 알려 나간다는 것은 학문을 하는 사람이라면 꼭 거쳐야 할 과정 가운데 하나로서 이를 거치지 않으면 학자로서의 자격을 획득하는 데도 여러 가지 제약이 따랐을 것이다. 조선 후기의 학자들이라고 하여 이런 상황에서 벗어날 수는 없었으며 이런 상황을 더욱 중요하게 인식할 수밖에 없는 상황에 직면했을 가능성이 높다. 왜냐하면 조선 후기에는 주자학의 와해와 다른 사상의 발생이 겹쳐 일어나고 있었기 때문에 학문적인 견해를 표출할 요구가 더욱 강력하게 사회에 퍼져 있었다고 볼 수 있기 때문이다.

철학적인 논설로 자신의 학문적인 입장을 표현하는 담론은 한문학에서 전통적인 문체로 창안·발전되어 왔으며 많은 사람들이 이를 활용하여 자신의 학문적 입장을 표출해 왔다. 한문학에서 학문적인 입장을 표현하는 담론으로 주로 활용한 것은 問對體였는데 이것은 일상생활에서 주로 사용하는 대화의 형태를 그대로 수용하여 문체의 구성요소로 삼아 한문학의 한 양식으로 발전시킨 것이다. 일상생활에서 대화가 성립되기 위해서는 화자와 청자가 있어야 하며 묻고 답하는 과정이 이어져야 하고 말하고자 하는 내용이 있어야 하듯이 문대체에서도 이런 요소들은 기본적으로 작용한다. 문대체는 현실에서 행해지는 대화의 기법을 많이 수용하고 그것을 담론 구성의 기본적인 요건으로 삼아서 성립할 수밖에 없는 특성을 지닐 수밖에 없었다. 그런데 문대체에는 묻고 답한다는 형식을 최대한도로 활용하여 작자가 나서서 묻는 사람의 역할과 답하는 사람의 역할을 도맡아야 했으며 이런 과정에서 작자의 역량이 중요하게 작품을 구성하는 요건으로 자리잡아 나갈 가능성도 높았다. 자신의 견해를 주장하는 담론 가운데 문대체가 많은 유학자들에게 쉽게 활용될 수 있었던 데에는 일상생활에서 쓰이는 익숙한 문체이고 작자의 주관적인 역할이 실현할 수 있다는 요건이 작용한 것으로 보인다.

문대체의 유행에는 묻고 답하는 과정이 있기 때문에 일방적인 답으로만 이루어진 담론양식보다는 점진적이고 단계적인 이론 전개를 용이하게 수행할 수 있다는 점도 일정하게 작용하였을 것이다. 다른 사람의 물음이 제시되고 이것에 대한 답을 해나가는 과정에서 작자의 논리는 더욱 견고한 이론적 기반을 확보하는 과정을 거치기 마련이다. 또한 대화로 구성해야 한다는 점은 일방적인 설명으로 일관하여야만 하는 이론적인 글이 가진 딱딱함을 좀 더 부드럽고 재미있는 구성으로 펼쳐 나갈 수 있다. 문대체를 활용함으로써 학자들은 틀에 박히고 재미없는 담론을 일관되게 유지해야 한다는 부담감에서 벗어나 자신의 표현 욕구를 제한된 영역에서 달성할 수 있었다.

진·가 확인에 관심을 가지고 있었던 사람들은 이런 전통적인 한문학의 한 문체인 문대체를 적극적으로 활용하여 자신의 견해를 펼쳐 나갔다. 그런데 이런 진·가 확인에 대한 관심은 일상생활의 여러 영역에서 일어날 수 있지만 그것이 주로 문제된 부분은 학문을 어떻게 해야 하는지와 인간을 어떻게 볼 것인가라는 부분으로 모아질 가능성도 많았다. 두 부분은 따로 떨어져 있지 않고 불가분의 관련을 맺으면서 영향을 주고받았으니 모든 판단의 준거점이 될 정도로 중요하게 인식되어 이런 경향은 더욱 강화되어 갔을 것이다. 담론자들은 일상생활에서 자신의 학문적 입장을 알리고 인간에 대한 관점을 표출하기 위해 견해를 토론 상대자에게 알리고 상대와 치열하고 적극적인 논리의 대결을 펼치기 위해 문대체라는 담론을 적극적으로 활용하였고 표현의 과정에 자신의 견해를 적극적이고 성실하게 수용하려고 노력했다. 토론 상대자를 대상으로 한 논의는 일상에서도 치열하게 펼쳐졌지만 문대체에서는 이를 한 번 더 객관화하는 과정을 거치면서 한층 차원이 높은 담론으로 전개할 수 있었다. 현실에서의 논쟁은 아무래도 극한적인 대결상황을 이루고 있을 가능성이 높으며 이런 상황에서 일어나는 논쟁을 자칫 재미없는 것으로 전개될 가능성도 높다.

그러나 이런 가능성이 존재한다고 하더라도 그들은 그 상황을 극복해야 한다. 논쟁을 통한 자신의 이론적 토대가 구축되지도 않고 상대에게 자신의 이론을 설득하는 데도 한계에 봉착한다면 논쟁은 무의미하게 될 것이기 때문이다. 논쟁을 끝마쳤다고 하더라도 모든 것이 끝나 버리는 것은 아니다. 오히려 논쟁을 끝마친 상황이지만 논쟁 당사자는 그것을 가만히 앉아 조용히 음미하는 과정을 갖게 되고 그런 과정을 통해서 자신의 논리가 지닌 한계와 장점뿐만 아니라 상대의 논리가 지닌 한계와 장점도 한 번 더 객관적인 입장에서 반성할 기회를 가지게 된다. 또한 논쟁의 결과를 수용할 수 없어 또 한 번의 논쟁을 감행할 준비를 갖추는 데도 자신이 직접 참여했던 논쟁에 대한 반성을 거치는 것은 여러 모로 도움을 준다. 이런 여러 과정에서 문대체가 참으로 유용한 점들을 제공한다고 여겨 조선 후기 담론에서는 문대체가 적극적으로 활용되는 상황을 맞았다. 조선 후기 유학자들의 문집에서 자주 발견되는 문대체는 이런 현상을 보여주는 적절한 예라 할 만하다.

담론으로의 표현에는 시대적인 여건뿐만 아니라 개인적인 사정도 작용하고 있다. 둘 가운데 더욱 중요한 요소로 작용한 것이 어느 쪽인지를 따진다는 것은 무의미하며 두 가지가 서로 혼합하여 담론으로의 표현을 이끌어 낸 것이 중요하다. 그러므로 철학적인 논설로의 표출에는 개인적인 필요성이 작용하면서도 시대적인 필요성도 강하게 작용하고 있다. 담론으로의 표현을 살펴봄으로써 우리는 그 시대의 사람들이 무엇에 관심을 가지고 있었으며 이것을 개인들은 어떻게 바라보고 있었는지를 표착해 낼 수 있다.

철학적인 논설을 활용하여 자신의 견해를 밝히는 것은 다른 사람들이 주로 활용하는 방식을 수용하여 담론으로 표출하기만 하면 목적을 달성할 수 있을 가능성이 높기 때문에 별다른 고민을 하지 않고도 담론으로 활용할 가능성도 높다. 철학적인 논설은 전통적으로 정해진 틀이 있는 담론이므로 이것을 활용하기만 한다면 전혀 새로운 형식 속에다 자신의 견해를 표출하는 데 따른 위험부담도 상당히 줄여 나갈 수 있었다. 이런 생각 때문에 철학적인 논설에 많은 사람들이 매력을 느끼고 이를 적극적으로 활용하였다. 그런데 이런 담론에 적극적으로 참여하여 자신의 견해를 피력한다고 하더라도 그것이 자신만의 하나밖에 없는 표현방식을 개발해 나간다는 자부심을 일깨워주는 데는 이르지 못했을 것으로 예측된다. 그들은 '述而不作'의 태도에 따라 전통적으로 철학적 논설에 자신의 역량을 쏟아 부으면서 문학적인 형상에 자신의 역량을 발휘하는 것을 꺼렸다. 조선조의 학자들이 철학적 논설에 임하는 기본적인 입장이 이와 같이 형성되었으며 견고한 신념체계로까지 굳어져 있어 이런 양식의 담론은 더욱 많은 지지를 받았다. 많은 학자들은 이런 관점을 기본적으로 유지하면서 철학적 논설을 적극적으로 활용하고 문학적인 형상을 소극적으로 활용하였다.

한편, 학문적 태도를 정립하고자 하는 의도로 철학적인 논설이 활용되기도 하였지만 정치적인 목적을 달성하려는 의도를 지니고도 철학적인 논설이 적극석으로 활용되기도 했다. 이와 같은 두 부분에서 활용된 담론은 주된 목적이나 의도가 달라 전혀 다른 형식을 취할 수도 있었으나 글쓰기의 기본적인 방식을 공유하고 있었다. 정치적인 세계에서의 논의는 주로 인간론으로 전개했으며 학문적인 관점의 대립은 학문관의 차이를 천명하는 것으로 논의가 모아졌다. 그러나 이런 영역이 확연하게 구분될 정도로 정확하게 나누어지지는 않았으며 적절하게 뒤섞이고 서로에게 영향을 주고받았다.

(2) 문학적인 형상으로의 표현

담론으로의 실현에는 철학적인 논설로 표출되기도 하였지만 문학적인 형상으로 표현되기도 하였다. 논리적이고 직접적인 담론자의 견해를 표출하는 데는 철학적 논설이 여러 모로 유용했겠지만 그것에만 머물러 있지 않고 새롭거나 다른 담론 양식을 창안해야 할 욕구도 일어났다. 진·가 확인 담론을 문학적인 형상으로 표현한다면 논리의 효과적인 표명이 철학적인 논설에서보다는 확연하게 이루어지지 않을 것이기 때문에 담론가의 생각을 제대로 전달하는 데 어려움이 따른다.

문학적인 형상으로 표현된 담론은 여러 가지 점에서 효과적인 담론양식이 될 가능성이 높다. 담론이 생산자의 문학적인 표현 욕구를 많이 고려한다면 담론에는 읽는 사람의 적극적이고 생산적인 개입이 이루어질 가능성이 높기 때문이다. 특히 문학적인 특성을 중요한 담론의 형식으로 인식하여 적극적으로 활용하려는 부류들은 문학에 대한 적극적이고 긍정적인 의미부여를 하는 사람들이 많았다.

철학적인 논설은 자신의 견해를 직접적이고 확연하게 상대에게 표명할 수 있다는 점에서 여러 가지로 유용하게 활용되었다. 철학적인 논설은 상대를 두고 벌어지는 논쟁의 수단으로 채택된 것이기 때문에 학문의 발전을 이루어 놓는 데에도 크게 기여했다. 하나의 주제를 두고 다른 견해를 지닌 사람들이 논쟁을 벌임으로써 이론은 깊어졌고 이 결과로 주자학은 독자적인 이론을 개발하기도 하였다. 그러나 철학적인 논설에서는 이론적이고 논리적인 입장 표명을 중시하다 보니 담론자의 개성적인 특성을 드러내지 못한다. 철학적 논설은 누가 하더라도 비슷비슷한 논리로 딱딱하게 구성할 수밖에 없었는데 이는 자칫 아무런 개성 없는 담론의 양산만을 낳을 공산이

컸다. 또한 담론가는 이론의 전개에 참여함으로써 기득권층에 들어
갈 수 있는 자격을 획득한다고 여긴 경우도 있어 개성적인 담론의
생산은 더욱 어려워졌다. 이런 관점으로 담론을 활용하니 철학적 담
론에는 새로운 고민과 표현을 찾아볼 수 없을 정도로 틀에 박힌 형
식만의 표명이 일반화되어 갔다. 조선 후기에 등장한 학문이 기존의
이론적 번쇄함을 극복하여야 함을 출발점으로 삼는 것은 철학적인
논설만이 횡행하고 창조적인 담론의 생산을 고민하지 않는 당대의
담론 상황에 대한 비판적 시각이 내재되어 있다. 철학적으로 새로운
이론을 주장하기 위해서는 새로운 담론을 개발하여 이에 자신의 생
각을 집어넣은 과정이 필요하다.

　조선조의 학자들의 적극적이지 못한 학문자세도 이를 부추겼다.
조선조의 학자들은 대부분 기존에 존재했던 견해 가운데 어떤 것을
선택하여 학문으로 삼을지를 고민했지 독창적인 담론을 창출하는
담론을 개발하려고 하지 않았다. 이런 시각을 가지고 학문 활동을
펼치니 자신이 어떤 학문적 입장에서 기존의 학자들과 다른 견해를
가지고 있는지를 적극적인 담론의 형태로 표출하려고 하지 않았다.
생각과 표현이 개발되지 못하고 기존에 있는 것들을 활용하니 담론
은 점점 틀에 박힌 형태로 고정화되어 갔다. 따라서 철학적인 논설
에는 여러 가지 제약이 가해지고 하나의 고정화된 형식만이 주된
경향을 형성했다. 이런 철학적 담론을 극복하려는 움직임이 이단의
학문에서 제기되었다. 자신의 주장을 기존의 형식에 담아내는 것이
더없이 부담스러운 사람들은 담론의 형식을 새롭게 개발하는 데도
적극적으로 나서게 되었으며 학문에 대한 반항적 자세를 담론의 형

식으로 새롭게 개발하는 데에도 나섰다. 학문관을 정립하기 위해 노력하는 과정에서 이루어진 새로운 담론들은 주로 주자학 내에서도 담론에 대한 고민을 거친 학자들에 의해 행해졌다.

여러 가지 담론의 형식을 찾아 나가려는 과정에서 철학적인 논설에도 변화가 일었다. 철학적 논설로 주로 활용된 문대체에도 문학적인 표현을 가미하려는 움직임들이 일부의 학자들을 중심으로 서서히 싹텄다. 이런 학자들은 기존에 존재하던 담론 양식만으로는 자신의 의견을 효과적으로 전달하지 못한다는 인식을 가지고 다른 담론을 활용하는 데 적극적으로 나섰다. 철학적인 내용을 문학적인 담론에 담아내는 것이 가능하다는 것을 조선 후기의 철학자들은 인식하게 되었다. 담론 형식의 새로운 모색에서 문학적 요소의 가미는 자신의 학문적 입장의 과감성과 적극성을 효과적으로 드러내는 데 중요한 역할을 수행했다. 따라서 문학적 담론 형식을 통한 진·가 확인 담론의 실행은 표현방법에만 국한되지 않고 독창적인 철학적 입장의 정립을 위한 노력과도 연결되었다.

철학적인 담론에는 담론자의 논리가 명확하게 구현되어 있어야 하는 점 때문에 여러 제약이 따랐다. 담론자의 개성적인 생각은 철학적 담론에 수용되면서 자신만의 독창적인 것보다는 자신의 생각이 다른 사람과 어떻게 같고 다른지에 중점을 두어 표명되기 쉽다. 이와 같은 점 때문에 담론자의 기발한 생각은 철학적인 논설로 표현되는 데는 근본적인 한계가 있었다. 문학적인 담론으로의 표명에는 여러 제약이 있었으며 그것이 현실에서 문학적인 표현을 어렵게 만들었다.

이런 상황에서 담론양식의 변화를 시도할 수 있는 사람은 몇몇 사람에게 국한될 수밖에 없었다. 이는 주로 담론에 대한 열린 시각을 확보한 사람들에게서 가능했다. 조선 후기에 진·가 확인담론이 철학적 논설로는 아주 많이 표출되었던 반면에 문학적 형상으로는 표현되지 못한 것은 이런 저간의 사정이 작용하고 있다. 담론양식의 획기적인 변화를 시도할 수 없는 사람들은 기존의 철학적 담론을 활용하면서도 여기에 문학적인 형상을 약간 첨가하여 변화를 시도했다. 이런 사람들에게는 철학적 담론이 유지하여야 하는 기본적 특성이 너무나 강한 담론 실현의 기준으로 작용하고 있었으니 이것을 극복하고 효과적인 담론으로 거듭나기 위해서는 아무래도 담론에 대한 기본적인 인식변화가 이루어져 있어야 했다. 생각이 전환된다면 다양한 담론을 통해 자신의 견해를 표출하는 데 아무런 지장을 느끼지 않을 가능성이 높아지기 때문이다. 너무 흔히 활용되는 담론에 자신의 독창적인 견해를 표출하는 것은 자신의 견해가 가진 참신성을 반감시키는 결과를 초래하기 쉽다.

철학적 담론인 『의산문답』에서 이런 현상이 나타난다. 홍대용은 이 작품을 철학적 논설이라는 기본적인 형태에 따르면서 문학적인 형상을 가미하여 작품화하였다. 그런 시도가 담론 양식의 전환에까지 이르기 위해서는 보다 적극적인 문학적 형상을 시도해야 마땅한데 그렇게 하지는 못한 것이 증거가 된다. 이 작품에는 문학적인 형상을 시도하는 부분이 나타나기는 하지만 이것이 작품을 전반적으로 지배할 정도로 중요하게 부각되지 못했고 확장되지도 못했다. 작품의 처음에 문학적 형상을 활용한 부분에 적극적인 의미를 부여하여 문학적인 담론으로 취급한다는 것은 아무래도 논리적 타당성을 지니기 어렵다. 이 작품에서 문학적인 형상은 앞부분의 일부인 가옹이 실옹을 찾아가는 과정에 국한되어 나타나는데 이 부분은 작품의 중요한 부분이지만 작품의 전반을 이끌어 가는 부분은 아니다. 즉 이 부분은 작품의 아주 작은 일부에 작용하고 있으며 작품 전체를 이끌어 가는 요소로 다른 요소를 희석시킬 정도로까지 발전하지 못했다. 따라서 이 작품은 철학적인 논설이 주를 이루고 있으며 문학적인 형상이 여기에 덧보태어져 있다고 평가할 수 있다. 철학적 논설에 문학적 형상을 가미하기 시작한 것은 담론의 성격 변화에 중요한 기폭제가 되는 요소로 작용했다. 철학적 논설을 주로 활용하면서 문학적인 형상을 가미하여 담론으로 표현하는 경우가 조선 후기의 학자들 사이에서 많이 생겨났는데 이 작품은 이런 경향을 보여준다. 변화가 일어나게 된 바탕에는 문학에 대한 인식이 바뀐 것이 일정하게 작용하고 있다.

그것을 任聖周(1711-1788)의 문학에 대한 생각을 피력한 글에서 확인할 수 있다. 임성주는 문학에 대해 주자학에 절대적 지지를 보인 학자들이 지녔던 견해를 받아들이면서 따랐다. 임성주는 인간과 물성의 같다고 하는 측과 다르다고 하는 측의 극단적인 두 견해를 해결할 수 있는 논리를 개발하는 데 중요한 역할을 한 것으로 평가될 정도로 철학적인 입장은 특출한 바가 있다. 그런 중요한 논리를 개발했으면서도 그는 전통적으로 이용되고 있던 철학적인 논설로서 자신의 생각을 밝히는 데 많이 견인되고 있었으며 그 가운데 주변에서 널리 사용하던 문대체를 사용하지 않고 문학적인 담론의 성격을 짙게 풍기는 잡록이라는 새로운 양식의 표현을 활용하였다.

문장은 유학자의 말단 기술이다. 시는 또한 문의 말단이다. 옛적 선비가 글 짓는 것은 또한 玩物喪志하는 것이라고 했으니, 하물며 시야 어떻겠는가? 그런 까닭에 나는 일찍이 다른 사람과 더불어 감히 문장을 만들고 노래나 시를 지어 다른 사람의 벽을 가리고 안목을 번다하게 하지 않았다. 이제 여러 군자를 따라 시를 짓고, 평생토록 구구하게 간직한 사연을 펴서 하루아침에 다 털어 비웠다. 우러러 보건대 옛적 군자라도 또한 이따금 시 짓는 것을 폐하지 않았고, 비록 명도(정호)의 뛰어남도 이천(정이)의 근엄을 지니고서 진공의 익사설 석상에서는 각기 술회한 바를 갖추어서 시를 지어 그 일을 말했다 하니, 그 일이 이제 나의 일이라도 큰 잘못을 저지르지는 않는가 하노라.[87]

임성주는 시 짓는 일이 선현들의 선례를 따른 것이기 때문에 아무런 잘못이 아니라고 한다. 시 짓는 것에 대해 적극적인 의미 부여를 하지 못하고 다른 사람이 제시해 놓은 논리에 의거하여 성낭화하려 했다. 문학 창작에 대해 적극적인 의미를 부여하지 못하고 다른 사람이 하니까 나도 한다는 논리에 머물고 있으니 문학 활동

---

87) 任聖周, 「社峰聯句序」, 『鹿門集』 권20(조동일, 「18세기 인성론의 혁신과 문학의 사명」, 『한국의 문학사와 철학사』, 지식산업사, 1996, 253-254면에서 재인용.) "文章儒者之末技也. 先儒謂爲文亦玩物, 況於詩乎哉. 是故余未嘗敢與人爲文章作歌詩, 以遮人屋壁煩人眼目, 今乃隨諸君子從, 旣爲之詩, 又爲之叙, 區區平生所守, 一朝大脫空矣. 雖然抑嘗見古之君子, 亦迮迮不廢酬唱, 雖以明道之穎脫, 伊川之謹嚴, 於陳公廙社楔席上, 俱各有所述作, 以稱道其事, 則今余之事, 或不爲大過歟."

이 의미 있는 활동이 될 수가 없었다. 이런 생각을 가지고 있었기 때문에 임성주는 철학적 논설에 힘을 기울여 적극적으로 나선 반면에 문학적인 형상을 시도하는 데는 적극적으로 나서지 않았다. 문학적인 담론의 기능과 역할을 소극적이고 부정적으로 인식하니 철학적인 담론을 많이 활용하는 것은 당연하다. 문학에 대한 생각은 담론이라는 큰 틀 내에서 결정되어 철학적인 논설의 형태로 적극적으로 표출되었다. 문학을 부정적으로 보고 철학적 담론을 긍정적으로 바라보는 시각은 전대로부터 이어온 전통이기에 무시하거나 거부하는 데 대단한 용기와 결단이 필요했다. 이런 경향을 정약용과 박지원에게서 확인할 수 있다.

丁若鏞(1762－1836)이 문학을 바라보는 태도는 전통적인 주자학의 시각과는 일정한 거리를 유지하고 있다고 할 만큼 개성적인 측면이 두드러진다. 그가 朝鮮詩의 가치를 적극적으로 부여하는 선언을 한 것은 조선 후기 민족문학에 대한 새로운 가치를 부각시킨 것으로 하나의 큰 흐름을 이룰 정도로 영향력을 발휘했다. 그러나 정작 이런 선언을 한 그였지만 문학을 담론으로 적극적으로 인정하고 그것을 활용되는 데까지 나아가는 데는 어려움이 있었던 듯하다. 그는 전통적으로 많이 활용되던 철학적인 논설을 사용하여 자신의 생각을 담론으로 실현시키고자 했지만 새로운 담론인 산문적 장르를 사용하는 데는 주저했다.

박지원은 「호질」과 「양반전」으로써 진·가 확인 담론에 참여하였다. 그는 문학의 역할과 가치를 적극적이고 긍정적으로 인정하는 자세를 지니고 있었기에 문학적인 형상을 확대하여 담론에 적용하는

데 아무런 주저함이 없었다. 두 사람은 담론의 상황에 적극적으로 임한다는 점에서는 같았지만 담론에 임하여 어떤 담론 형태를 효과적으로 활용하는가 하는 점에서는 생각이 달랐다. 정약용은 철학적인 논설에 중점을 두어 자신의 담론을 실현하고자 했다. 그렇기에 문학적 형상은 철학적 담론에 담겨 있어야만 의미 있는 것으로 취급되었다. 문학적 담론은 그에게 선택할 수 없는 담론형태였다. 반면에 박지원은 문학적인 담론을 활용하여 자신의 의견을 펼칠 수 있다는 생각을 많이 하였다. 즉 그는 문학적 형상을 활용하여 담론에 참가하는 것을 우선으로 생각하였고 이것을 실현하고 난 이후에야 문학적 담론에다 철학적인 담론을 첨부할 수 있다고 생각했다. 그렇지만 그는 문학적인 담론을 활용하는 데 적극적으로 나서면서도 철학적인 담론을 완전히 없애 버리지는 못했다. 작품의 끝에다가 어떤 의도를 가지고 창작했는지 직접 나서서 설명하는 자리를 마련해 놓았기 때문이다. 후지라는 형태에 철학적인 논설의 형태를 활용하여 자신의 의도를 확연하게 밝혀 놓았다. 그러나 그것도 작품의 의미를 설명하려는 의도를 가지고 부가된 의미로서만 기능했지 담론형태를 결정적으로 철학적인 논설로 바라보아야 할 정도로까지 결정한 것은 아니었다.

진·가 확인형 소설의 유형적 특성

큰 유형을 묶는 데에는 진·가 확인이 중요한 기준으로 작용하였는데 작은 유형을 나누는 데에는 이 기준이 어떻게 작용하는지를 논의해 보자. 진짜와 가짜를 판단하는 기준은 어떤 점에 근거하고 있는지를 중시하여 유형을 나눈다면 어떤 유형이 설정될 수 있는지가 중요한 관심거리다. 작품이 어떤 유형에 속하는지를 논의하고 난 뒤에는 작품의 유형적 특성에 따라 작품이 논의될 것이다. 같은 유형에 속하는 작품이라도 개별적 특성을 가지고 있는데 이런 논의를 통해 작품의 유형적 특성이 밝혀질 것이다.

1. 유형 설정의 기준

진·가를 확인하는 과정에는 사실이 중시되고 있는 작품과 가치를 중시하고 있는 작품이 있다. 진·가 확인형 소설은 진짜와 가짜를 확인하는 기준이 어디에 있는가가 중요하게 작용할 수밖에 없다. 이는 인간이 현실에 근거하여 진짜와 가짜를 판결해야 할 존재인가 아니면 가치에 근거하여 진짜와 가짜를 판결해야 할 존재인가 하는 문제와 연결되어 있다. 이런 차이는 진짜와 가짜에 대해 어떤 자세를 취하는가 하는 서술자의 의식과도 연결된다. 서술자는 인간을 규정하는 시각의 차이에 기반을 두고 인물을 평가한다. 결국 여기에는 인산관이 강력하게 작용하고 있다. 인간관은 사상에 의해 형성된 것으로 작품의 유형적 특성을 가르는 기준으로 작용하고 있다.

진·가 확인형 소설이 창작·유통된 시대는 조선 후기이니 인간관도 조선 후기의 것이 투영되기 마련이다. 조선 후기에는 주자학에 바탕을 둔 인간관이 주류를 이루었지만 이에서 벗어난 인간관도 싹트고 있었다. 주자학에 근거를 둔 인간관이 널리 퍼져 주류를 이루고 있었다면 이에서 벗어난 인간관도 서서히 등장하여 힘을 얻고 있었다. 인간관을 두고 벌어진 논란과 차이가 진·가 확인형 소설의 유형을 나누는 중요한 기준으로 작용하였다.

주자학에서는 인간을 현실에 존재하는 사물의 한 종류로 보고 드러난 모습을 중시하였다. 인간이 다른 사물과 같은 차원에서 다루어짐으로써 인간의 고유성은 중요하게 인식되지 못했다. 인간은 현실에서 다른 사물과 맺는 관계가 있기에 중요한 것이지 인간이라는 고유성 때문에 평가되지 않았다. 그런 의미에서 인간관이 작품에서 진짜와 가짜를 판결하는 기준으로 작용하고 있다. 인간관의 영향을 받아 조선 후기의 진·가 확인형 소설에는 드러난 모습에 기준을 두고 확인하는 일군의 작품이 등장하기도 하고 가치를 실현하느냐 실현하지 못하는가에 기준을 두고 묶을 수 있는 일군의 작품이 등장하기도 했다.

양명학에서는 인간이 마음이라는 본질이 있기에 가치 있는 존재라고 하였다. 인간은 현실적인 조건에 구애받지 않고 마음을 어떻게 가지고 있는가에 따라 가치가 매겨졌다. 아무리 현실적 조건이나 상황은 보잘것없더라도 마음을 올바르게 가진다면 현실적 여건에 구애되지 않고 충분히 가치 있다고 평가되었다. 인간에 대한 변화된 가치관은 진·가 확인형 소설의 유형을 다양하게 했다. 사실의 진·가 확인형 소설과 가치의 진·가 확인형 소설이 그것이다.

사실의 진·가 확인형 소설에는 진짜와 가짜를 판결해 주는 매개자가 가족으로 나타나는 경우도 있고 관가로 나타나는 경우도 있다. 매개자가 가족으로 나타나는 경우에도 관가의 역할이 전혀 없다고는 할 수 없고 어느 정도 작용하고 있다. 그러나 관가는 가족이 내린 결정을 증명하거나 확인하는 선에 머물러 있어 가족이 결정의 주체로 관가는 보조자로 기능한다. 이에 반해 가족의 처지가 관가의 행위와 처결에 따라 결정되는 유형에서는 가족이 결정의 보조자로 관가는 결정의 주체로 기능한다. 관가의 처결에 따라 진짜와 가짜가 확연하게 판결되어 잘못된 질서가 회복되는 작품이 있는 반면에 가족의 결정이 있고 난 뒤에 관가는 가족의 결정 중에 어느 쪽이 더욱 합당한지를 증명해 주는 작품이 있다는 얘기이다. 즉 판결의 주체가 가족이냐 관가이냐에 따라 '가족주도형'과 '관가주도형'으로 나눌 수 있다.

가족 주도형은 가족이 진짜와 가짜를 나누는 주도적인 세력으로 나선다. 가족 간의 갈등은 한 인물에 대해 다른 판결을 내린 것에 의해 촉발되어 서로를 용납하지 않는다. 그런데 인물은 서로의 입장을 내세우는 기준으로 가족 윤리를 중시하며 이를 확보하는 것이 급선무라고 본다. 가짜는 가족 질서를 파괴하려고 하고 진짜는 파괴된 질서를 회복하려고 한다. 이런 과정에서 인물의 정체를 제대로 파악하고 있는 부류와 잘못 파악하고 있는 부류도 나선다. 그들은 가족의 질서를 회복하는 방법을 달리하고 있다. 전자는 잘못된 사실을 바로잡아 가족 윤리를 확보하고자 하는 반면에 후자는 잘못된 사실을 모르고 진실로 알아 잘못된 사실을 그대로 두고 현실의 여건에 맞는 가족만을 구성하고자 한다. 전자는 윤리에 기준을 둔 올바른 가족을 꿈꾸었다면 후자는 윤리적 기반은 약하더라도 현실적인 여건에 따른 가족을 꿈꾸었다. 이와 같이 이 유형의 소설은 가족 간의 윤리적 대결과 그것이 지향하는 바가 어디에 있는가에 대한 생각의 차이를 작품의 주지로 삼고 있다.

관가 주도형은 관가가 진짜와 가짜를 나누는 주도적인 역할을 담당한다. 가족 간에는 새로 들어온 사람을 두고 가짜인지 진짜인지 결정 내리지 못하고 있는 상황을 극복하기 위해 이를 관가에 밝혀

줄 것을 의뢰하는 것으로 해결을 시도한다. 관가는 정황 증거에 의거하여 어떤 쪽이 진짜인지를 가려준다. 그러나 관가가 내려준 판결은 사실과는 반대로 잘못되어 있다는 데에 문제의 심각성이 있다. 관가는 사실을 잘못 파악하여 가짜를 진짜로 판결하고 진짜를 가짜로 판결하는 잘못을 저지른다. 이런 전도된 판단에 대해 가족 가운데 한 부류는 시정을 요구한다. 그러나 이런 가족의 요구에 관가는 전혀 응하지 않다가 관에 속한 사람이 진짜를 만났다는 사실에 의하여 잘못된 상황을 고치려는 데도 적극적으로 나서게 된다. 관가는 사건을 잘못된 방향으로 이끌어 가기도 하고 사건을 결정적으로 해결하는 데도 나서게 된다. 이런 관가가 없다면 잘못된 판단과 상황은 고쳐지지도 않고 해결의 실마리도 찾을 수 없다. 사건 해결의 가장 결정적인 역할을 하는 것은 가족이라기보다는 관가라는 점이다. 이런 점에서 관가가 주도적으로 진짜를 가짜를 나누는 작품이라 하겠다.

가치의 진·가 확인형 소설에는 가치에 대한 판단을 확실하게 내려서 어느 쪽을 지지하는 입장을 보이는 경우와 보이지 않는 경우 및 이를 혼합한 경우가 있다. 이는 가치에 대한 평가가 사실에 근거를 두고 진짜와 가짜를 판단하는 것보다는 어렵고 힘들다는 것을 보여준다. 이들 작품에는 가치를 진짜와 가짜를 나누는 기준으로 삼고 있으며 이에 따라 어느 한 태도에 대해 가치가 있는 행위라고 평가한다. 그러나 가치에 대한 평가는 인물의 행위에 기준하여 내려지기도 하여 유보되기도 하며 유보와 확정의 중간에 위치하는 경우도 있다. 차례대로 '판결확정형', '판결유보형', '혼합형'으로 명명할 수 있다.

판결 확정형은 작품에서 매개자가 확실하게 어떤 쪽이 진짜와 가짜인지를 결정하고 있는 상태이다. 진짜는 이미 결정되어 있는데 가짜는 진짜의 개과천선을 돕는 인물로 나타나고 있어 이들 사이에는 논란이 벌어질 수 없다. 독자들도 이런 서술자의 판단을 받아들여 작품의 주지가 진·가의 확인에 있다기보다는 진짜의 개과천선에 두어져 있음을 알고 이에 따른다. 서술자가 나서서 이런 점을 강조하고 있으니 작품의 주지를 이런 점에 역점을 두고 이해한다. 당사자들의 치열한 몸싸움까지 동원한 확인 과정은 그렇게 심각하거나 중요한 의미를 지니지 않는다. 그들의 확인 과정은 이미 정체가 결정이 난 상태에서 진행되기 때문에 주위 사람이나 당사자들에게 그렇게 심각하게 인식되지 않는다. 진짜가 가짜로 판결이 나서 집에서 쫓겨난 상황에 처해지고도 유람을 떠나는 여유를 갖기도 하며 집안 식구들은 집안의 가장이 둘인 상황을 우스운 것으로 인식한다. 그런데 이런 유형은 판결에 대해 확실하고 정확한 입장을 취하고 있다.

판결 유보형은 서술자가 판결에 대해 확실한 입장을 정하지 않고 있다. 매개자인 인물을 내세워 서술자는 자신의 입장을 표명하려고 하지만 그것이 확실하게 방향을 잡고 있는 것은 아니어서 이렇게도 저렇게도 이해될 수 있다. 매개자의 입장과 인물의 입장이 팽팽한 긴장관계를 이루고 있어 매개자는 자신의 기준에 따라 판단을 하며 인물도 물러서지 않는다. 그러나 그것이 섞여 어느 것이 더욱 타당하고 우위를 이루는지가 결정되지 않고 작품은 끝을 맺는다. 이런 점은 혼합형의 작품에도 영향을 미치고 있다.

혼합형은 위의 두 가지가 뒤섞여 있다. 작자가 직접 나서서 의견을 피력한다는 점에서 위의 두 유형과 다르며 매개자가 인간이면서도 초월적 성격을 지니고 있어 두 유형의 성격을 겸하고 있다. 판결에 대해서도 의견이 확실하게 결정되었다고 볼 수 있는 점도 있으면서 의견이 어느 쪽을 지지하는지 결정되지 않았다고 볼 수 있다. 이런 점에서 두 가지 유형의 혼합과 조화가 이루어진 유형이라 할 만하다.

2. 사실의 진·가 확인형

이 유형에 속하는 작품들은 진짜와 가짜를 확인하는 과정에서 사실의 확인을 중요하게 여긴다. 진짜와 가짜가 등장하여 서로 자신이 진짜라고 주장한다면 그것을 판단하는 기준이 마련되어 있어야 하는데 이 유형에 속하는 작품들은 사실 차원의 기준을 적용하여 판단을 내린다. 그러므로 이 유형의 작품에서는 어떤 인물이 진짜였는지 가짜였는지가 확연하게 드러난다.

「유연전」에서 달성령 지는 가짜 유유를 만들어 진짜로 속여 집안에 들여보내려 한다. 그는 두 번에 걸쳐 편지로 자기가 만난 사람이 집을 나간 유유이니 데리고 가라는 소식을 유연에게 보낸다. 이

런 소식을 받은 유연은 그 사람을 만나보고 결정하려고 만난다. 그
러나 만난 사람이 예전의 집을 나간 형의 신체적 특성을 가지지 않
았기에 유유가 아니라고 판단한다. 즉 유유는 진짜와 가짜를 확인하
는 과정에서 신체적 특성의 유무를 기준으로 적용한다. 그런데 이런
판단은 옳지만 관가는 받아들이지 않고 그에게 목숨까지 빼앗아 버
린다. 잘못된 상황은 유유라고 하는 인물을 직접 본 사람이 등장함
으로써 해결의 실마리를 찾게 된다. 현실에 유유가 등장함으로써 진
짜와 가짜는 확연하게 밝혀진다.

　「화산중봉기」에도 가출한 인물을 대신하여 새로운 인물이 진짜라
고 하면서 집안으로 들어온다. 들어온 인물을 아버지는 자신의 아들
이라고 하여 진짜로 취급하고 아내는 남편이 아니라고 하여 가짜로
판단한다. 아내는 판단의 근거로 자신의 남편에게 있어야 할 신체적
특성이 없다는 데에 기준을 두고 있다. 즉 들어온 사람은 남편에게
는 있는 이빨 위에 검은 점이 없다는 것이다. 이런 근거에 따라 내
려진 아내의 진짜와 가짜에 대한 판단은 흔들리지 않고 유지되어
관가가 나서서 해결해 준다. 그러나 관가는 「유연전」과 같이 해결
의 주도적인 역할을 하지는 않으며 가족이 내린 판결이 옳은지 옳
지 않은지를 확인해 주는 선에 머물고 있어 차이를 보인다.

1) 관가 주도형: 「유연전」

유유가 가출한 사건은 후행하는 일련의 사건을 일으키는 기폭제
로 작용한다. 가족 구성원 중의 한 사람이 가출을 하자 유연을 하
나의 축으로 하고 다른 일군의 사람들이 한 축을 형성하여 다른 반
응을 보인다. 아버지와 아내는 유유의 가출 이유를 미쳐서 한 행동
으로 취급하고 있는 데 반해 동생인 유연은 미친 것이 아니라고 한
다. 가출에 대한 그들의 생각은 작품의 진행에 따라 강화·첨예화
되고 파국에 이른다. 작품의 첫 부분에서 유연은 형의 가출을 자신
만의 관점으로 인식하여 다른 사람과 달리 가지고 있음을 내보인다.

> 유가 일찍이 산에 들어가 독서하다가 인하여 문득 돌아오지 않
> 으니, 예원이 백 씨와 함께 말하기를 "미쳐서 얼굴을 바꾸어 도망
> 갔다."고 하니 말이 門庭을 넘고 이미 아버지와 아내가 징험하였으
> 니 향인이 이를 믿고 의심하지 않았으나 오직 연만이 홀로 불쌍히
> 여겨 울며 듣지 않았다.[88]

가족 구성원의 갑작스런 가출의 원인을 두고 의견이 두 가지로
갈라지는데, 여기에서는 아직까지 두 부류가 표면적으로 갈등을 드
러내지 않고 이면적으로 갈등을 내재하는 선에 머물러 있다. 내재한

---

88) 李恒福, 「柳淵傳」(김균태, 『文集所載傳資料集』11, 계명문화사, 1996.),
498면. "游嘗入山讀書, 因忽不返. 禮源與白氏言, 狂易而奔. 言出門庭,
既父與妻爲徵, 鄕人信之不疑, 唯淵獨愍泣無與晤."

갈등은 표면화되고 심화되는 순서를 밟는데 뒷부분에서 그런 사건
들이 다양하게 펼쳐진다.[89] 이 부분에서 눈여겨보아야 할 것은 가
출의 이유로 미쳤다고 판단을 내린 부류의 관점이다. 유유가 미쳐서
가출하였다는 이유를 제시함으로 인하여 뒤에 유유 대신 집으로 들
어오는 인물을 진짜로 볼 것인가 가짜로 볼 것인가를 두고 가족 구
성원들이 논란을 벌일 수 있는 가능성을 제공받게 되며 작품을 끝
까지 긴장되게 이끌어 갈 수도 있다. 즉 작품전개에서 가출 이유를
미쳤다고 함으로써 미친 사람이 하는 행동은 어딘지 모르게 논리적
이지 못할 가능성이 높아지며 그것을 두고 논란을 벌일 수 있을 가
능성도 열어놓고 있으니 가출 이유를 밝히는 것이 사건을 해결하는
핵심으로 떠오르면서 쉽게 작품을 종결짓지 못하게 하는 여지를 제
공하여 작품의 긴장을 끝까지 유지할 수 있다.

아버지 예원이 아늘의 가출 이후 5년이 지나 죽어버려 가족 구성
원 가운데 유유의 가출을 두고 유유의 아내인 백 씨와 동생인 유연
이 갈등을 빚는다. 백 씨는 처음 가출하였을 때 미쳤다고 함으로써
가출의 신빙성을 높여주는 인물로 기능하는데 작품의 진행과 더불
어 부정적인 요소는 더욱 부가된다. 부인이 남편을 미쳐서 가출하였

---

89) 응규의 처인 춘수가 소를 올려 잡혀온 자신의 남편을 석방해 줄 것을
　　요구할 수 있었던 이유로도 정신적인 측면에서 미쳤다는 이유가 중요
　　한 구실을 하고 있다. 사건의 전개에 중요한 행동이유를 설명하는 데
　　유용하게 작용하는 정신적인 비정상 상태는 작품에서 자주 이용된다.
　　백 씨가 감사에게 올린 소에서도 이런 점은 나타난다. 이와 같이 미쳤
　　다는 것은 사건의 전개를 이끌어 가는 데 중요한 요소로 작용하고 있
　　어 그 중요성을 강조할 필요가 있다.

다고 함으로써 유유의 가출 이유는 부인의 말대로 고착화되어 많은 사람들이 믿을 만한 것으로 받아들이고 이런 상황은 이미 뒤집을 수 없을 정도로 견고하게 주위에 영향을 준다. 그리고 이런 주위의 평가와 그것에 대한 유연의 외로운 투쟁은 이어지는 사건의 신빙성을 높여주기도 한다. 만약 미쳐서 가출하였다는 이유를 내세우지 않았다면 가출을 설명할 수 있는 합당한 이유를 내세워야 하는데 그것이 작품의 처음에 밝혀진다면 작품을 진행해 나가는 데 부담으로 작용할 수도 있었을 것이다. 이런 부담을 줄이면서 가출을 설명하는 이유로 미쳤다는 것을 내세운 것은 작품 진행을 돕는 구실을 충실하게 수행한다. 이런 이유에 이어져 백 씨의 평가에 달성령 이지의 시각이 덧보태짐으로써 유유를 대신하여 들어온 사람을 두고 한쪽은 진짜라고 하고 한쪽은 가짜라고 할 수 있는 여지는 확보된다.

달성령 지는 유연에게 편지를 보내 해주의 채응규라는 자가 가출한 유유이니 데리고 가라는 편지를 전후 2차례에 걸쳐 유연에게 보내고 유연은 두 번 다 종을 보내어 확인을 하니 종은 그가 진짜가 아니라고 하면서 혼자 돌아오기를 반복한다. 몇 번에 걸친 확인과정을 거치나 그가 진짜가 아니라고 주위의 사람들이 증명해 주니 이런 사실을 유연은 받아들여 그를 가짜로 보고 집으로 데려오지 않는다. 그래도 달성령 지는 이런 주위의 판단에 전혀 개의치 않고 급기야 三伊이라는 종을 보내어 자신의 집에 유유가 와 있으니 데리고 가라는 말을 전한다. 달성령 지가 직접 나서서 자신이 만난 사람이 유유라고 하는 데에야 유연도 이 사람을 직접 만나서 확인하는 절차를 거쳐야 한다. 유연은 이 사람을 만나는 것이 급한 일

이라고 보고 종을 먼저 보내어 확인하게 한 뒤에 수일이 지나 자신
이 직접 그가 있는 곳에 와서 확인하려고 한다. 그러나 확인하는
곳에서 웅규는 옷을 끌어당겨 얼굴을 가리고 병이 있다고 핑계하여
드러누워 있어 과연 이 사람이 자신의 형인지를 확인하지 못한다.
확실히 그가 어떤 사람인지 확인하지 못하고 있는 상태인데 달성령
지와 심융은 서로 "진유임을 의심할 수 없다."[90]라고 말하여 그를
유유라고 인정하고 받아들여야 한다는 강압적인 분위기를 조성해
놓는다.

이런 일을 겪고 유연은 "회황이 물려나와 헤아려 보니 해결책을
알지 못하"[91]고 여러 사람에게 물으니 어떤 사람은 관정에 고하여
구별하여야 한다고 하고 어떤 사람은 "함께 고향으로 돌아가 여러
향족을 모아놓고 공변되게 함께 질험하"[92]여야 한다고 한다. 유연
은 두 번째 견해를 빋아들여 그기 어떤 사람인지 확인하는 절차를
밟는다. 고향에 도착하니 백 씨의 종인 눌쎄가 무리 중에서 웅규가
오는 것을 보고 "너는 어떤 사람이냐 번뜩이게 나의 주인 행세를
만들어 하여 감히 이에 이르렀는가?"[93]라고 꾸짖는다. 이런 정황을
고려하여 판단한다면 그의 정체는 점점 확연하게 밝혀져 유유가 아
닐 것이라는 증거는 점점 증가하여 그가 가짜라는 판단을 내릴 수

---

90) 李恒福, 「柳淵傳」(김균태, 앞의 책), 500면. "眞游無疑"
91) 李恒福, 「柳淵傳」(김균태, 위의 책), 500면. "淵個惶而退, 計不知所出."
92) 李恒福, 「柳淵傳」(김균태, 위의 책), 500면. "與歸故鄕, 會諸鄕族, 公同
    質驗"
93) 李恒福, 「柳淵傳」(김균태, 위의 책), 501면. "你是何人, 拚作吾主, 敢至
    此也."

있는 선에까지 이른다. 가짜인 응규는 이런 상황에 부딪히자 얼굴색이 저상하고 행동거지가 이상해져 자신이 진짜가 아니라는 증거를 스스로 드러낸다. 관에 이르러 부사 박응천이 친구들을 가리키며 누구인지 물어도 가짜인 응천은 대답하지 못하고 다른 사람들도 다 유유가 아니라고 한다. 응규는 꾀가 다함에 혹 유유나 응규라고 하면서 미친 듯이 차례가 없어 짐짓 미란하게 행동하여 이런 위급한 상황을 벗어나려 한다. 이런 과정을 거쳐 이 사람이 진짜가 아니라는 증거는 늘어나고 독자들은 이 사람이 진짜가 아닐 것이라는 확신에 가까운 판단을 하게 된다.

그런데 응규가 진짜 유유가 아니라는 증거가 증가하고 그런 판단이 내려지려는 상태에 이르렀지만 여전히 한쪽에서는 그를 진짜 유유라고 주장하는 쪽이 존재한다는 데 사태의 심각성이 있다. 이런 주장에 대해 유연도 그들의 주장이 잘못되었음을 이제는 적극적으로 나서서 주장하게 된다. 두 사람이 자신들의 주장을 굽히지 않고 계속하는 이유에는 재산에 대한 욕심이 자리잡고 있었음이 작품에서는 암시적으로 제시된다. 상대가 그런 생각을 가졌다는 언급은 소송을 하면서 관에 적어 올린 소를 통해서 밝혀진다.

남편에게는 불량한 아우 연이 있어 재물 탐하기를 싫어하지 않고 진짜를 가리켜 가짜라 하였고 형을 묶어 관에 가두어 시집이 몰래 화에 빠지기를 도모하였습니다. 남편은 본래 미친병을 앓아 구속받음이 더욱 중하게 되었는데 다행히 태수의 은혜를 입어 감옥에서 벗어나 질병을 다스림을 받았으나 연의 뇌물을 받은 자가 해

치고 죽여 자취를 없앴으니 연의 죄를 논하여 나의 원통함을 밝혀
주기를 원합니다.[94]

대개 지는 신이 아버지의 좋은 밭을 별도로 받고 신이 사랑을
받는 것을 꺼렸고 융은 신의 백숙모 유 씨가 일찍이 家貨를 줌에
있어서 융의 처에게 말하기를 '너가 만약 자식이 없으면 예원의 자
식에게 가히 전하리라.'라고 하니 항상 재물 빼앗김을 두려워하여
시기하여 보았습니다.[95]

인용문은 백 씨가 사건을 이해하는 기본적인 시각이 어떠한지 전
해 준다. 남편으로 나타난 가짜인 웅규를 진짜로 알고 있는 백 씨
에게 시동생은 그를 가짜라고 하였으며 관에 가두고 그것도 모자라
주위 사람들을 매수하여 죽이기까지 하였으니 불량하다. 시동생의
이런 행동은 재물을 탐하는 성격 때문에 일어났다고 판단하고 있다.
그러나 이런 백 씨의 논리에 대해서 뒤의 인용문에서는 유연도 가
짜를 진짜라고 주장하는 달성령 지와 융의 판단이 잘못되었다고 주
장하고 있으며 그런 주장을 하는 근본적인 이유도 재물의 독점적
차지에 대한 원망이 작용하고 있다고 하고 있다.

서로의 의견이 팽팽히 맞서는 상황에서 사건을 돌려놓기 시작한 것

---

94) 李恒福, 「柳淵傳」(김균태, 위의 책), 502면. "夫有不良弟淵, 貪貨無厭,
指眞爲僞, 縛兄官囚, 圖嫁淫禍. 夫本病狂, 被拘盆重, 幸蒙太守, 免監治
疾, 淵賂守者, 賊殺掩迹. 乞論淵罪, 以洩婦冤."
95) 李恒福, 「柳淵傳」(김균태, 위의 책), 506면. "蓋祇以臣父別給良田, 忌臣
怙寵, 隆以臣伯叔母柳, 嘗以家貨畀之其妻曰, 汝若無子, 可傳禮源之子.
隆常懼奪貨, 猜視於臣."

은 대관의 말을 듣고 임금이 그의 요구를 받아들이면서부터이다. 대관
은 사건을 유연 쪽에 불리하게 처리하도록 하는 단서를 제공한다.

유가 옮기고 가난하여 여유가 없는 여가에서 형용이 비록 변하
였으나 실지로 유유였는데 그 아우가 적자의 자리를 빼앗고 재물을
오로지 하고자 하여 고관을 협박하였습니다. 부사가 되는 자는 당
연히 유와 연을 나란히 가두어야 하나 먼저 아우의 소를 믿고 홀
로 그 형만을 가두었으니 이미 옥의 체모를 잃어버렸고 또 연의
옥은 공정하게 하고 형을 해치는 난상의 죄를 짓게 하여 지금까지
숨겨두었으니 일도의 사람들이 분하여 꾸짖지 않은 사람이 없었습
니다. 청컨대 연을 법을 살펴서 잡고 나란히 응천을 파하소서. 상
이 허락하였다.96)

위와 같은 일이 있고 난 이후에는 사건이 응과 융의 의도대로 풀
려갈 공산이 커졌다. 왜냐하면 이제는 이들은 자신의 세력을 믿고
증인과 증거를 마음대로 조작하는 일도 서슴지 않고 자행할 수 있
기 때문이다. 다음 부분에 그런 그들의 모습이 생생하게 나타나고
있다. 그 대표적인 것이 김백천의 증언을 자신들의 입장에 유리하게
맞추어 놓은 것이다. 김백천은 응규가 유유가 아니라고 작품의 처음
부터 주장했는데 그의 의견까지 자신들이 유리한 쪽으로 만들어 놓
으니 못 할 일은 없을 정도에 이를 것이다. 그들은 "번갈아 자웅이

---

96) 李恒福, 「柳淵傳」(김균태, 위의 책), 503면. "游於遷徙困頓之餘, 形容雖
變, 言語動靜, 實是柳游, 其弟謀欲奪嫡專財, 脅縛告官. 爲府使者, 當并
囚柳淵, 而先信弟訴, 獨囚其兄, 已失獄體, 又廷淵獄, 使賊兄難常之罪,
掩置至今, 一道之人, 莫不憤罵. 請拿淵按律, 并罷應川. 上允之."

되어 창화하여 세력을 이루고 어지러이 편사를 일삼는다."97)

추관인 沈通源은 이 사건을 결정적으로 잘못된 방향으로 처리해 버려 사건을 되돌릴 수 없는 지경으로 몰고 간다. 정황증거로 보아 어느 정도 유연의 판단이 맞지 않을까 하고 생각하던 독자의 기대를 무참히 밟아 버리는 방향으로 사건은 역전된다. 그는 "형을 죽이고 자취를 감춘 것이 밝혀졌으니 장을 치기를 청합니다."98)라고 하여 장 42도를 치게 하였을 뿐만 아니라 일 년만 옥에 가두어 두고 형과 응규의 자취를 찾게 한 이후에 자신의 죄를 내려 주기를 청하는 유연의 소원도 받아들이지 않고 사건을 일방적으로 어느 한 쪽의 주장만을 쫓아 처리해 간다. 그는 "본디 사사로운 원한이 없는데 어찌 이렇게 합니까?" 하는 유연의 불만을 듣고는 노하여 "나졸로 하여금 머리털을 잡고 입을 때리게 하면서 말하기를 아주 독하기가 이와 같으니 형을 죽은 것이 신실이도다."99)라고 하여 사건을 그릇되게 귀착시킨다.

이와 같은 일이 일어나고 난 이후에 장령 정엄과 영의정 홍섬 등이 일이 잘못 처리 되었으니 다시 조사하기를 청했으나 받아들여지지 않았다. 그 일이 있고 난 16년 후에 수찬 윤선각이 경연을 할 때에 자신이 만난 유용이 유유라고 하여 유연의 일을 설원하기를 청하는 계를 올리게 되고 이를 법부에서 받아들여 다시 이 일을 조

---

97) 李恒福, 「柳淵傳」(김균태, 위의 책), 506면. "迭爲雌雄, 唱和成勢, 剝亂單辭."
98) 李恒福, 「柳淵傳」(김균태, 위의 책), 508면. "則賊殺掩跡, 明矣. 請杖之."
99) 李恒福, 「柳淵傳」(김균태, 위의 책), 508－509면. "本無私讐, 何乃爾也. 通源怒, 令羅卒捽髮而歐其首, 日峭毒如是, 弑兄固也."

사하게 된다. 그 자리에 유용을 맞아들여 몇 가지를 질문하니 그는
자신이 유유라고 대답하고 아버지의 내력과 족당노비 및 평소의 사
귀던 친구를 잘 대답한다. 그 뒤 가장 중요한 가출의 이유를 물으
니 그는 다음과 같이 대답한다.

> 처를 취한 지 삼 년이 되었으나 오히려 자식이 없으니 아버지가
> 말하기를 '너는 업이 박하여 너를 책하여 슬하에 자식을 얻지 못하
> 게 하였다.'라고 했다. 인하여 절로 들어가 소식이 끊어졌으니 아우
> 가 죽은지는 듣지 못했다.[100]

위와 같은 이유로 가출을 하게 되었다고 말하여 그것이 과연 가
출 이유가 될 만한가 하는 의심이 들기도 한다. 그러나 그것은 지
금의 사정으로 판단하여 그렇다는 것이지 당시의 상황을 고려해서
판단해 본다면 충분히 이유가 될 수 있다고 보아진다. 당시의 상황
에서는 가문의 유지를 위해서 후손을 낳은 것이 자신의 존재 이유
가 될 수밖에 없는데 자손을 생산하지 못한다는 것은 자신의 존재근
거를 송두리째 앗아갈 정도의 심각한 문제일 수 있고 그것이 가출
이유로 작용했음은 개연성이 있다. 덧붙여 아버지로부터 직접 이런
말을 듣는다는 것도 가출을 할 이유가 되기에 충분했다고 보아진다.
그가 유유라는 하는 정체의 확인이 있고 나서도 증인이 나서서
증명하는 과정이 있게 된다. 다른 사람을 유라고 주장하면서 유연을

---

100) 李恒福, 「柳淵傳」(김균태, 위의 책), 513면. "娶妻三歲, 猶無子, 父謂
業薄責令毋得近膝下, 因轉入西方後, 絕不聞弟之死也."

죽음에까지 이르게 했던 달성령과 심륭뿐만 아니라 동네 사람들도 나서서 그를 자세히 살펴보아서 다 진짜라고 말한다. 작품의 앞부분에서 채응규를 유유라고 잘못 평가하는 과정에서 주위 사람들은 논란과 의심을 풀지 못한 상태로 남아 있었고 정체를 파악하는 서로의 주장이 맞지 않아 일방적으로 자신의 주장만이 옳다고 내세워 갈등이 첨예하게 드러났다면 여기에서는 모든 사람들이 의견을 물어보고 나서 유유라고 확정하는 과정을 거친다. 즉 작품의 앞부분에서는 유라고 주장하는 사람을 두고 차분히 살펴보거나 증명하는 과정이 생략되어 있는 데 반해 여기에서는 어느 일방의 주장만을 믿지 않고 주위 사람들이 나서서 그를 면밀하게 살펴보는 과정을 두어 그 사람의 정체성을 확인하고 있다.

주위 사람들이 확실하게 유유라고 판단을 내린 후에야 금부에서는 유유로 행세해 온 재응규와 그의 치인 춘수 등의 종적을 찾아 나선다. 그러나 응규가 장연이라는 곳에서 잡혀 해주에서 5리 정도 떨어진 곳까지 압송되다가 스스로 목숨을 끊어 버리는 사태가 벌어진다. 그의 죽음으로 인해 사건의 전모는 밝혀지지 않고 묻힐 가능성이 높아지지만 춘수가 해주에서 잡혀와 제한된 정보나마 알려 주어 사건의 일부가 밝혀진다. 그녀가 관에 잡혀와 자백하는 말 가운데에는 사건이 왜 일어났는지 어떻게 일어났는지 알려 주는 언급들이 있다. 사건이 일어난 이유는 인과적인 고리나 연결이 없이 제한된 정보의 나열로 제시되어 있다. 이는 춘수가 사건의 직접적인 관련자가 아니라 간접적인 관련자이므로 알고 있는 정보가 제한되어 있다는 점 때문에 빚어진 현상이다. 춘수의 남편은 달성령과 몇 번 만나고 나서 자신이 유라고 주장을 하게 되고 서울에서 달성령의 방문을 받고는 자신을 유라고 본다. 사건이 어떻게 진행되었는지를 춘수는 알지 못하고 자신이 보고 들은 것에만 국한하여 진술하고 있어 사건은 드러나지 않는다. 춘수는 달성령을 만나면서부터 자신을 유유라고 하는 말을 하게 되고 그것은 재산에 대한 욕심이 작용하고 있음을 암시한다. 달성령은 "이야기 사이에 혹 말하기를 '냇가의 보리밭을 연이 감히 독점하겠는가?'"[101]라고 하기도 하고 "내 처의 가산은 연 혼자 독차지함이 옳겠는가"라고 하여 재산에 대한 욕심이 크게 작용하고 있음을 내비친다. 또한 여러 사람을 동원하여 자신의 유리한 쪽으로 관의 판결을 이끌어 나가는 수완을 발휘한다.

사건의 진상이 발각되어 달성령은 편지로 피하라는 내용을 전한다. 편지 내용을 모르는 춘수는 그것이 어떤 내용의 편지인지를 묻게 되고 남편은 이에 그 내용이 무엇인지 알려 준다. 편지 내용은 '일이 이미 발각되었으니 너는 무엇을 하기를 원하는가? 빨리 급히 도망가라.'는 것이다. 사건의 배후에 누가 있는지 이 부분에 이르면 확연하게 드러나게 된다. 또한 그들의 하는 말을 통해서 가짜로 행사하다가 일이 발각되어 허둥대면서 어떻게 일을 처리할까를 고민하는 모습이 드러난다. 남편은 앞으로의 대처방법을 묻는 아내에게 "어리석은 부인은 두려워하지 말라. 만일 생각하지 못할 일이 있거든 너는 다만 모른다고만 하라."[102]라는 대처 방법을 알려 준다. 자

---

101) 李恒福,「柳淵傳」(김균태, 위의 책), 514면. "談間或言, 河邊麥田, 淵敢獨占也. 又曰, 吾妻家産, 淵獨專擅可乎."
102) 李恒福,「柳淵傳」(김균태, 위의 책), 515면. "應珪叱止曰, 憂婦休怖,

신들의 거짓이 발각되어 전체적으로 대처방법을 찾지 못하고 방황하는 모습이 이런 부분에서 나타난다. 그녀가 용인현에 도착하니 경억이 편지를 보내어 사건이 어떻게 변하였는지를 알려 주는데 편지에는 "연이 형을 죽인 죄로 판결을 받았고 부친도 또한 마땅히 대질신문을 받았다. 너는 마땅히 같은 말을 하여서 같고 다르게 말하는 바를 면하라."는 전달을 받는다.[103] 이와 같이 그녀의 자백에는 편지에서 알게 된 내용이나 전해 들은 내용이라는 제한된 정보만이 제공된다.

일이 잘못 처리된 사실이 명백하게 밝혀진 이후에는 아 씨가 나서서 지와 융뿐만 아니라 백 씨의 죄를 법에 따라 처벌하기를 상서하였다. 추관은 또 연의 일에 관련되어 판결을 잘못 내린 대관과 낭관을 처벌하기를 원하니 상이 이를 허락하여 벌을 내려 자신이 한 행동은 모두 책임을 져야 한다는 철저한 응징을 행한다. 유는 부모의 상에 달려오지 않는 죄를 물어 용강으로 유배를 보냈고 지는 장을 맞고 옥에서 죽었으며 춘수는 교사되었다. 그런데 백 씨에 대한 처리결과는 서술자가 직접 언급하지 않고 유가 출옥을 하고 나서 하는 행위를 통해 제시된다.

脫有不虞, 汝但云不知."

103) 李恒福, 「柳淵傳」(김균태, 위의 책), 515－516면. "其時, 妾到龍仁縣, 店主老嫗傳致慶億書云, 今淵方以弑兄論, 父親亦當對獄, 汝宜同辭, 免異同云爾."

유가 출옥하여 바로 백 씨가 사는 데로 가서 서서 웃으면서 "너
는 전에 채를 나로 알고 나의 동생을 해치더니 다른 날에는 오늘
과 같이 나를 유가 아니라고 하지 않는가."라고 말을 하고 말을 마
치고 옷을 틀고 가 버리며 돌아보지 않았다. 백 씨가 "남편이여!
옛날 일찍이 나에게 헤아리지 못할 말을 가하더니 지금 또 이런
말을 하는가."라고 하였다.104)

위에서는 남편으로부터 백 씨가 완전히 버림받는 것으로 벌을 받
았음을 확인할 수 있다. 조선조에 남편으로부터 버림받는다는 것은
가볍게 보아 넘길 일이 아니라 중대한 벌로 보아야 한다. 왜냐하면
여성들은 자신들의 존재근거를 확인받을 수 있는 공간이 극도로 제
한되어 있었는데 가정은 그 가운데 가장 기본적인 성격을 띠고 있
었는바, 이런 공간으로부터도 축출된다는 것은 자신의 존재 근거를
송두리째 빼앗긴다는 의미를 지니고 있다. 그녀는 어디에도 발붙일
만한 곳을 확보하지 못하고 사회로부터 철저한 고립을 당한다. "이
때 백 씨는 항상 병이 없이 지냈으나 유는 종시 더불어 사귀는 사
사로운 말을 하지 않았다."105) 그녀는 사회로부터 철저한 고립을
겪는다. 이런 벌은 다른 것보다 작거나 미약하다고 할 수 없고 반
대로 크고 심각하다 할 수 있다.

---

104) 李恒福, 「柳淵傳」(김균태, 위의 책), 517면. "及游出獄, 直往白氏寓,
　　立而咳曰, 汝前以蔡奴爲我而賊吾弟, 異日, 勿謂今日我爲非游也. 言訖,
　　拂衣去, 不顧. 白氏曰, 是夫也, 舊嘗加我以不測之言, 今又有是說也."
105) 李恒福, 「柳淵傳」(김균태, 위의 책), 517면. "及時白氏尙無恙在, 游終
　　始不與交私訊."

이 작품에서는 진·가를 확인하는 기준으로 신체의 특성이 중요한 기준으로 작용하고 있다. 형이라고 주장하는 인물을 두 번에 걸쳐 확인하는 과정에서 유연은 채응규의 신체적 특성에 근거하여 이 사람을 자신의 형이 아니라고 판단한다.106) 진짜 형에게는 여러 가지 신체적 특성이 있는데 자신의 형이라고 주장하는 인물에게는 이런 신체적 특성이 나타나지 않는다는 것이다. 이런 점에서 본다면 이 작품은 사실에 근거하여 진·가를 확인하는 작품이라고 할 수 있다.

2) 가족 주도형: 「화산중봉기」

「화산중봉기」는 진·가 확인에만 일관하지 않는다. 처음과 끝부분에 영웅소설이 가진 요건을 철저할 정도로 따르고 있는데, 이 부분은 작품의 중요부분을 차지하는 진·가 확인과는 너무 동떨어져 있어 작품의 통일성과 일관성을 깨뜨리고 있다. 처음 부분은 영웅소설이 가진 요건을 철저할 정도로 따르고 있으니 남자 주인공의 출생과 관련된 기자정성이 나타나는 것은 그런대로 작품에서 필요한 부분이지만, 남자 주인공의 영웅성이 강조되는 부분은 쓸데없다.

선옥은 "틱을션군의 제지더니, 빅옥누 잔지의 션아로 더부러 희롱ᄒ다가 옥졔계 득죄ᄒ여"(22, 24)107) 인간의 세계에 내려와 있다.

---

106) 李恒福, 「柳淵傳」(김균태, 위의 책), 505면. "臣兄者, 不類有三驗, 臣
兄弱人也, 身本短小, 今乃長大, 臣兄面小, 而況有麻子無鬚, 今乃豐顏赤
黑而密鬚, 臣兄音如婦人, 今乃洪暢, 三驗備矣."

그러다가 선옥이 점점 자라 10세 전에는 "샤셔삼경과 빅가셔를 무불통지ᄒ며 뉵도삼냑이며 천문지리를 모를 거시 업ᄂ지라"(24)는 상태에 이르고 10여 세에는 "칼쓰기와 말타기를 일삼으니"(24) 처사로부터 꾸지람을 듣고 대답하는 부분이 그러하다.

> 지금 국기 비록 티평ᄒ오나 녯 말슴의 ᄒ여시되 안물망위라 하엿ᄉ오니 병화흔단은 귀신도 측냥키 어렵ᄉ오민, 소저 용녈ᄒ옴을 싱각지 아니ᄒ옵고 일후 국가를 도와 딕공을 셰워 일홈을 쥭빅에 드리옴이 가홀가 ᄒ나이다.(24, 26)

위의 부분은 작품의 진행과정에서 뒷부분과 아무런 연관성을 맺고 있지 않아 없어도 되지만 작품에 들어와 있다. 이와 같은 부분의 남자 주인공의 영웅성은 진·가 확인의 과정에서 아무런 역할을 하지 못하고 여자 주인공이나 나라에서 파견된 어사에 의해 자신이 진짜임이 확인되는 피동적인 존재로만 나타나고 있어 아무런 연관성을 확인할 수 없다. 그가 집을 나가는 이유로 다만 오해에 의해 행동하고 있어 영웅성이 희박하며 그런 영웅성이 작품에서 중요하게 발휘되지도 않는다. 또한 그는 영웅성이 뛰어나게 제시되기는 하지만 그것을 감당할 만한 중요성을 지닌 인물로 지속적인 역할을

---

107) 고려대 민족문화연구소편, 「화산중봉기」, 『한국고전문학전집』7, 1993, 24·26면.
　　　앞으로의 인용은 본문에 넣어서 표시하고자 한다. 이 작품은 현대역으로 풀이를 해 놓았기 때문에 원전은 이렇게 한 면을 건너뛰어 수록되어 있다. 오해를 줄이기 위해 여기에서 밝혀둔다.

하지도 못하고 작품에서 금방 사라지기까지도 한다. 뛰어난 능력을 지니고 있어 상황에 대한 판단력이 누구보다 뛰어나야 할 것으로 예측할 수 있는 인물의 행동은 어디에서도 찾을 수 없다. 따라서 이 부분은 영웅소설에서 사용하는 주인공의 제시방식을 이 작품이 그대로 차용한 결과로 보아진다.

이에 비해 여자 주인공인 농옥은 남자 주인공인 선옥과 마찬가지로 출생에서 그 신이성이 강하게 드러나고 있을 뿐만 아니라 그 행위를 뒷받침하는 근거가 합당하고 철저한 증거로 뒷받침되고 있다. 농옥은 "월궁 항아의 졔ᄌ러니 빅옥누 잔치에 갓다가 미친 션동의 희롱"(26)을 받아 인간계에 내쫓겼으나 선옥과 짝을 이룰 만한 인물로 보아진다. 농옥은 천상의 인물이기에 진·가 확인의 과정에서 다른 사람들이 모두 진짜로 보고 받아들이려는 가짜를 실체대로 알아보고 자신의 판단이 옳다고 여겨 아무리 어려운 상황에 처하더라도 자신의 의지를 바꾸지 않는다.

선옥의 종적이 묘연해지자 처사는 "뉘 날을 위ᄒ여 선옥을 ᄎᄌ오리요? 만일 ᄎᆺ는 ᄌᆝ 이스면 나의 가산을 반분ᄒ리라"(62)는 조건을 내세우는데 자격이 없다. 그는 재산을 반분한다는 조건을 내거니 "칠촌종질"인 형옥이 나서지만 그는 "기쥬반탕ᄒ여 학업도 업스ᄆᆡ 당ᄂᆡ에 화목지 못ᄒᆫ" 사람으로 "ᄌᆡ물을 탐하여" 선옥 찾기를 자청한다. 선옥을 찾기 위해 전국을 돌아다녔으나 찾지 못하다가 경흥의 개시를 구경하던 중에 모습이 선옥과 비슷한 사람을 찾아내고 그를 선옥으로 오해한다. 형옥은 그가 자신이 찾는 사람이 아님을 알면서도 다음과 같은 판단에 따라 속이기로 작정한다.

닉 팔도 군현을 낫낫치 살펴시되 션옥이 업스니 반다시 죽은 샤
름이다. 이졔 져 샤름의 용모 츄호 불치이라. 다려다가 슉부의게
즁샹을 바드리라(76)

형옥은 용모가 같다는 이유로 속이더라도 크게 문제될 것이 없을
것으로 판단하여 그를 데리고 집으로 오기 전에 다음과 같은 말로
유혹한다. "나의 슈년 근뇌 허사되지 아니ᄒ며 형은 쏘ᄒᆫ 주직 직
샹가 ᄌ손되여 일후 농문의 오르면 삼공뉵경 뉘 막으며 가세 부요
ᄒ니 금의옥식 한이 업고 쏫가튼 졀문 낭ᄌ 졀노 형의 비필이
라"(80)는 말로 자신들이 누릴 혜택에 대해 이야기하여 이 모의에
참여하기를 설득하고 있다. 그러나 이런 제안에 대해 흥농은 "이졔
소홀이 ᄒ여다가 발각이 되면 이ᄂᆫ 인륜의 득죄라"(80, 82)라는 이
유를 내세워 선뜻 제안을 받아들이지 못한다.

형옥은 가짜 선옥을 찾았다고 편지를 보내어 알리고 집 앞까지
그를 데려와서 곧바로 집으로 들어가지 않고 주막에서 기다리게 하
여 처사가 직접 주막에 나가 그를 맞아서 집으로 들이게 한다. 처
사와 집안 식구들이 하는 행위는 철저하게 형옥의 의도대로 조정되
는 측면이 강하여 선옥을 곧바로 아들로 인정해 버린다. 꿈에서 선
옥을 보고 선옥이 죽었다고 생각하고 있는 처사에게 형옥은 편지에
서 "형용 쵸췌ᄒ고 의관이 업시 져ᄌ의 걸식ᄒᄂᆫ지라 ᄒ 번 보ᄆᆡ
압히 어두어 겨우 졍신을 슈습ᄒ와 다리고 함흥의 이르러 비로소
의관을 쥬션ᄒ여 입히고"(86)라고 하여 동정심을 유발케 하고 있다.
그 뒤 처사는 차분히 아들인지 아닌지를 확인하는 것이 아니라 감

정적으로 흥분한 상태에서 아들을 만나기만 바란다. 그는 "비희 교집ᄒᆞ여" "즁문의 기다리다가 문 박그로 나아가 오ᄂᆞ 길을 바라보며 ᄋᆞ졀"(86)해하며 "문 밧긔 샤롬의 소ᄅᆡ 나거눌" "신도 못 신고 급히 나가"(86)는 반응을 보인다. 이성적으로 대응하지 못하는 것은 처사의 부인도 마찬가지다.

가족들의 감정적인 대응방식과는 달리 낭자는 이성적이고 차분한 대응을 한다. 그녀의 이런 대응에 가족들은 비판적인 시각을 내비치는데 특히 시아버지는 그녀와 대립적인 입장을 취하면서 갈등을 일으키는데 그녀를 내쫓고 새로운 며느리를 맞이하려고까지 한다. 시아버지는 "부뷔 아모리 졍의 지즁ᄒᆞ나 부ᄌᆞᄂᆞᆫ 쳔셩지친이라"(90)는 논리를 내세워 자신의 판단이 옳음을 거듭 내세우고 있지만 낭자도 "구괴 비록 가부를 ᄉᆡᆼ지휵지 ᄒᆞ엿ᄉᆞ오나 소부의 안표만 못ᄒᆞ"(90)다고 하면서 고집을 꺾지 않는다.

낭자의 행위에 시집 식구들은 모두 비난이나 거부로 일관하지만, 친정 식구는 사정이 있을 것이라고 하여 지지하는 입장을 보인다. 그러나 이런 지지도 상당히 제한된 범위에서 이루어지며 몇 차례의 설득을 통해서 겨우 얻어낸 것이다. 친정아버지인 통판은 "과연 병인은 아니요, 반다시 무ᄉᆞᆫ 곡졀이 잇ᄂᆞᆫ 모양"(94)이라고 판단하여 심정상 딸의 입장을 지지한다. 이런 대립이 극도에 도달한 것은 시아버지가 드디어 이 문제를 "사사로이 못ᄒᆞᆯ지니 법졍으로 결단ᄒᆞ리라"(94) 하여 관에 송사를 걸어 해결하려는 결정을 내리는 데에서 연유한다.

관에서도 시집 식구와 이 씨 부인의 입장은 전혀 바뀌지 않고 서로의 입장을 견지하니 기존의 입장을 재확인하는데 부사가 나서서 이 씨를 "병인"으로 취급하면서 시집식구의 논리를 지지한다. 이 씨는 가족으로부터 마음이 온전치 못한 사람으로 취급되는 데에서 사회로부터도 비정상으로 취급되고 있다. 이 씨의 논리는 어디에도 통하지 않으며 시집에서는 "이씨을 닉칠 의논을 작졍흔 후에 ……츌부취쳐할 뜻을 고"(104) 하고 사당에 알리고 친정으로 내쫓는다.

시집에서 내쫓겨 친정으로 돌아온 이 씨를 맞이한 친정아버지는 크게 노하여 딸을 꾸짖고 이 씨는 꾸지람을 듣고도 자신의 고집을 꺾지 않는다. "구고는 비곡 즉식이라 흐오나 일후에 친즉를 만나면 불과 즉식의 진가를 분변치 못흐던 후횟 분이어니와, 소녀는 한 번 욕을 보오면 엇지 다시 샤름을 딕흐리잇가? 즈연 쳔되 호환이라, 가부 도라올 찍 잇스오리니"(110)라는 확신을 가지고 있다. 돌아온 남편이 진짜인지 어떻게 아는가를 물으니 이 씨는 비밀을 발설하지 않고 남편을 만난 후에 이야기하겠다고 하여 철저하게 숨긴다. 만약 발설한다면 가짜가 그 모습을 보완하여 진짜 행세를 할 것이라는 이유가 내세워진다. 이런 이야기를 듣고서야 친정아버지는 가짜임을 확신하게 된다.

시가에서는 선옥이 혼자 사는 것을 걱정하여 처를 얻고자 하면서 관에 고하는 서류를 올린다. 이것이 왕에게까지 올라가게 된다. 왕은 이 일을 이 씨의 입장에서 풀어 나갈 것임을 조정신하들에게 천명하는데 "니시의 함원을 회셕게 흐리요?"(114)라고 말하는 부분에서 그것이 나타난다. 이 일을 맡고 나선 사람인 "한림편슈관 진연수"(114)도 이처사의 집과 이통판의 집 근처에서 동정을 살펴보고 이 씨의 상태가 "과연 신병이 아니요, 진짇 정졀을 직희는"(116) 것이라고 판단하여 다음과 같이 사건을 예측한다.

> 김쳐슈의 아들이 분명 도라오지 아니토다. 이계 그 가칭 션옥이 용뫼 진졍 션옥으로 방불ᄒᆞ미 그 죵질 형옥이 흉계로써 ᄌᆞᄌᆞ오믈 덕싁ᄒᆞ미로다. 비록 이러ᄒᆞ나 진기 션옥을 ᄎᆞᆺ기 젼은 뉜들 무슴 슈로 분변ᄒᆞ리요?(116)

위와 같이 어사는 사건의 진상이 어떻게 되었는지 문제를 해결하는 데에도 어떤 점이 중요한지 정확하게 알고 있다. 어사는 이런 판단에 따라 진짜 선옥을 찾기 위해 갖은 고생을 하면서 전국을 헤매 다니기를 마다하지 않는다. "세월이 무졍이라, 거연이 슈 년"(118) 지난 후에는 찾지 못할 수도 있다는 생각을 하게 되고 찾지 못한다면 왕을 속인 것이 되고 조정에서도 무위도식하는 존새로 낙인찍혀 남의 비웃음을 사게 된다고 한다. 선옥을 찾아 누가 진짜이고 가짜인지를 가리는 일은 개인적인 차원의 문제가 아니라 사회적인 차원의 문제와 관련되어 있는 일이라는 인식이 나타난다.

그러다가 "단쳔ᄽᅵ"(118)에 이르러 "긔한"을 겪을 정도로 어려움에 직면하고 이를 면하고자 인가를 찾았으나 찾지 못하고 있다가 "연긔"가 나는 곳을 따라 "산곡"으로 들어가서 인간세계와는 멀리 떨어져 있는 암자를 찾아들게 된다. 이 암자는 특별한 목적을 위해 설정된 공간의 성격이 짙은데 이제까지 해결하지 못했던 선옥을 찾는 일이 해결될 수 있는 가능성을 충분히 내포하고 있는 공간임이 암시된다.

이곳은 "양 산이 좌우로 우이ᄒ여 동구되어스믜 긔암괴셕은 샤름을 늬다라 칠듯하고 동구의 다ᄅᄃ니 지광이 불과 일후지지"(120)인 데다 "산고곡심ᄒ며 비금쥬슈라도 별노 왕늬치 아니ᄒ믜 가위 별유천지요 비인간이며, 쵹도란이 어렵다 ᄒ나 이와 같던 못ᄒ리라. 잠총 어부 망연ᄒ나 이곳 가치 젹막ᄒᆯ가? 아마도 천지긔벽 후로 셰상의 인연을 통치 아냣도다"(120)라는 곳이다. 어사가 이 공간을 발견해 내기 이전에는 선옥을 찾기 위해 전국을 빠지지 않고 찾아다녔을 텐데 그 과정에서 선옥을 어디에서도 찾지 못했으니 이곳에서 분명히 선옥을 찾을 수 있을 것이라는 암시를 받을 수 있다. 또한 이런 세상과 동떨어진 곳에 선옥이 피해 있었기 때문에 찾아내지 못한 것은 당연하다고 할 수 있다. 어사는 그곳에서 "모양이 우여ᄒ고 긔골이 수여"한 데도 "샥발"(122)을 하고 중노릇을 하고 있는 한 사람을 만나 이야기를 주고받다가 "용모를 ᄌ셔이 살펴보니 안동 가션옥과 다름이 업"(122)는 사람을 찾게 된다.

선옥은 자신의 정체와 여기까지 오게 된 이유를 좀처럼 밝히려 하지 않고 숨기려고만 한다. 선옥의 자세를 바꾸기 위해 어사는 선옥과 얽힌 사건을 이야기하여 선옥의 동정을 살피고 난 이후에 절의 주지에게 산천을 구경하려고 하는데 지로승으로 선옥을 데리고 가기를 청하여 허락받는다. 그 과정에서 두 번 노래를 불러 감정을 북돋아 놓아도 선옥은 자신이 왜 이렇게 세상을 벗어나서 불도에 의탁하여 살아가는가를 밝히지 않는다. 자신이 선옥이라고 밝히고도 "삭발"한 이유에 대해서는 "은휘하고 다만 미친 마음이 불법을 사모ᄒᆞ여” 한 행동이라고 둘러댄다.

선옥의 마음을 돌려놓기 위해 설득하려는 어사의 논리에는 왕의 은혜가 모든 것에 선행한다. 어사가 선옥을 설득하는 데에는 “셩샹의 아혹ᄒᆞ시미 업게 ᄒᆞ미 신ᄌᆞ의 도리요, ᄯᅩ한 부모의 고혹ᄒᆞ믈 ᄭᆡ닷게 ᄒᆞ미 ᄯᅩ한 ᄌᆞ식의 힝실이라”는 이유가 자리잡고 있다. 이 말을 듣고서야 선옥은 그 사이에 자신이 어떻게 하여 집을 나오게 되었는지를 밝히게 된다. 가출의 이유로 제시된 것은 집에 내려와 처가 있는 곳에 이르렀으나 그곳에서는 “우슴 소ᄅᆡ와 슈작이 난만ᄒᆞ거늘 갓가이 나아가 ᄌᆞ셔이 듯ᄉᆞ오나 다만 냥인이요, 그 일인은 곳 남ᄌᆡ라”(140)는 점이다. 가출 이유를 두고도 어사의 반응은 이 씨의 행동에 추호의 의심도 두지 않고 선옥의 “지감(142)”이 없는 것을 꾸짖으면서 “니시 긋ᄃᆡ 만일 불미한 힝실이 이셧스면 이졔 어이 가선옥을 아라보고 졍졀을 직희다가 그여의 시가의 ᄂᆡ친 ᄇᆡ 도여도 원망이 업고 ᄒᆞᆫ 죠각 어름 가탄 아음은 죽기로ᄊᆞ 고치지 아니하리요?”라면서 절대적인 지지의 입장에 서 있다.

어사와 이 씨 부인의 행동에는 옳은 것을 위하여 목숨을 버릴 수 있으며 이런 신념에 따른 행동이 현실 모순을 극복할 수 있는 유일한 길임을 강조한다. 따라서 이 씨 부인에 대한 어사의 전폭적인 지지는 실상 어사 자신의 행동방식이 아무런 단점이나 보완해야 할 점도 없고 현실의 모순을 바로잡는 데 절대적인 기준이 될 수 있다는 믿음과 신념의 다른 표현이다. 만약 이런 것이 없었다면 선옥의 말을 듣고 실상을 알아보려고도 하지 않고 일방적으로 선옥의 말을 무시하고 이 씨의 논리만을 두둔하지는 않았을 것이다. 그런 의미에서 온 집안 식구가 모인 가운데 진·가를 확인하기 위해 어사와 이 씨 부인이 주고받는 대화는 그들의 신념이 얼마나 확고한 기반에 근거하는지를 보여준다. 이 씨는 부부의 도리도 유교윤리의 엄연한 덕목으로 자리잡고 있어서 결코 무시할 수 없는 것임을 강조하면서도 부부간의 윤리는 "부ᄌ지졍을 ᄯ르지"(150) 못한다는 위계질서를 인정한다. 이 씨 부인은 어사의 윤리의식과 한 치도 어긋나지 않는다. 자칫 기존의 윤리와 심각한 대립을 일으킬 수 있는 판단을 내리고 그것에 따라 행동을 할 수 있는 여지가 충분한 상황에서 이 씨는 한발 물러서 기존의 윤리를 묵수하는 인식을 한다. 이렇게 함으로써 자신이 하는 행위는 시아버지로 대표되는 부자유친의 논리에 따라 선옥을 자식이라고 판단하는 윤리와는 정면으로 배치되지 않고 부부의 윤리가 부자의 윤리에 앞서 가거나 부정하지 않으며 그 밑에서 있다고 한다. 여기에 이르러서야 이 씨가 가짜와 진짜를 판단하는 기준이 무엇인지가 이 씨의 직접적인 언급을 통해서 어사에게 알려진다. 이 씨는 "가부의 압니에는 츔ᄭᅵ만 ᄒ 푸른 졈이 잇사오미 아오"(156)라는 지극히 미미하고 하찮은 판단 근거에 따라 지금까지 남편이 아니라고 해 왔음을 알린다.

이 씨는 가출이유를 두고 머뭇거리는 선옥과는 대조적으로 적극적으로 나선다. 왜 가출하게 되었는지를 밝히는 몫은 선옥에 맡겨진 일이었지만 그는 선뜻 나서서 자신의 가출 이유를 밝히지 못한다. 그에 반해 이 씨는 가출 이유를 밝히는 데에도 적극적으로 나서고 오해를 풀기 위해서도 적극적으로 나선다. 이 씨가 남편이 오해하고 있는 부분에 대해 재판정에 나와 있던 증인을 내세워 실상을 밝히

자 남편은 "쥬가의 지혜업슴과 빙셜 가탄 낭쥬를 의혹ㅎ던 일과 낭
쥬의 축츌ㅎ던 일을 일일이 싱각ㅎ니 후회막급이라"(158 - 160) 하
면서 자신의 잘못을 뉘우친다. 진짜 선옥이 부모 앞에 나가 선옥이
라고 주장해도 부모는 진실을 알아내지 못하고 더욱 혼란해한다. 자
신을 알아보지 못하는 아버지에 대해 선옥은 서운해하지 않고 그럴
수 있다고 하면서 자신이 잘못해서 모든 일이 일어났다고 후회하는
모습만을 보여준다. 모든 사실이 밝혀지고 자신이 지은 죄에 따라
벌을 받는 것으로 진·가 확인의 과정은 끝이 나고 이후에는 선옥
의 영웅적인 행위가 부각되어 나타난다.

　요컨대, 이 작품은 앞과 뒷부분은 작품의 주된 부분으로 취급될
수 없고 중간에 놓인 진·가 확인에 작품의 주지가 놓여 있다. 작
품은 진·가 확인형 소설유형에 따른 요소들을 중요하게 유지하면
서 그것이 작품의 구조를 전적으로 통어하지는 못하고 두 소설의
요소가 어색한 혼합을 이루고 있다. 진·가 확인의 요소가 강하게
작용하였지만 작품의 주지를 이루는 선까지는 나아가지 못했다는
평가가 가능하다.

3. 가치의 진·가 확인형

가치의 진·가 확인형은 진짜와 가짜를 판단하는 기준이 가치에 두어져 있다. 이 유형의 작품은 진짜와 가짜에 대한 판단이 확연하게 내려지지 않고 보다 의미 있는 가치가 무엇인지를 찾아 나가고 그것에 기준하여 바른 가치를 추구하면 진짜로 바르지 않은 가치를 추구하면 가짜로 치부한다. 그런데 이런 가치는 어느 것이 보다 올바르고 올바르지 않느냐가 확연하게 판결되지 않을 가능성도 높다. 가치는 시대나 상황에 따라서 평가가 달라질 수 있으며 진짜와 가짜를 판결하는 데도 일정하게 적용될 수 없다. 작품에서는 가치를 추구하는 인물을 진짜와 가짜로 확연하게 나누어 판결하는 데 따른 어려움이 나타난다.

이 유형은 인간을 가치를 기준으로 하여 판결한다. 진짜와 가짜를 확인하는 과정에서 신체적인 조건이나 현실적인 신분은 중요하지 않다. 신체적인 조건의 유무와 그것의 합치 여부 및 현실에서의 신분에 맞는 행위를 하는가 하지 못하는가는 인간의 정체를 확인하는 기준으로 중요함에도 불구하고 여기에서는 올바른 가치를 누가 추구하느냐가 판단의 기준으로 작용하고 있다. 보다 올바른 가치를 추구하면 진짜라고 보고 올바르지 못한 가치를 추구하면 가짜라고 본다.

판단의 과정에서 작품에는 매개자가 등장하여 진짜와 가짜가 어떻게 충돌하고 갈등을 겪는지를 지켜보면서 그들에게 문제된 점이 무엇인지를 부각해 놓는다. 매개자는 사실의 진·가 확인형에서도 나타나나 주제를 밝히는 역할을 하지 못한다. 사실의 진·가 확인형에는 관가가 중요한 확인의 매개자로 등장하고 있으나 관가가 나서서 진짜에게 어떤 가치를 요구하지 않는다. 그러나 가치의 진·가 확인형에는 매개자가 나서서 어떤 가치를 추구해야 하는지를 제시한다. 그만큼 이 유형의 소설에서는 매개자가 중요하게 부각되어 있다.

「옹고집전」에는 매개자로 중과 관가가 등장한다. 이들 가운데 매개자의 역할로 중요한 기능을 수행하는 것은 중이다. 왜냐하면 중은 진짜와 가짜의 실상을 더욱 정확하게 파악하고 사건에서 더욱 중요한 역할을 수행하기 때문이다. 관가는 잘못된 판단을 하여 진짜를 가짜로 판결해 버려 현실실서를 파괴민 히고 이를 다시 고치기 위한 어떠한 행동에도 나서지 않는다. 실상을 왜곡만 해 놓았지 왜곡을 해결하고 그 기반에 자리하고 있는 근본적인 문제를 해결하는 데도 소극적이기만 하다. 그러나 중은 그렇지 않다. 잘못된 현실을 바로잡기 위해 진짜를 개과천선시켜 올바른 사람으로 만들어 놓기 위해서 그에게 시련을 가하고 그 시련을 해결할 수 있는 방법도 안내해 주어 매개자의 기능을 적극적으로 수행한다.

「양반전」에는 매개자로 정선양반의 아내가 등장한다. 그녀는 현실에서는 양반이지만 빌린 환곡도 갚지 못하는 정선양반의 무능을 비판한다. 아내의 비판과 감사의 독촉을 듣고도 정선양반은 자신의 어려움을 해결할 방도를 찾지 못하고 무능력하게 대처한다. 소식을 들은 천부가 양반이 되고자 정선양반의 빌린 환곡을 갚아주고 양반의 신분을 산다. 이때부터 정선양반은 양반이 아닌 사람으로 취급되고 천부는 양반으로 인정받는 과정에 접어든다. 정선양반과 천부는 사회적 신분으로 보아서는 진짜와 가짜로 확연하게 구분된다. 그런데 이런 신분위계는 아무런 의미가 없다. 정선양반은 현실의 어려움을 해결할 방도를 전혀 찾지 못하여 가짜이고 천부는 현실의 어려움을 손쉽게 해결하고 진정한 가치를 추구하는 진짜로 취급된다.

환곡을 갚아준 천부의 행동에 대해 군수는 매개자로 나서서 가치를 매긴다. 군수는 그의 행동이 불려온 가치에 초점을 맞추어 칭찬한다. 그의 행동은 '군자'의 가치에 준하고 있고 '양반'의 가치에도 부합한다. 이런 점에서 본다면 이 작품은 가치를 진짜와 가짜를 판결하는 중요한 기준으로 삼고 있다 할 만하다.

군수는 진짜와 가짜가 누구인지를 정확하게 판결해 준다. 군수는 천부가 진짜이고 정선양반이 가짜라고 한다. 군수는 다시 이런 천부가 진짜 양반이 되기1 위해서는 문권에 제시된 행동을 따르는 것이 필요하다고 요구한다. 문권에는 양반의 행위규범이 어떠해야 하는지가 제시된다. 이런 요구에 대해 천부는 거부를 하고 자신의 길로 가 버림으로써 진짜가 되기 위해서는 가치의 추구가 무엇보다 필요하다는 관점을 고수한다.

「호질」에는 매개자가 다양하게 나타나 북곽 선생의 정체를 밝히기 위해 나선다. 매개자로 나서는 인물은 호랑이, 과부, 과부의 다섯 아들, 농부 등이 있는데 이런 매개자는 북곽 선생의 진정한 실체를 드러내기 위해 등장한 것이다. 확인의 과정에서는 북곽 선생은 가짜이고 호랑이는 진짜인 듯이 보인다. 그러나 최종적인 단계에 이르면 진짜와 가짜를 밝히기 위한 노력들이 모두 수포로 돌아가 버리기도 한다. 왜냐하면 결정적인 판단의 순간에 등장인물은 모두 판단을 유보하고 자신의 원래 자리로 돌아가 버리기 때문이다. 호랑이는 북곽 선생과 다른 점을 다양한 논리를 드러내고 있지만 진짜로 확실하게 결정되는 것은 아니다. 북곽 선생도 겉모습만 그럴 듯하고 속 모습은 전혀 겉과 부합하지 않아 가짜인 듯도 하지만 가짜로 결정되지는 않는다. 이 작품에서 진짜와 가짜를 나누는 결정적인 매개자는 진짜와 가짜에 대한 확연한 기준을 마련하여 인물에게 이를 적용하지 않는다.

1) 판결 확정형: 「옹고집전」

「옹고집전」은 이본에 따라 진·가 확인 후에 진짜와 가짜가 취하는 행동이 다르다. 집에서 진·가를 확인하려고 하나 결정을 내지 못하자 관가에 가서 재판을 통해 결정을 내기로 하고 관가로 가서 몇 가지 질문과 대답을 통해 진·가를 확인하려는 것까지는 거의 모든 이본이 똑같다. 물론 여기까지 이르는 과정에서도 몇몇 장면에서 차이가 나타나기도 한다. 그런 차이는 작품의 구조에까지 영향을 줄 정도로 중요하지 않고 미미한 수준에 머물고 있어 일일이 문제삼을 것까지는 없다. 그런데 진·가가 관에서 결정이 나고 가짜가

진짜의 죄를 용서해 주기를 바라는 부분이 나타나는 이본으로부터
가옹이 적극적으로 작품 전면에 부각되고 있는 이본이 있다. 이 부
분은 눈여겨보아야 할 변화로 작품의 구조를 바꾸는 데 결정적으로
영향을 미치고 있다. 이런 부분이 나타나는 이본은 '박순호 30장본'
과 '최래옥본'이다.

이 이본은 「옹고집전」의 계통을 나누는 데 결정적인 작용을 하는
이본의 하나로 볼 수 있다. 왜냐하면 이 사건 이후에 나타나는 사
건이 결정적으로 차이를 보이기 때문에 이것만큼 확연하게 계통을
나눌 수 있을 만큼 중요한 사건은 달리 없기 때문이다. 이 두 이본
에는 공통적으로 이어지는 사건에서 가짜는 활인구제에 힘을 쓰고
재산을 물 쓰듯 하며 진짜는 이런 소문을 듣고 직접 가짜를 찾아가
나 스스로 집으로 들어가지 못하고 있는데 가짜가 하인을 보내어
진짜를 데리고 오라고 하여 일장 훈계를 내리는 식으로 구성되어
있다. 가짜는 훈계를 통해 진짜를 개과천선시키기 위한 분명한 의지
를 내보인다. 다음의 인용부분은 이런 의지를 여실히 보여준다.

> 늬가 혈혈단신으로 젹수셩가ᄒ엿기로 젼곡간에 과연 익길쥴만
> 아라던이 늬빈왕객 접딕상과 만가동영 유결픽을 강독이 박딕ᄒ여던
> 이 인심부득 절노 되야 이런 지변이 난듯 시푸온이 사람되고 기과
> 쳔션 못ᄒ올소야 오늘보톰 지물과 곡식을 훗처 왈린구제ᄒ리라.108)

---

108) 월촌문헌연구소, 『옹고집견이라』(『박순호소장 한국필사본 고전소설
　　자료총서』36, 1986.), 664-665면. 앞으로의 인용 면수는 본문에 넣
　　어서 표시하고자 한다.

가짜는 진짜의 자리를 차지하고 나서 진짜가 어떤 점을 잘못하였는지 철저하게 반성하고 있다. 이런 의식은 가짜 자신이 진짜에게 어떻게 바뀌었으면 좋겠는가 하는 희망을 담고 있는데 가장 중요한 것은 개과천선을 하였으면 좋겠다는 것이다. 이런 의식을 가진 가짜의 위상이나 평가는 다른 이본과는 전혀 다르게 격상되어 있다. "옹생원은 인심조탄 말리 낭자"(665)할 정도에 이르렀다. 참옹가는 "전전걸식"(665)을 하다가 옹생원이 "화린구제"(665)한다는 말을 듣고도 아직 자신의 처지가 어떻게 몰락하게 되었는지 그 이유를 근본적으로 반성하지 않고 "나무 직물 갓고 제 마음되로 쓰난 놈언 엇던 놈의 팔즈"(666)이던가라고 불만을 터뜨린다. 이에 반해 집옹가는 도술을 부려 근처에 참옹가 와 있는 줄을 알고 사환에게 거짓 옹가가 "비도 고프고 기흔을 견디지 못ㅎ야"(667) 찾아왔으니 데리고 오라고 명령하여 데리고 온 참옹가를 앞에 앉히고 인사를 한 후에는 다음과 같은 훈계를 하여 옹고집의 개과에 적극적인 역할을 수행하는 인물로 기능한다. 가짜가 중요한 역할과 기능을 수행하는 인물로 부상한 반면에 진짜는 어떤 구체적이고 능동적으로 자신을 변화시키려는 노력을 전혀 하지 않는 인물로 기능한다. 진짜는 진·가가 확인된 뒤에도 어떤 변화도 하지 않고 남을 탓하기만 급급하여 문제가 왜 발생했고 문제를 해결하기 위해서는 어떻게 대처하는 것이 올바른지를 알지도 못한다. 반면에 가짜는 옹고집이 찾아왔음을 알고 다음과 같이 진짜를 앞에 두고 자신의 할 말을 서슴지 않는다.

우리 절 도승이 날을 보늬여 묘하신 불법으로 가라쳐셔 너의 죄

목을 자바 아조아조 죽여 세상의 네히 영힝조 죄업게 ᄒ야 셰상
사람으게 모범이 되게 ᄒ라 ᄒ시거날 너날 두시 셰상에 니여 보니
게난 니의 어진 용심으로 살일거시이 이만ᄒ도 후싱으게 너갓탄 힝
실알 증습이 될 듯 시푸온이 니후난 아무쪼록 기과ᄒ라.(668)

위와 같이 가짜는 작품 전개에 영향을 미치는 인물로 부상하여
진짜의 개과천선에도 적극적인 역할을 수행하는 인물로 독립적인
인격체로 바뀌어 있다. 가짜 옹고집은 도승이 행하고자 하는 벌과도
다른 방식으로 옹고집을 벌하고자 한다. 도승이 "잡아 아조아조 죽여"
"세상의 네히 영힝즈 죄 업게 ᄒ야 셰상 사람으게 모범이 되게 ᄒ라
ᄒ시"(668)는 방법을 사용하고자 한다면 가짜 옹고집은 "니의 어진
용심으로 슬일 거시이 이만ᄒ도 후싱으게 너갓탄 힝실알 증습이 될
듯 시푸온이 니후난 아무쪼록 기과ᄒ"(668)는 목적에서 벌을 내린다.
　'최래옥본'과 '박순호 30장본'은 거의 같은 사건전개를 보인다.
최래옥본에는 옹고집이 불효의 성격은 그렇게 강하게 지니지 않고
물려준 재산을 아끼는 경제적 관념에 투철한 인물로 제시된다. 어머
니의 병구완을 하지 않는 것은 윤리적인 측면에서 비판받아야 할
일로 취급되지 않고 경제적인 측면에 따른 일로 다루어진다. 어머니
는 아들이 자신을 병구완하지 않은 이유는 단지 너무 돈을 아끼기
만 할 줄 알고 쓸 줄 모르는 아들의 성격 때문이라고 하고 있다.
즉 봉사를 데려다 경을 읽고 무녀를 불러서 기도를 하며 약 한 첩
이나 개 한 마리를 사오는 것도 그렇게 큰돈이 드는 일이 아닐 것
인데 아들을 이런 일을 하지 않는다는 불평이다. 어머니의 불평을

듣고 옹고집은 "엇던 연놈더리 병든 스람 귀여 되고 약 한 첩 돈 반 하고 기 한 마리이 흔 양 안즉ㅎ고 슌단 말을 ㅎ엿ㄴ고"109)라고 불만을 터뜨리고 있다. 이와 같이 옹고집에게는 윤리적인 측면보다는 경제적인 측면을 중시하는 성격이 부각되어 있다. 작품에는 옹고집의 윤리적인 측면에서의 부정적인 요소를 극도로 표현되지 않았는데 "셩졍도 고약ㅎ다"(351)라는 서술자의 직접적인 언급 정도로 제시되는 데 그쳤다. 불효와 성정의 단점은 비중 있게 다루어지지 않는 대신에 학승과 그에 따른 징치는 비중 높게 다루어진다.

중에 대한 학대는 도승에게도 예외 없이 자행된다. 옹고집은 평상시에도 중을 싫어하였으니 도승이라고 하여 학승의 대상에서 제외될 수는 없고 오히려 자신의 성격을 유감없이 내보일 대상을 찾아낸 듯이 행동힌다. 이에 뒤지지 않고 도승도 옹고집의 진상을 파악하기 위해 시주까지 요구한다. 그들 두 사람 사이에는 민남에서부터 미묘한 긴장관계가 성립되고 있다. 도승은 옹고집에게 관상을 봐준다는 하면서 옹고집의 화를 고의적으로 돋우고 있으며 옹고집은 이에 뒤질세라 도승에게 매를 쳐서 내쫓고 있다. 매를 맞고 내쫓김을 당하는 도승은 "졀통ㅎ 분을 졔요 참고(363)" 절로 돌아와서 여러 제자들과 징치 방법을 의논한 후에 "조흔 집으로 허슈아비"를 만들어 징치에 나선다.

이들 두 이본에는 경제적 측면이 작품구성에 중요한 요소로 작용하고 있다. 집옹생원이 옹고집이 집에 없는 사이에 들어가 진짜 행

---

109) 한양대한국학연구소, 『옹고집견이라』(『한국학논집』11, 1986.), 350－
    351면. 앞으로의 인용 면수는 본문에 표기해 두기로 한다.

세를 하니 진짜가 돌아와 하는 말에도 이런 생각이 나타난다. 옹고집은 "네 이놈 걸식을 왔든가 지반찬의 밥 흔 슐 어더 먹고 갈거시제, 너ㄹ 영남 거부라 말을 듯고 너세간을 탈취ㅎ고즉 하니 그놈 강도 도젹놈"(358)이라고 하여 이런 일이 일어난 바탕에는 경제적인 측면이 자리잡고 있음을 내비친다. 이와 같은 측면은 진·가를 관청에서 확인하는 과정에서 집안 세간에 대한 장황한 서술에서도 확인할 수 있다. 이 부분은 무려 4면에 걸쳐 서술되고 있어 너무 장황하다고 판단할 수 있지만, 경제적 측면을 강조하려는 작자의 의도로 효율적으로 드러나고 있다고 하겠다. 가짜 옹고집의 세간을 자세히 듣고 "너 형세 미우 부즈로딕"(370)는 반응을 보이는 데에도 이런 일면을 드러내는 데 일조한다. 집옹가가 자신의 4대조 할아버지의 가계를 정확하게 말하여 진짜로 판별난 뒤에 "만일 민의 불힝무식ㅎ옵고 관가이 명빅지 아니시면 천이셕 조흔 셔간을 저 즈식게 앗길변ㅎ엿"(370)다고 하여 경제적인 측면으로 이런 위기를 인식한다.

진짜로 판결난 자는 가짜로 판결난 자를 풀어줄 것을 요청하고 자신의 집에서 심부름을 하는 사환으로 있어 보는 것이 어떠하냐고 제안을 할 뿐만 아니라 종과의 결혼도 주선해 주고자 한다. 진짜는 가족으로부터 소외되어 있기는 하지만 주체적으로 나서서 자신의 잘못을 뉘우치지 않는 반면에 가짜는 진짜와 관계를 맺으면서 진짜의 개과에 적극적으로 간섭하고 능동적으로 기능을 수행하고자 한다. 진짜가 어떤 과정을 거쳐 개과를 하였는지 보여주는 데에서 나아가 가짜도 어느 정도 진짜의 성격변화에 영향을 미칠 수 있는 인물로 바뀌어 있다. 가짜는 진짜로 판결난 뒤에 집에 돌아와서 옛날의 자신의 행위가 무엇이 잘못되었는지를 반성하고 완전히 다른 삶을 살고자 다짐한다. 가짜 옹고집이 한 말은 자신의 과거를 반성하고 이것을 바꾸어 어떻게 하는 것이 올바른지를 보여준다.

> 내가 혈혈단신으로 졀슈셩가ᄒ여긔로 전곡간의 읙길 쥴만 아라
> ᄂᆡ빈왕직 졉듸 상관인관 홍영걸승, 감득키 밧듸하엿더니 인심불측
> 저로 되야 이러흔 변이 낫ᄂᆞᆫ 듯 시푸니 사람되고 ᄀᆡ과천심 못홀
> 수가 잇ᄂᆞ야(375)

위의 언급은 실상 가짜가 자신에게 하는 말이라기보다는 진짜가 이렇게 마음을 바꾼다면 얼마나 좋겠는가 하는 희망을 피력한 것으로도 볼 수 있다. 그러나 진짜는 자신이 어려운 처지에 떨어진 이유가 무엇인지 생각지 않고 "걸식"하다가 가짜가 "활인규져"(375)한다는 말을 듣고 "분심"을 내면서 "이젼 ᄂᆡ집 망종 보고 죽으리라"(375)라는 마음을 가지고 집을 찾아온다. 가짜는 진짜보다 훨씬 높은 능력을 발휘하면서 진짜의 개과를 돕고 있다. 진짜는 가짜가 잔치를 베풀었다는 소문을 듣고 마을 뒤에까지 왔으나 부끄러워 들어가지 못하고 눈물을 흘리고만 있다. 이런 사정을 잘 알고 가짜는 사환을 보내어 데리고 오라고 하는 등의 역할을 잘 수행해 낸다.

이와 같이 두 이본은 가짜가 역할이 강조되고 하나의 독립된 인격체로 격상되어 있다는 점에서 같은 선상에 놓을 수 있다. 이 이본들에서는 진짜의 개과가 가짜의 훈계와 도움에 의해 이루어진다. 두 이본을 제외한 거의 모든 작품들은 진짜가 가짜로 판결난 이후

에 떠돌이 생활을 하는 와중에 스스로 자신의 잘못을 뉘우치는 과정을 겪는다. 개과천선의 주도적인 인물은 진짜일 뿐이며 자신을 어려움으로 몰아넣었던 초월적인 존재가 나서서 가짜를 없애주는 방법을 알려 주어 겨우 자신의 원래 자리를 회복할 수 있을 따름이다. 개과천선은 스스로의 힘으로 이루었으나 현실에서의 원래 상태로의 회복에는 다른 존재의 도움을 필요로 하는 것이다. 원래 자리를 회복하기 이전의 옹고집은 이미 자신의 과거 행동을 어느 정도 반성을 하여 완전한 반성의 단계로 접어들기 위한 기초를 놓아둔 상태였다. 이와 같은 구성을 취하는 이본은 '최래옥본'과 '박순호30장본'을 제외한 모든 이본들이 모두 그렇다. '김삼불본', '박순호 33장본', '연세대본' 등이 대표적으로 이런 구성을 취하는 작품들이다.

2) 판결 유보형: 「양반전」

이 작품에는 진짜와 가짜를 판결하는 군수가 등장한다. 그러나 군수는 진짜와 가짜에 대한 애매하고 혼란된 판결을 한다. 그는 진짜와 가짜가 어떠해야 하는지에 분명한 입장을 보여주어야 하는데 그렇게 하지 않고 어느 쪽도 진짜가 될 수 있다는 입장을 취한다. 이런 점에서 판결을 유보하는 유형이라 할 만하다.

정선양반과 천부라는 인물이 양반은 어떠해야 하는지를 두고 갈등을 벌이며 이를 매개하는 인물로 군수가 나타난다. 군수 이외에도 매개 인물로는 정선양반의 처, 감사, 사농공상의 마을 사람들 등이 등장하고 있지만 이들은 진짜와 가짜의 판결에 결정적인 역할을 담당하지 못한다. 결정적인 판결을 담당하는 인물로는 군수가 있으나 군수의 판결도 천부에 의해 거부됨으로써 어느 주장도 관철되지 않는다.

정선양반이 처한 상황을 그의 처는 비판의 입장으로 바라본다. 처는 정선양반이 환곡을 갚지 못해 어쩔 줄 몰라 하자 "양반, 양반 한 푼어치도 안 된다."110)라는 평가를 내리는데 이에는 현실적인 능력이 있느냐 없느냐가 중요하게 작용하고 있다. 이런 평가는 감사의 시각과도 일정하게 맥이 닿아 있다. 감사는 정선양반이 환곡을 빌려가 갚지 않은 것을 알고 그를 가두라고 명령을 내린다. 감사와 정신양반의 처는 정선양반의 가치는 중요하게 여기지 않고 빌려간 환곡을 갚지 못하는 점만 중요하게 여긴다. 정선양반이 "어질고 글 읽기를 좋아한"111) 것은 아무런 의미를 지니지 못한다.

그러나 이런 평가 방법에 대해 이의를 제기하는 인물로 군수가 나선다. 군수는 정선양반이 환곡을 모두 갚은 사정을 알고 어떻게 된 것인지를 알아보려고 정선양반을 찾아가서 그가 아주 초라한 행색을 하고 길에 엎드려 소인이라 칭하는 모습을 보고 이를 해결해 준 천부에 대한 칭찬을 늘여 놓는다. 천부는 부자이기는 하지만 양반이 아니기 때문에 받는 온갖 부당한 대우를 극복하고자 양반의 신

---

110) 朴趾源, 「兩班傳」, 『燕巖集』 권8(앞의 책), 123면. "咄, 兩班兩班, 不直一錢."
111) 朴趾源, 「兩班傳」, 『燕巖集』 권8(위의 책), 122면. "賢而好讀書."

분을 사려고 정선양반의 환곡을 대신 갚아준 것인데도 이를 중시하지 않고 자신의 판단을 중시하여 천부를 높인다. 그의 평가에는 천부가 가치 있는 행동을 했다는 것이 중요한 잣대로 작용하고 있다.

> 군자로구나 부자여. 양반이로구나 부자여. 부자이면서도 인색하지 않으니 의로운 일이요, 남의 어려움을 도와주니 어진 일이요, 비천한 것을 싫어하고 존귀한 것을 사모하니 지혜로운 일이다. 이야말로 진짜 양반이로구나.[112]

군수의 인물에 대한 평가는 가치에 두어져 있다. 군수는 의미 있는 인물의 행위를 한 천부를 사회의 공인을 얻어 주어야 한다고 보고 이를 통과한다면 더욱 가치 있는 양반이 될 수 있다고 믿는다. 그러나 이런 요구에 대해 천부는 거부를 보이면서 자신에게 이롭게 고쳐주기를 요구한다. 이롭게 고친 문건에도 가치를 추구하는 삶은 어디에도 없다고 보고 천부는 이를 거부한다. 이런 문건에는 가치를 실현하는 방법에 대한 의견이 팽팽하게 맞서고 있다.

작품에서는 천부와 군수가 대립을 하고 있다. 대립의 결과로 어느 쪽이 승리하지도 못하고 각자의 의지나 가치를 확인하는 선에 머문다. 천부는 환곡을 대신 갚아주고 양반의 신분을 획득하고자 했으나 자신의 가치에 맞지 않은 행동규범을 요구하는 군수의 제안을

---

112) 朴趾源,「兩班傳」,『燕巖集』권8(위의 책), 123면. "君子哉, 富人也, 兩班哉, 富人也. 富而不吝, 義也, 及人之難, 仁也. 惡卑而慕尊, 智也, 此眞兩班."

거부하고 가치를 지키려고 한다. 그는 양반이라는 신분도 중요하지만 자신의 가치를 저버리면서까지 이를 추구해야 한다고는 여기지 않는다. 군수에게서 진정한 군자와 양반이라는 칭찬을 받고 군수가 제공하는 문권을 따른다면 그는 명실상부한 양반이 될 것인데도 불구하고 이를 거부한 것이다. 이런 천부의 행동은 진정한 인간이 가지고 있어야 할 가치를 중시하는 태도에서 나왔다고 할 수 있다. 그러나 가치만 추구한다고 하여 진짜 양반이 되는 것은 아니다. 천부가 한 행동의 가치를 따졌을 때 그는 당연히 진짜 양반으로 대접받아야 하지만 진짜가 되기 위해서는 사회적 규범에 맞는 행동이 필요하다. 이런 요구를 군수는 천부에게 하고 있다.

군수는 제1문권에서 양반으로서 가져야 할 자질이 어떤 것인가를 제시한다. 하지 말아야 할 행동과 해야 할 행동을 제시하면서도 그것의 기반에는 가치가 내재되어 있다. 이런 행동에 대해서 군수는 일반적으로 양반이라면 지킬 수 있는 품행이라는 판단을 하였기에 가치를 실현한 천부가 행할 수 있다고 보아 제시한 측면이 짙다고 보아진다. 그는 가치 있는 행위를 한 천부가 이런 행동쯤은 당연히 할 수 있을 것이라 믿고 제시한다. 모든 품행이 양반에 어긋남이 있으면 이 증서를 가지고 관에 나와서 변정해야 한다는 요구는 이런 점에서 당연히 제시될 수 있다. 그렇다고 하여 천부의 행동이 가치를 추구하지 않는 것이라고 할 수는 없다.

군수가 제시한 제1문권은 천부에 의해 거부되고 제2문권이 제시된다. 이런 과정에서 천부는 나름의 기준에 의해 진짜가 되기 위해서는 무엇이 중요한지를 모색하며 군수는 군수대로 진짜가 되기 위해서는 무엇이 중요한지를 제시한다. 이런 과정에서 그들은 견해의 차이가 있음이 드러나고 화해하지 못하고 만다. 군수는 가치가 개인 적 기준에 의한 것이 아니라 사회적 규범에 의해 인정받아야 한다 고 하며 천부는 개인적 기준에 의하면 되지 사회적 규범에 의해 뒷받침되는 과정이 필요하지 않다고 한다. 그런 만큼 그들의 갈등은 너무나 자명한 논리적 순서의 차이에 말미암은 것이기 때문에 쉽게 해결의 기미를 찾지 못한다. 제1문권과 제2문권에 제시된 진짜의 모습은 가치를 추구하면서 그것이 사회의 다른 사람들에게 요구하 는 형식으로 전개된다. 이런 생각은 박지원이 작품을 창작한 근본적 인 뜻을 설명한 논리와 일정하게 맥이 닿아 있다. 이런 생각에 근 거하여 작품을 읽어 나가는 시각이 필요하다. 작자는 이 작품의 의 미를 다음과 같이 설명하고 있다.

> 선비는 하늘이 준 벼슬이다. 선비의 마음이 뜻이 되는데 그 뜻은 어떠한가? 권세와 이익을 꾀하지 않으며 영달해도 선비 됨을 벗어 나지 않고 곤궁해도 선비 됨을 잃지 않는다. 이름과 절개를 닦지 않고 한갓 문벌과 지체만을 제물로 삼아 세덕을 팔고 산다면 장사 꾼과 무엇이 다르겠는가? 이에 「양반전」을 짓는다.[113]

위의 언급에서 작품에 대한 작자의 기본적인 관점이 드러난다. 작품의 주된 의미를 작자는 선비가 지녀야 할 가치가 무엇인지를

---

113) 朴趾源, 「放璚閣外傳」自序, 『燕巖集』 권8(위의 책), 118면. "士迺天 爵, 士心爲志, 其志如何, 不謀勢利, 達不離士, 窮不失士, 不飭名節, 徒 貨門地, 酤鬻世德, 商賈何異. 於是述兩班."

강조하는 데 두고 있다. 진짜 선비는 마음으로 뜻을 지녀야 하는데 영달해도 선비 됨을 벗어나지 않고 곤궁해도 선비 됨을 잃지 않는 것이 중요할 뿐만 아니라 이름과 절개를 닦아 현실에 얽매인 삶을 살아서도 안 된다. 오직 가치를 우선하는 삶을 살아가는 것이 진짜 선비의 중요한 자질이라는 것이다. 가치를 추구하는 삶을 살고자 하는 작자의 의도는 작품에서 중요 인물이 대립하는 요인을 제공한다.

천부는 보다 가치가 높은 삶을 추구하려는 의도로 양반이라는 신분을 사고자 한다. 그는 정선양반이 관곡을 갚지 못한다는 소식을 듣고 가족에게 자신의 의도를 밝히고 양반이라는 신분을 사게 된다. 이런 행동을 하려는 이유를 설명하는 언급에는 그가 추구하는 삶의 방향이 제시되어 있다.

> 양반은 아무리 가난해도 늘 존귀하게 대접받고 나는 아무리 부자라도 항상 비천하지 않느냐. 말도 못 하고, 양반만 보면 굽실굽실 두려워해야 하고, 엉금엉금 가서 정하배를 하는데 코를 땅에 대고 무릎으로 기는 등 우리는 노상 이런 수모를 받는다 말이다.[114]

양반은 가치 있는 삶을 살아가는데 자신들은 전혀 그러하지 못하다는 것이 양반을 사고자 하는 목적이다. 존귀하게 대접받고 비천하게 대접받는다는 것을 문제로 삼아 이런 처지에서 벗어나고자 양반

---

114) 朴趾源, 「兩班傳」, 『燕巖集』 권8(위의 책), 123면. "兩班雖貧, 常尊榮, 我雖富, 常卑賤. 不敢騎馬見兩班, 則跼縮屛營, 匍匐拜庭, 曳鼻膝行, 我常如此其僇辱也."

의 신분을 사는 방법을 동원해서라도 가치 있는 삶으로의 전환을 모색한다. 그러나 이런 모색은 군수의 가치와 만나면서 첨예한 대립을 겪고 더 이상 유지되지 못한다. 군수가 요구하는 조건을 듣고 천부는 그런 요구에 맞출 수가 없다고 인식하고 "나는 양반이 마치 신선과 같다고 들었는데 정말 이렇다면 너무 재미가 없는걸요."115)라고 하면서 가치를 추구하는 삶에 맞게 바꾸어 줄 것을 요구한다. 요구에 대해 군수도 포기하지 않고 자신의 제안을 한 번 더 제안한다. 결국 가치와 가치가 더 이상 화해를 위한 길을 찾지 못하고 서로는 서로의 길을 가는 것으로 마무리된다. 위와 같이 이 작품에는 진정한 양반은 어느 누구에게도 결정되지 않고 군수와 천부의 가치가 만나는 데에서 모색되어야 함을 강조한다.

3) 혼합형: 「호질」

「호질」의 구조를 논의하기 위해서는 이 작품의 어느 부분만을 다루어야 할 것인가를 결정해야 한다. 기존의 논의에서도 작품자체만을 다루는 것과 작품의 앞뒤에 붙어있는 부분을 - 이를 전지와 후지라고 한다. - 넣어서 다루는 두 가지 방법이 동원되어 왔다. 이 두 가지 방법 중에서 어느 하나만이 옳고 다른 것은 그르다고 판단

---

115) 朴趾源, 「兩班傳」, 『燕巖集』 권8(위의 책), 123면. "吾聞兩班如神仙, 審如是, 太乾沒."

하는 태도는 바람직하지 않다. 두 가지 방법은 「호질」이라는 작품을 분석하는 데 일정한 의의를 가진 것으로 융통성을 발휘하여 선택하는 지혜가 필요하다. 전자는 작품만을 중요하게 다루는 시각으로 기존의 작품론에서 당연하고 일반적으로 받아들이는 방법인데 거의 모든 문학 연구가 이런 방법을 택하고 있어 타당성을 확보하고 있다 할 만하다. 반면 후자의 연구방법은 전자만큼 일반적이지 않고 「호질」을 다루는 방법으로만 의미가 있다. 「호질」이 『열하일기』라는 여행기에 수록되어 있다는 점을 중시한다면 그 작품의 앞뒤에 붙어 있는 부분도 작품의 일부분으로 보아 분석하는 것도 의미가 있다.

「호질」은 「관내정사」 편에 수록되어 있다. 이 편은 산해관에서 연경까지 여행하는 동안 있었던 일을 기록해 놓았다. 기록된 시간은 7월 24일부터 8월 4일까지 11일 동안에 해당한다. 그 가운데 「호질」은 7월 28일 새벽에 옥전현이라는 곳에서 한 점포를 둘러보다가 음악소리에 이끌려 나이가 쉰 정도 되어 보이는 사람을 만나고 그곳에서 보게 된 奇文을 정진사와 함께 베껴 와서 이루어진 작품이다. 그런데 이 문장은 절세의 기이한 문장인데도 불구하고 지은이도 알려져 있지 않고 한쪽 벽에 걸려 있어 그 가치를 알아주는 사람이 없을 정도로 취급되고 있다. 지은이로 의심할 수 있는 사람이 심유붕인데 그는 자신이 이 작품의 지은이가 아니라고 두 번에 걸쳐 말하여 지은이의 정체를 더욱 모호하게 만들어 놓는다. 박지원은 의심을 계속하여 심유붕에게서 의문 나는 점을 묻는다. 그리고 습득경위를 묻게 되고 심유붕은 그것을 시장에서 구입한 것이라고 말한다.

우연히 발견하게 된 기문의 가치를 찾아내고 그것을 베껴 가려고 하니 심유붕은 나서서 그 가치가 무엇인지를 묻고 이에 답하는 형식의 글을 덧보탬으로써 이 작품을 통해 얻고자 한 작자의 의도는 드러난다.

사관에 돌아와서 베낀 부분을 훑어보니 베낀 부분 가운데 그릇된 곳과 빠뜨린 곳이 많아 전혀 맥이 닿지 않으므로 연암이 고치고 보충하여 한 편으로 만들었다는 설명이 뒷부분에 나타난다. 연암이 이 작품을 어디에서 보게 되었으며 그것을 어떤 경위를 거쳐 베껴 오게 되었는지 알려 준 부분의 내용은 어느 정도 사실의 기록일 가능성이 높다. 사실의 기록이 아니라면 이렇게 구체적이고 정밀한 정황 증거를 들어가면서 상황을 묘사할 수는 없었을 텐데 이에는 이런 부분이 구체적으로 묘사되어 있다. 물론 작자가 무슨 의도를 달성하기 위해 이런 부분을 허구적으로 꾸밀 가능성은 있지만 그것은 가능성으로 머물렀지 실제로 그렇게 하지 않은 듯하다. 또한 작품이 실려 있는 『熱河日記』가 여행기라는 점을 고려한다면 이 부분은 사실의 기록일 가능성이 높아진다. 왜냐하면 여행기는 작자가 여행을 하면서 보고 들은 바를 기록하는 문학이기에 사실이 기본이 될 수밖에 없는 것이다. 보고 들은 바를 기록하는 여행기는 사실과 관련을 맺지 않고 전혀 허구적인 상상력만으로 이루어질 수 없다는 기본 성격을 고려하면 이런 판단은 더욱 타당하다.

「호질」은 크게 3부분으로 나누어 고찰해 볼 수 있다. 작품 자체뿐만 아니라 작품의 앞·뒤에 붙어 있는 전지와 후지까지 넣어서 분석하더라도 세 부분으로 나누어 고찰하는 것이 가능하다. 그러나 세 부분이라는 틀에 얽매여 작품을 보는 시각을 국한시킬 필요는 없으며 다양한 관점으로의 연구시각이 필요한데 여기에서는 작품 서술의 순서에 따라 분석을 시도한다.

우선 호랑이가 작품의 첫 부분에 나오는 것은 의미심장하다. 호랑이가 진·가 가운데 어느 쪽일까를 따진다면 당연히 진짜의 부류에 넣어야 할 인물유형이다. 그런데 이 범은 사람이 아니라 짐승인데도 사람의 역할을 하는 인물보다 더욱 중요하게 다루어지고 있으며 작품을 이끌어 가는 데도 적극적인 기능을 하여 작품의 핵심적인 인물에 해당한다. 따라서 「호질」이라는 제목을 붙여서 작품의 주동인물을 호랑이로 삼는다는 것은 참으로 기발한 착상이라 할 만하다. 그렇다고 하여 북곽 선생이라는 인물의 비중이 이런 호랑이보다 무시할 성도로 가볍고 의미 없다는 판단은 옳지 않다. 호랑이 못지않게 북곽 선생도 중요한 의미를 지니며 호랑이와 다양한 관계를 맺으면서 존재하고 있기 때문에 그들의 관계가 지닌 의미를 파악하는 것이 작품의 핵심에 다가가는 하나의 지름길이 될 수 있을 것이라고 본다. 부정적이고 불완전한 인물유형을 긍정적이고 완전한 인물유형으로 변화를 시도했다는 점에서 겉으로 평가하는 인물의 유형에만 머무르지 않고 그들 사이의 관계가 전도되거나 회복되는 과정을 겪으면서 그들을 어떻게 바라보아야 할지를 반성하게 한다는 점에서 이 작품의 가치는 예사롭지 않다.

범이 먹을 것을 찾는다는 데에서 사건은 시작된다. 해가 저물 때에 범이 여러 짐승들을 모아놓고 어디서 어떤 음식을 먹을 것인지를 자신의 주위 동물들에게 추천하게 하니, 굴각은 사람을 먹을 것을 추천하고 이올은 사람 가운데 의원과 무당을 추천하게 된다. 의원은 "온갖 풀을 머금어서 살과 고기가 향기롭다."116)는 이유로 무당은 "날마다 목욕재계해서 깨끗하다."117)라는 이유로 먹이로 추천된다. 먹이의 추천은 뒤에 이루어지는 유자의 추천과도 맞닿아 있어 그 과정이 타당하게 전개되었고 뒷부분의 북곽 선생의 등장과도 자연스럽게 이어진다. 육혼이 추천한 먹이는 "碩德을 갖춘 유자"118)인데 추천을 받고 처음에 미미한 관심을 보이던 호랑이는 "그 맛이 순하지 못할 것이요"119)라든가 "딱딱하여 가슴이 체하거나 목구멍이 구역나지 않는다 말이냐."120)라고 하면서 맛을 의심한다. 그의 의심은 실제에 있어 더욱 심각한 행태로 저질러지는 북곽 선생의 행위로 인해 더욱 확연하게 증명된다. 석덕지유의 고기를 도저히 먹을 수 없을 것이라는 판단이 이미 여기에서 잠정적으로 내려진다.

북곽 선생은 겉으로는 "벼슬을 좋아하지 않은 척하였으며" "나이 마흔에 손수 교정한 책이 1만 권이요 또 구경의 뜻을 부연해서 책을 엮은 것이 1만 5천 권이나 되므로"121) 대단한 유자라고 평가할 만하다. 따라서 "천자가 그의 의를 아름답게 여기고, 제후들은 그의 이름을 사모하122)는" 지경에 이름은 당연하다. 그러나 이런 표면적

---

116) 朴趾源,「虎叱」,『연암집』권12(위의 책), 196면. "口含百草, 肌肉馨香."
117) 朴趾源,「虎叱」(위의 책), 196면. "日沐齊潔"
118) 朴趾源,「虎叱」(위의 책), 196면. "碩德之儒."
119) 朴趾源,「虎叱」(위의 책), 196면. "其味未純也."
120) 朴趾源,「虎叱」(위의 책), 196면. "其無硬强滯逆而不順化乎."
121) 朴趾源,「虎叱」(위의 책), 196면. "有不屑宦之士. ……行年四十, 手自校書者萬卷, 敷衍九經之義, 更著書一萬五千卷."
122) 朴趾源,「虎叱」(위의 책), 196면. "天子嘉其節, 諸侯慕其賢."

인 평가의 이면에는 그의 숨겨진 실상이 자리잡고 있는데, 동리자라는 과부를 만나는 광경에서부터 그의 정체를 하나씩 드러나기 시작한다. 이때부터는 잠시 범이 작품의 표면에서 이면으로 사라지고 범의 역할을 대신하는 인물들이 등장하는데 범은 결정적인 순간인 북곽 선생의 정체가 여지없이 폭로되고 난 이후, 즉 동리자의 다섯 아이에게 내쫓겨 들의 똥통에 빠졌다가 나온 이후에 등장하여 그의 잘못을 조목조목 비판할 때에 다시 등장한다.

동리자라는 과부도 북곽 선생의 정체를 폭로하는 데 일조를 한다. 그녀의 정체는 결코 긍정적인 윤리의식을 가진 인물은 아니지만 북곽 선생보다는 긍정적인 평가의 대상으로 취급되었기에 북곽 선생의 정체를 폭로하는 데 활용되었다고 평가할 수 있는바, 부정적인 인물을 활용하여 그 인물보다 더욱 부정적인 인물의 정체를 폭로하는 형식을 취하고 있다. 동리자는 북곽 선생과 몰래 만나 "오랫동안 선생님의 덕을 연모하였답니다. 오늘 밤에는 선생님의 글 읽으시는 소리를 듣고자 합니다."[123]라는 요청을 하여 북곽 선생은 "옷깃을 여미고 꿇어 앉아서"[124] 음란한 시 한 수를 읊는다. 시의 내용은 성적인 상징을 다분히 지니고 있어 그의 의도가 어디에 있는지를 충분히 알려 준다. 이것을 본 동리자의 다섯 아들들은 북곽 선생을 여우로 여기고 그를 잡아 나누어 가지기로 하고 어머니 방을 습격한다. 이제까지 그런대로 자기의 정체를 드러내지 않고 주위의 눈을 속일 수 있었던 북곽 선생은 더 이상 자신의 정체를 숨기지

---

123) 朴趾源, 「虎叱」(위의 책), 196면. "久慕先生之德, 今夜願聞先生讀書之聲."
124) 朴趾源, 「虎叱」(위의 책), 196면. "整襟危坐而爲詩."

못할 판국에 이르렀다.

　북곽 선생은 다섯 아이들에 의해 동리자의 방에서 쫓겨나와 수모를 당하면서 자기 정체를 숨기기에 급급하다. "남들이 행여 제 얼굴을 알아볼까 해서 한 다리를 비틀어서 목덜미에 얹고 도깨비처럼 춤추고 웃으며 문밖으로 나와서 들이뛰어 가"125)면서 이런 위기만 벗어난다면 원래의 자신의 권위를 회복할 수 있을 줄 알고 행동한다. 그의 이런 행동에서 그는 주위로부터 고귀하게 유자인 체하면서 높은 윤리적인 행위를 요구할 정도의 인물로 평가되어 그렇게 행동해야 할 것으로 요구받는데 그 요구에 부응하지 못하고 몰래 과부를 만나러 다니는 전혀 윤리적인 인물이 아님이 드러난다. 그가 뛰어나와서 빠진 벌판 구멍에는 "똥이 가득 채워져 있어"126) 그의 행동은 똥과 같이 냄새가 나고 도덕성이라고는 전혀 찾아볼 수 없는 것이다. 이 부분은 세상의 그 어느 곳에서도 그의 행위가 진실한 모습을 갖추고 있지 않고 그가 풍기는 냄새로 그의 정체가 실상 그대로 드러난다는 의미를 지니고 있다. 그러나 이런 상황에서도 북곽 선생은 머리를 조아리며 앞으로 엉금엉금 기어 나와서 세 번 절하고 꿇어앉아서 고개를 쳐들고 아부하는 데 여념이 없다. 범의 덕이 너무나 지극하기에 미치지 않는 곳이 없어서 자신과 같은 미천한 부류와는 함께 서 있을 수 없다는 논리를 내세워 범이 속한 세계와 자신이 속한 세계가 다르다고 한다. 이런 북곽 선생의 논리나 아부에 대해서 범은 날카로운 논리로 북곽 선생을 훈계한다.

---

125) 朴趾源, 「虎叱」(위의 책), 197면. "恐人之識己也, 以股加頸鬼舞鬼笑."
126) 朴趾源, 「虎叱」(위의 책), 197면. "穢滿其中."

범의 논리는 인간과 그들은 기본적으로 같은데 인간이 저지르는 행동은 자신들과 비교해도 어느 것 하나 나은 것이 없다는 데에 모아진다. 범은 "대체 천하의 이치야말로 하나인 만큼 범이 진정 못쓴다면 사람의 성품도 역시 못쓸 것이요, 사람의 성품이 착하다면 범의 성품도 역시 착할지니, 너희들의 천만 가지의 말이 모두 오상을 떠나지 않으며 경계나 권면이 언제나 四綱에 있어"127)나 "온갖 법률을 동원하여 범죄를 막으려고 한다면 막을 수 있을 듯하지만"128) 실상은 그렇지 않아 나쁜 행위를 하는 사람은 사라지기는커녕 더욱 심해지나 범의 세계에는 이런 법률자체가 존재하지 않는다. 그 결과 "범의 성품이 사람보다 어질지 않느냐"129)라는 결론을 내릴 정도로 상황은 전도되어 있다. 먹는 것에서도 범은 "구복의 누를 입거나 음식의 송사를 일으키거나 한 일이 없는데" 너희들은 온갖 음식들을 도적질하여 먹으면서도 "잔인하고 박덕하게 먹어" "인륜의 도리를 논할 수 없는" 지경에 이르러 있다. "너희들이 먹고 사는 것이야말로 불인하기 짝이 없는"130) 상황에 처해 있어, 범과는 비교할 수 없을 정도로 잘못되어 있다는 것이다. 왜냐하면 범은 도둑질해 먹지 않고 동족끼리는 서로 잡아먹지 않기 때문이다.

이와 같은 말을 듣고 북곽 선생은 자리를 옮겨 엎드려 순수하며

---

127) 朴趾源, 「虎叱」(위의 책), 197면. "夫天下之理, 一也, 虎性惡也, 人性亦惡也. 人性善, 則虎之性, 亦善也. 如千言萬言, 不離五常, 戒之勸之, 恒在四綱."
128) 朴趾源, 「虎叱」(위의 책), 197면. "莫能止其惡焉."
129) 朴趾源, 「虎叱」(위의 책), 197면. "虎之性, 不亦賢於仁乎."
130) 朴趾源, 「虎叱」(위의 책), 197면. "共分其餕, 仁不可勝用也."

재배하여 말하기를 "傳에 이르기를 아무리 악한 사람이 있더라도 재계하고 목욕하면 가히 상제를 섬길 수 있다고 하는데 하토의 천신은 감히 하풍에 있습니다."131)라는 말을 하여 자신의 잘못이 정확하게 무엇인지 인지하지 못하고 있음을 내비친다. 북곽 선생의 이런 논리에는 첫 번째 했던 말을 되풀이하는 데 그치고 있으며 그런 언급을 통해서 논리를 더욱 강화하거나 지속하려는 생각만 보여서 논리적인 대결에서 북곽 선생은 범에게 완전히 패배하여 더 이상 논리를 벌일 근거를 찾을 수 없어 다음과 같은 원래의 자신의 상태로 돌아가 버리고 말아 한 치의 의식도 변화하지 않는다.

숨을 죽이고 가만히 들어도 오랫동안 명하는 바가 없으므로 진실로 황송하기도 하고 진실로 두렵기도 하여 손을 맞잡고 머리를 조아리며 들어서 본즉 동방이 밝았는데 호랑이는 이미 가 버렸다. 농부가 아침에 밭을 갈러 와서 묻기를 "선생은 어찌하여 이렇게 일찍 들에서 절을 합니까?"132) 하고 물으니 나는 듣기를 "하늘이 대개 높으나 감히 굽히지 않을 수 없으며, 땅이 대개 두터우나 감히 비틀거리지 않을 수 없다고 하는 말을 들었다."133)라고 하면서 전혀 반성의 기미를 보이지 않는다.

그는 여기에 이르러 원래의 가식적이고 부정적인 성격을 소유한 인물로 돌아와 버렸다. 철저할 정도의 자신의 정체성에 대한 고민을

---

131) 朴趾源, 「虎叱」(위의 책), 197면. "傳有之, 雖有惡人, 齋戒沐浴, 則可以事上帝, 下土賤臣, 敢在下風."
132) 朴趾源, 「虎叱」(위의 책), 197면. "問先生何早敬於野."
133) 朴趾源, 「虎叱」(위의 책), 197면. "謂天蓋高, 不敢不局, 謂地蓋厚, 不敢不局蹐."

할 만한 심각한 상황에 직면했으나 이를 자신의 변화를 위한 동력으로 사용하지 않고 변화를 거부했다. 이런 상황이 지닌 의미는 이 작품에 대한 해설을 하고 있는 뒷부분과의 연관성을 고려하여 보다 철저하고 깊이 있게 연구할 필요가 있는바, 북곽 선생과 호랑이가 어떤 인물에 속할까 하는 의문을 해소하는 과정에서 그 의미가 더욱 정확하게 드러날 수 있다.

북곽 선생이라는 인물은 조선에 존재하고 있었던 대부분의 현실을 파악하지 못하고 있었던 유자층의 한 전형이라 할 만하다. 그들은 현실이 바뀌었는데 경전에 침잠하여 현실을 제대로 보려고 하지 않고 그것이 가진 의미는 전혀 관심에도 없다. 부패한 세력과 결탁하여 세상을 더욱 혼란스럽게 만들면서도 그것이 지닌 문제는 자신의 책임 밖의 일이라고 인식한다. 자신의 출세를 위해서는 어느 누구라도 속일 수 있고 속이는 것은 아무런 잘못노 없다고 안이하게 생각해 버린다. 북곽을 꾸짖는 호는 청나라라고 할 수도 있겠지만, 세상이 바뀐 것을 인식하고 그에 따라 현실을 살아가야 된다는 깨달음을 얻은 조선의 깨어 있는 유자층이라고 할 수 있다. 이런 관점에서 볼 때 그들 사이의 대결과 갈등이 어느 한쪽으로의 일방적인 승리로 결말이 날 수 없는 팽팽한 대결이 이루어짐은 당연하다. 결국 「호질」은 깨어 있는 유자가 깨어 있지 못한 유자들에게 세상을 제대로 인식하고 그것에 대처하는 것이 옳지 않겠는가 하는 의미를 전달하려 했지만 그것이 그렇게 쉽게 이루어지지는 않는다는 것을 보여주는 작품이라 평가할 수 있다. 이런 해석은 박지원이 작품의 뒷부분에 덧붙여 놓은 해석으로 더욱더 논리적인 근거를 확보할 수 있다.

이 부분은 '호질후지'라는 이름으로 불러져 왔는데 「호질」을 바라보는 연암의 기본적인 시각이 고스란히 내재되어 있다. 또한 이 부분이 있기에 시대와 연관하고 있는 작품의 의미를 작자의 의도에 따라서 이해할 수 있는 실마리를 가지게 된다. 그만큼 이 부분은 중요한 의미를 지니고 있는데 그 중요성을 강조하면서 작품과의 연관성을 철저하게 따져 나가는 시각이 무엇보다 작품의 의미를 해석하는 데 유용하다. 여기에서는 이런 관점을 중시하여 이 부분을 작품을 해석하기 위한 하나의 출발로 삼아 논의를 전개해 보았다.

진·가 확인형 소설에 나타난 작자 의식

작자들은 이런 소설을 통해서 어떤 의식을 실현코자 했는가? 작품마다 다른 구조를 가지고 있지만 공통적으로 지향하는 작자 의식은 어느 정도 찾아낼 수 있을 것이다. 작자가 이런 소설을 통해 과연 무슨 의식을 투영하고자 했는지가 중요하게 다루어실 예성이다. 여기에서는 어떤 인간형을 모색했는가를 다루고 난 다음에 어떤 사회를 추구하고자 했는가를 다루어 볼 것이다. 또한 역사에 대한 어떤 의식이 어떻게 이루어졌는지가 다루어질 것이다. 나아가 이런 의식의 기저에 자리하고 있는 의식은 무엇인가가 탐구될 것이다.

1. 바람직한 인격을 갖춘 인간형 모색

진·가 확인형 소설에는 가짜와 진짜가 등장하는데 인물의 성격·역할·기능 등이 작품마다 다르다. 작품에 등장하는 인물을 달리 봄으로써 작자는 자신이 모범으로 삼는 인간형을 이상으로 생각하고 부각하여 다루고 그렇지 않는 인물을 이상으로 생각하지 않고 부각하여 다루지 않는다. 작품에 등장하는 진짜와 가짜 두 인물 가운데 어느 쪽을 긍정하고 어느 쪽을 부정하는가 하는 것은 작품마다 다르게 나타나는 측면이 있지만 어느 정도 공통점은 가지고 있는데 이를 통해서도 작자의 의도는 작용하고 있다.

작품이 가진 다양한 특성은 그것이 어떤 원리나 원칙이 없는 시각으로 인물을 바라본다거나 형상화하는 것을 무한정 허용해 주지는 않는다. 각각의 작품들에는 작자가 인물을 바라보면서 그들에 대해 평가하는 시선이 내재하고 있으며 그런 과정을 통해 작자는 올바른 인간은 어떠해야 하는지를 투영한다. 이들 작품에는 주로 가짜라고 할 만한 인물이 부정되고 진짜라고 할 만한 인물이 긍정되는 것으로 작자의식이 투영된다. 그러나 이런 인물의 정체에 따라 확연하게 나누어지는 평가에도 불구하고 가짜에 대해서도 작자는 어느 정도의 관심을 가지고 있다. 이렇게 인물을 통해 작자는 바람직한 인격을 갖춘 인간형은 어떠해야 하는가를 고민하고 있다.

진·가 확인형 소설에 등장하는 인물에 대한 평가는 한 인물에 대한 평가가 작품의 끝까지 변화하지 않고 유지되는 경우와 그렇지 않고 인물에 대한 평가가 내려지고 나서도 그것이 고정되지 않고 변화하기는 경우가 있다. 인물을 고정불변의 굳어진 대상으로만 파악하는 견해가 있다면 인물을 고정된 것이 아닌 변화하는 것으로 파악하는 견해가 있었음을 알 수 있다. 전자는 인물을 바라보는 작자의 의식이 단선적이고 고정화되어 나타난 결과라면 후자는 인물에 대한 작자의 시각이 다면적이고 개방화되어 나타난 결과라고 하겠다. 특히 후자는 바람직한 인격을 갖춘 인간형은 어떠해야 하는가에 대한 작자의 시각이 적극적으로 개입·작용하고 있어 특히 주목할 만하다.

인물을 바라보는 것은 인물을 어떻게 평가해야 할지를 두고 벌인 당대인의 논란의 한 변이형이다. 한 인물을 평가하는 데 주로 전자의 입장으로만 평가를 하다가 시대가 변화함으로써 후자의 견해로도 인물을 평가할 수 있는 여건이 조성됨으로써 이런 식의 평가가 등장했다고 보아진다. 그런데 후자의 관점으로 인물을 평가하는 것은 진·가 확인형 소설의 가치와 특성을 더 높이 구현하고 있기 때문에 이들 작품에 대한 논의가 작자 의식을 드러내는 데도 더욱 효과적인 결과를 도출해 낼 것이다.

가짜를 진짜의 개과를 돕는 보조적인 인물 정도로만 생각하고 있는 작품도 있지만 이에서 벗어나 가짜라는 인물을 부각하여 다루는 작품도 있다.[134] 소극적인 역할을 하는 인물에만 가짜가 머물지 않

---

134) 특히 이런 관점이 두드러지게 나타나는 작품이 「옹고집전」과 「호질」
　　　이라 하겠다. 「옹고집전」에서는 가짜가 차지하는 역할과 기능의 변화

고 적극적인 역할을 하는 인물로 가짜를 바꾸어 놓는 견해가 등장함으로써 이런 작품들이 문학사에 등장한 것으로 보인다. 가짜는 작품에서 중요하지만 부정적으로 그려야만 할 대상이라는 점에서 작자에게는 상당히 다루기 힘든 존재였을 것으로 예상되는데 그것을 어떻게 다루느냐가 작품의 문학적 성취를 가늠하는 데 중요하게 작용하였다 할 만하다. 가짜를 다루는 데 어느 정도의 구체성과 인격성을 부여한 작품들인 「옹고집전」과 「호질」은 그런 의미에서도 인물형 모색의 과정에서 중요성이 부각된다.

가짜를 단지 보조적인 인물로만 보고 구체성을 부여하지 않는다면 진짜의 성격도 제대로 드러날 수 없다는 관점에 서서 가짜를 부각하여 다루는 관점이 이들 두 작품에는 중요하게 작용한다. 가짜가 등장하여 진짜와 적극적인 관계를 맺고 진짜를 변화시키려는 행동에 나서야만 진짜도 진짜로서의 면모를 제대로 구현해 낼 수 있다고 본다. 그런 의미에서 가짜가 진짜와 직접적인 대면을 하면서 관계를 맺는 작품들은 진짜의 진정한 변화를 갈구하는 의식의 한 변형이면서 그것을 잘 반영하고 있다 하겠다.

____

는 이본의 차이를 보이는 요소라고 할 정도로 중요성이 부각된다. 이에 대한 대체적인 논의는 다음에 이루어질 예정이다. 본격적인 논의에서는 이를 기준으로 하여 작품의 이본 간의 차이와 계통을 확립할 수 있을 것으로 예상되는데, 추후의 과제로 남겨둔다. 이의 연장선상에서 판단한다면 「호질」은 「옹고집전」과 연관성을 가진 작품이라는 평가가 가능하며 인물을 파악하는 관점에서도 연관성을 다분히 지니고 있다고 판단할 수 있다. 작품을 비교하는 연구가 이루어질 것이라면 이 두 작품을 비교하는 연구가 기본적으로 이루어져야 마땅할 것이라 판단된다.

이에 반해 진짜와 가짜가 만나지 않으면서 서로 간의 영향을 주고받지도 않는 작품들은 진짜가 고립되어 있고 진짜와 가짜의 확인 과정이 당사자들이 해결해야 할 문제라기보다는 주위 사람들이 관심을 가진 문제로 취급된다. 이런 작품에서는 진짜와 가짜가 논란을 벌이다가 진짜가 우여곡절 끝에 자신의 정체를 밝히고 잃었던 자신의 자리로 돌아오는 작품은 진짜의 진정한 변화를 바라는 의식이 거의 없거나 희박하며 진짜와 가짜를 확인하고 그것에 따라 잘못된 것을 바로잡는다는 의식이 강하게 작용한다.

한편, 진짜라고 하여 일방적으로 긍정적으로 그려지는 것은 아니다. 작품의 첫 부분에서는 진짜는 상당히 부정적인 행위를 하는 인물로 그려진다. 진짜에 대한 부정적인 평가는 그들이 하는 행위의 비윤리성 때문으로 그들이 저지르는 행위에는 사회에서 널리 인정하고 시켜야만 한다고 제시해 놓은 기본적인 윤리나 사회적인 통념이 너무나 쉽게 무너져 버리거나 무시되는 경향이 짙다. 그러나 이런 비윤리성은 변화를 하고자 하는 의지만 있다면 쉽게 사라져 새롭게 인식될 여지를 남긴다. 여기에서부터 작품은 확연하게 다른 방향으로 나아간다. 작자가 확연하게 이상적인 상황에 대한 방향을 제시해 주는 작품이 있는가 하면 작자가 이런 판단을 유보하고 독자들에게 판단을 미루는 작품도 있다. 비윤리성은 윤리성을 더욱 부각하기도 하고 비윤리성과 윤리성이 따로 떨어져 아무런 의미를 갖는 경우도 있다.

윤리적인 측면에서 두 인물의 정당성을 확연하게 나누어서 인식하는 작품이 있[135]는 반면에 윤리적 판단을 유보하면서 독자들에게 그 판단을 미루는 작품도 있다.[136) 바람직한 인간형을 작자가 확실하게 제시해 주는 작품이 있다면 판단을 유보하고 단지 문제를 지적하는 작품도 있다. 특히 이런 점은 진·가에 대한 판단을 어떻게 내리는지와 연관하여 어떤 인물을 진짜로 하고 가짜로 할 것인지와 관계된다.[137)

지금부터 이런 점이 작품에서 어떻게 나타나는지 논의해 보기로 한다.

「옹고집전」의 옹고집은 가족 간의 윤리를 저버리는데도 아무런 죄의식도 갖지 않는다. 옹고집의 행위에 대해 어떤 집단도 나서서 징벌을 가하지 못하는데 사회를 벗어난 세력이 대신 나서서 징벌을 가한다. 이런 집단이 가하는 제재는 효과적이기는 하지만 사회적 토대나 성격이 약해 현실적 관련성이 없다는 데에 문제가 있다. 사회적 차원에서 행해지는 옹고집의 행동은 초월적 존재에 의해 개선의 경고로 발해지고 고쳐져야 한다고 하여 현실적인 성격이 약하다.

옹고집은 아내를 합당한 이유도 없이 내쫓고 부모의 병을 구완하지 않으며 내버려두는 불효를 저지르면서도 기생과 즐기기까지 하

____

135) 「옹고집전」이 여기에 해당한다.

136) 「호질」과 「양반전」이 여기에 해당한다.

137) 「호질」은 이런 경향이 짙은데 이 작품은 진짜는 동물로 등장하고 가짜는 인간으로 등장하여 겉모습만 본다면 진짜가 가짜이고 가짜가 진짜라고 할 만한다. 그러나 실제적인 가치관이나 행위는 동물로 등장한 인물이 진짜의 성격이 강하고 사람으로 등장한 인물이 가짜의 성격이 강하다. 이런 의미에서도 「호질」은 특이한 위치를 차지하는 작품이라 할 만하다. 이런 작품의 특성은 「옹고집전」과의 연관성을 상정하게 하는 요소로 작용하면서도 특이성을 담보하는 요소로도 작용한다.

여 패륜적 행동을 일삼는 인물로 등장한다. 이런 행동을 하면서도 그는 아무런 죄의식을 느끼지 않고 더욱 부정적인 행위를 과감하게 자행한다. 옹고집은 특별히 중을 보면 횡포를 가하여 자신의 집 가까이에는 중들이 동냥을 하러 오지 못하게 해 놓아 악행 하나를 더 저지르고 있다. 이 부분은 작품의 발생의 근원이 작용하고 있는 것으로 설화적인 요소가 강하게 자리잡고 있다. 또한 옹고집은 재산을 아낄 줄만 알았지 어떻게 그것을 사용해야 하는지는 도무지 생각하지 않고 행동하여 개인의 안락만을 추구한다. 그의 악행은 가정이나 사회의 모든 영역에 걸쳐 있을 정도로 범위가 넓다. 가정에서의 악행은 그의 윤리적인 결함을 드러내는 데 효과적으로 작용한다. 이런 그의 성격적 결함은 작품의 진행에 따라 보다 바람직한 인격을 갖춘 인물로 바뀌어야 마땅하다는 주장을 뒷받침한다. 작품의 진행에 따라 그가 변화해야 힌다는 논리는 사긴에 의해 뒷받침되면서 그 타당성이 확보된다.

옹고집의 아내는 경제적으로 부유하지 못한 옹고집의 살림을 이루어 놓는 데 중요한 역할을 하지만 자신이 해 놓은 일은 제대로 평가받지 못한다. 그녀는 쫓겨날 정도로 잘못을 저지르지도 않았는데도 불구하고 옹고집에 의해 집에서 쫓겨난다. 옹고집의 부인이 시집을 왔을 때에 옹고집의 살림살이는 정말 형편없는 수준인 것으로 제시되어 있다. 자신이 시집을 와서 옹고집의 경제적 여건은 점점 좋아지는 상황으로 변화하였음을 쫓겨나는 상황에서 그녀는 이야기한다. 이런 그녀의 항거는 쫓겨나지 않으려는 의지의 표현이지만 이를 적극적으로 내세우지 않고 상황에 따르는 수동적 대응에 머문다.

옹고집의 아내는 집안에서 자신의 의지대로 할 수 있는 일이 극도로 제한되어 있는데 친정어머니를 돕는 것까지 옹고집의 허락이 있어야만 한다. 그녀의 집안에서의 위치는 미미하여 옹고집의 처분에 따르는 수동적인 모습으로만 그려진다. 친정어머니가 경제적인 어려움을 견디다 못해 도움을 청하려고 온 것을 도와주었다는 이유로 옹고집은 일방적으로 아내를 내쫓아 버리는 부당한 행위를 저질러도 그의 아내는 적극적으로 나서서 저항하지 못한다. 부당한 남편의 대우에 대해 부인은 저항은커녕 제대로 자신의 처지를 한 번 적극적으로 변명해 보지도 못하고 쫓겨나 온갖 고생을 겪는다.

또한 옹고집의 부모는 재산을 모두 아들에게 물려주고 병을 얻었는데 병구완을 받지 못하고 구박을 당하며 끼니도 제대로 잇지 못한다. 특히 옹고집이 저지르는 부모에 대한 불효는 상당히 충격적인 내용이라 할 만하다. 그것은 윤리 가운데 가장 중요하고 기본적으로 지켜져야 한다고 믿었던 조항을 아무런 반성도 없이 태연하게 어긴 것으로 나타나기 때문이다. 옹고집의 비행은 옹고집이 윤리적 측면에서 잘못을 저지르고 있다는 점을 부각시키려는 의도가 작용한 것으로 생각된다. 옹고집이 여러 비행을 저질렀지만 어머니에게 저지른 불효는 특히 심각한 바가 있어 옹고집의 윤리적인 잘못은 여기에서 더 이상의 나빠질 수 없을 정도로 악한 상태로 제시되어 있다. 그러나 개인적 행위를 지도하고 통제해야 할 가정이나 사회는 그의 행위에 대해 아무런 제재를 가하지 못할 정도로 힘을 잃어버려 개인의 악행은 더욱 부각된다. 옹고집의 행위에 대한 어머니의 대응은 한탄으로 일관하고 있어 소극적인 대응에 머물러 있다.

사회나 가족이 나서서 어머니에게 불효한 옹고집의 잘못을 처벌해야만 하는데 그것을 떠맡고 나선 것이 종교적인 색채를 다분히 지니고 있는 불교집단이어서 이 집단의 성격에 견인되어 이 작품을 불교적 관점으로 해석하는 시각이 제시되었다. 이런 부분이 불교적 성격을 띠고 있다는 것을 부정할 수는 없지만 이는 작품의 일부일 뿐이며 작품의 전체를 이끌어 갈 정도로 강력하게 자리하고 있다고 할 수 없다. 옹고집을 징계하는 집단이 불교적인 성격을 띠고 있지만 작품의 갈등은 겉으로 드러난 집단의 성격에 좌우되기보다는 진짜와 가짜의 갈등이라는 성격을 더욱 많이 가지고 있어 이런 관점으로의 작품 해석이 무엇보다 필요하다. 징벌을 행하는 집단은 종교적인 집단에만 한정하지 않고 다른 성격을 지닌 관이라는 집단도 등장하고 있어 여기에 대한 고려도 필요하다. 관가가 나서서 옹고집에게 과거의 잘못에 대한 실질적인 제제를 가하고 어려운 처지로 몰아간다고 하여 작품을 관가와 개인 간의 갈등이라고 해석할 수 없는 것과 마찬가지로 불교적 집단이 나타난다고 하여 작품을 불교적 관점으로 해석하는 것은 너무 겉으로 드러난 특성에 견인된 결과로 피해야 한다고 여겨진다.

옹고집은 윤리적인 가치보다는 경제적인 이득을 중시한다. 옹고집이 윤리의 자리에 대체해 놓은 것은 경제적인 이득이 있느냐 없느냐를 중시하는 관점이다. 윤리보다는 경제적 이득을 먼저 생각하는 옹고집의 행동은 분명히 사회의 변화를 수용한 측면이 강하지만, 그에 못지않게 사회가 변화해도 변화하지 않는 것도 있다는 작자의 가치관을 부각시키는 기능도 담당하고 있다고 할 수 있다. 이 부분은 윤리를 지키지 않으면서 이루어지는 경제적 이득이 과연 어떤 의미가 있을까라는 의문을 독자들에게 제기하면서 이런 상태로 빠져드는 사회 분위기에 대한 반성의 기회를 제공하려는 의도도 작용하고 있다고 보아진다. 작품의 뒷부분에서 이런 점은 특히 강조된다.

옹고집이 경제 우선의 의식을 지니게 된 것은 사회변화를 수용한 측면이 강하지만 그런 점만을 강조한다는 것은 편향된 측면도 있어 균형 잡힌 관점에서의 논의가 필요하다. 이런 부분은 옹고집에게 잘못을 반성할 수 있는 기회를 주어 자신의 잘못을 반성하게 할 필요를 강조하는 역할도 수행한다. 진짜 옹고집은 관에서 진짜인데도 불구하고 가짜로 판결이 나서 온갖 고생을 하면서 경제적 이득보다는 사회를 위하여 다른 의미 있는 일들이 충분히 많다는 것을 가짜가 행하는 행위를 통해서 알게 되는 과정을 거치면서 새로운 사람으로 변화하기 시작한다. 이런 부분은 작품의 중요한 축을 이루면서 작품을 지탱해 주는 중심으로 자리잡는다. 진짜 옹고집이 각성을 이루는 데에는 가짜의 역할이 중요하게 작용하는데 가짜가 행하는 일들은 진짜보다도 더욱 의미 있다.

가짜 옹고집은 관가가 진짜로 잘못 판결을 내려주자 집으로 돌아와 진짜가 아끼기만 하면서 모은 재산을 어려운 사람들을 위하여 쓰는 파격적인 행동을 한다. 이런 행동을 하면서 옹고집은 자신이 이제는 새로운 사람이 되었음을 주장하면서 사람들에게 자신의 재산을 아끼지 않고 쓸 것임을 대내외에 알린다. 이를 작품에서는 '활인구제'라고 표현해 놓았는데 활인구제는 사회에 기반을 두고 살아가는 사람들이 행해야 할 중요한 덕목으로 보편적인 의미를 획득한 것이다. 그런데 진짜는 이런 활인구제를 전혀 하지 않고 온갖 악한 행위를 다 행하다가 가짜가 행하는 일련의 행위를 보고 반성하여 바람직한 인격을 갖춘 사람은 어떠해야 하는지를 인식하는 계기를 맞는다. 가짜 옹고집의 영향을 받아 진짜 옹고집은 의식의 변화를 겪는데, 작자는 이런 과정을 빠뜨리지 않고 보여줌으로써 인간이 어떤 자세를 갖추어야 바람직한 인격을 갖춘 인간이 되는지를 강조하고 있다.

「호질」에서는 겉으로 본다면 호랑이는 가짜이고 북곽 선생은 진짜라고 언뜻 생각할 수 있다. 이런 판단은 호랑이는 동물이고 북곽 선생은 인간이라는 드러난 모습에 따른 것이다. 그러나 겉으로 드러난 모습 이면에 감추어진 본질적인 면을 따졌을 때는 호랑이는 진짜에 가깝고 북곽 선생은 가짜에 가까운 존재이다. 즉 겉과 속이 완전히 뒤집어지는 현상이 일어난나는 데에 이 작품의 득징적인 면이 자리하고 있다. 북곽 선생의 행위는 겉과 속이 달라 비도덕적이고 반사회적인 성격을 지니고 있으며 실상이 낱낱이 밝혀져 결코 호랑이보다 우월하지 못함이 밝혀져 겉과 다른 이면을 중시해야 함을 강조한다. 반면 호랑이는 이런 북곽 선생을 먹기 위한 음식으로 보며 찾아 나섰다가 그 실체를 확인하고는 먹지 않고 놓아주는 아량을 보여주어 북곽 선생과는 차원이 다른 행동을 한다. 호랑이가 자신의 앞에서 꾸짖을 때에는 그래도 자신의 행위에 대해 반성의 기미를 보이던 북곽 선생은 호랑이가 사라지고 없다는 것을 알고는 다시 원래의 자신으로 돌아가 버리고 만다. 그들 사이에는 만남이 이루어지지만 각자는 자신의 입장만을 확인하고 변화하지 않고 원래 출발점으로 돌아가 버려 작품의 의미가 상당히 다양하게 될 수 있는 여지를 열어놓고 있다. 이런 사정을 고려하여 판단한다면 이 작품에서는 진짜와 가짜를 확연하게 나눌 수 없고 진짜는 가짜의 성격을 가지고 있으며 가짜는 진짜의 성격을 가지고 있다고 할 수 있다.

이런 점이 「호질」이 다른 진·가 확인형 소설과는 달라진 것이다. 다른 작품들이 진·가 확인에 중요한 관심을 두고 있고 작품에서도 확연하게 이들을 구분하는 것으로 작품을 끝마친다면 이 작품은 이런 점에 중점을 두지 않는다.

이 작품의 독특한 성격은 호랑이가 인간을 꾸짖는다는 점에 있으며 작품의 결말이 어떤 정해진 틀로 마무리되지 않았다는 점에도 있다. 사건의 결구로 보아 등장인물은 진·가 확인에 그렇게 큰 관심을 가지지 않으며 진짜는 진짜대로 가짜는 가짜대로 자신의 가치관을 확인하는 선에만 머물러도 의미가 있다고 한다. 인식은 독자가 기대하는 결말과는 다르며 작품은 아주 충격적 의미를 전달한다. 독자의 기대를 벗어나 작품은 독자적인 의미를 지닌 것으로 존재하면서 독자들에게 충격을 주고 있다.

북곽 선생은 겉으로는 대단한 도학자로서 많은 사람의 존경을 받지만 과부를 몰래 만나면서 정체가 하나씩 밝혀지는데 여러 차원의 인물들과 만날수록 정체는 여지없이 폭로된다. 타자와 만날 때마다 북곽 선생의 정체는 겉으로 드러난 것과는 전혀 다른 측면이 드러나는데, 가정이라는 테두리의 인물들도 윤리적인 정당성을 확보하고 있지는 않지만 북곽 선생의 정체를 밝히는 데 일정한 기능을 담당한다. 동리자는 북곽 선생의 축소판이라고 할 정도로 겉과 속이 다르기도 한데 이런 동리자까지도 북곽 선생의 정체를 폭로하는 데 일조를 하고 있다. 동리자의 아들들은 도학이 높은 북곽 선생이 자신의 어머니를 몰래 만나는 것은 있을 수 없다는 판단을 내리고 그를 여우의 환생으로 규정하고 집에서 내쫓아 가정이라는 테두리에 머물지 못하게 한다. 북곽 선생은 내쫓기는 상황에서도 자신의 정체가 폭로되는 것을 두려워하여 이상한 모습을 하고 들로 내쫓겨 똥통에 빠져 버려 더 이상 추악한 상태가 없을 정도로 전락한다. 북곽 선생은 점점 더 부정적인 모습이 드러나 호랑이를 만남으로써 자신의 본래 모습이 지닌 실상이 그대로 드러나는 순간에 이르고 더 이상 숨길 수 없는 위기에 이른다. 진짜와 가짜는 만나서 각자의 행동을 돌아볼 기회를 맞지만 어느 누구도 상대의 요구에 부응할 정도의 도덕성을 갖춘 것으로 변화하지 않아 변회의 필요성이 제기되었으나 변화를 겪지는 않고 팽팽한 긴장관계는 계속되고 있다.

진·가 확인형 소설에는 어떤 작품이라도 진짜와 가짜라는 인물이 등장한다. 이런 인물들이 확연하게 결정되는 경우도 있고 결정되지 않는 경우도 있어 진·가 확인에 대한 의식은 조금씩 다르다. 작품에서는 진짜는 긍정되고 가짜는 부정될 것이지만 어느 쪽을 가짜로 하고 진짜로 하는가는 논란거리가 될 수 있으며 실제로 논란거리로서 심각하게 다루고 있는 작품은 「호질」이다.

진·가 확인형 소설에서 진짜와 가짜는 상대를 부정하고 자신을 긍정해야만 존립 근거와 타당성을 확보할 수 있다. 당사자 간의 이와 같은 상황은 어느 일방의 주장만을 전적으로 따를 수 없고 보다 정확한 판단 기준이 마련되어 있어야 함을 암시한다. 그들을 바라보는 작자는 과연 어떤 사람이 더욱 올바른 행동을 하며 어떻게 행동해야만 보다 가치 있는 것인가를 결정하고 그들에게 그에 합당한 행동을 요구할 기준을 마련한다. 이런 실정을 감안한다면 진·가 확인형 소설에는 어떤 작품은 확연한 기준을 가지고 정체가 나누는 작품이 있는 반면에 어떤 작품은 확연하게 정체를 나누지 않는 작품들도 있다는 것이 드러난다. 인물은 몇 번의 확인 절차를 거치면서 정체를 상대 인물에게 인정을 받고 내세울 수 있는 단계로 나아가야 존재로서의 가치를 지니게 된다.

「옹고집전」에서는 가정에서 진·가를 확인하는 절차를 거치지만 가족들은 진짜를 구별해 내는 능력을 가지지 못해 서로 누가 진짜인지를 정하지 못하고 당사자 간의 치열한 싸움만 하게 된다. 가족은 한참의 논란을 벌이지만 어느 누구도 확실한 증거를 대고 진짜를 결정하지 못하고 만다. 그러나 가족들은 이를 심각한 것으로 받아들이지 않고 오히려 웃음을 유발할 상황으로 보고 즐기기까지 하여 옹고집이 놓여 있는 상황과는 대조적이다. 결정을 내리지 못하는 일은 관가라는 객관적인 확인 매개체를 거치면서 해결의 실마리를 찾지만, 이런 관가에서의 결정도 사실을 잘못 판정하여 결정적인 실수를 저질러 집에서의 판별을 번복하는 특성을 지닌다.

가짜인데도 진짜로 행세하고 싶은 당사자와 이에 동조하는 인물들은 실상을 제대로 파악하고 있는 측을 집안에서 내쫓아 버리려는 의도를 가지고 관에다가 그것을 가려줄 것을 요청하고 자기의 의도를 실현하고자 부당한 행동까지도 서슴지 않고 자행한다.[138] 집안에서는 가짜와 진짜를 가르는 정확한 잣대를 갖지 못하고 보다 신뢰할 만한 곳에 그 판결을 맡기게 되지만 이런 집단도 잘못된 판단을 내려 진짜와 가짜의 자리를 뒤바꾸어 놓는다. 주로 판단을 해주기를 바라는 곳으로 관가가 선택되고, 재산의 목록과 4대조의 이름을 알고 있는지를 알아보고 잘 알고 있는 측을 진짜로 잘 모르고 있는 측을 가짜라고 하여 구별해 준다.139) 그러나 관가에서 내린 판결은 실상을 왜곡하거나 잘못 판단하여 사태는 더욱 악화되어 간다. 이런 잘못된 사태를 제공한 관가가 직접 나서서 잘못을 바로잡아 가려고 노력하는 과정을 보이는 작품이 있는가 하면140) 그것에서 벗어나 관가와는 일정한 거리를 유지하면서 당사자나 다른 집단이 나서서 진짜를 개관천선시키기 위하여 노력하는 사건으로 구성

---

138) 이런 사건이 등장하는 작품으로 「유연전」과 「화산중봉기」가 있다. 이런 점을 근거로 판단한다면 이들 작품들이 어떤 유형적 동질성을 가진 작품으로 성립되어 영향을 주고받았을 가능성도 있었다고 추정할 수 있다. 이런 점까지 이 책에서는 다루지 못하고 추후의 연구과제로 남겨둔다.

139) 관가에서 판단의 기준을 이렇게 제시하고 있는 작품은 「옹고집전」이고 다른 작품들은 이와 같은 기준을 적용하지 않는다. 「유연전」에서는 특별한 기준을 적용하지 않고 한쪽 말을 믿고 가짜를 진짜로 잘못 판결하는 잘못을 저지르고 있으며, 「화산중봉기」에서도 특별한 기준을 적용하여 진짜와 가짜를 구별해 내려는 과정을 생략하고 주위 사람들의 판단에 따라 어느 쪽 의견이 더욱 타당할 수 있는지를 추측하여 진짜와 가짜를 판단하는 기준으로 삼고 있다. 이런 점에서도 「옹고집전」의 특이한 위상이 드러나는데 그만큼 이 작품은 진·가 확인에 대한 적극적인 관심의 증대가 어떤 작품보다 강하게 작용하여 형성된 작품이라고 할 만하다.

140) 「유연전」과 「화산중봉기」가 이런 사건으로 구성되어 있다.

된 작품141)도 있다. 말하자면 악화된 사태를 돌려놓기 위해서는 한 번의 정체 확인 과정이 더 요구되는데 당사자들이 나서서 문제를 해결하는 것과 당사자와는 관련이 없는 관가가 한 번 더 나서서 문제를 해결하는 데 결정적인 역할을 하는 작품이 있다는 것이다.

진·가 확인형 소설 가운데에서는 개과천선에 대한 강한 기대감을 보이는 작품이 있다. 「옹고집전」은 개과천선에 대한 기대나 희망을 작품의 중요한 부분으로 삼고 있는데 다른 작품들은 개과천선에 대한 희망이나 기대를 이 작품과 같이 드러내 놓고 제시하지는 않아 대조적이다. 기대감이 가장 뚜렷하게 나타나는 작품은 「옹고집전」이라 하겠지만 다른 작품이라고 하여 이런 기대가 확연하게 드러나지 않지만 어느 정도 내면적으로는 존재하고 있다. 단지 작품에 따라 확연하게 그것이 밖으로 표출되고 있는 것이 있는가 아니면 표출되지 않는 것이 있어 정도의 차이가 나타난다.

「옹고집전」에는 작자가 직접 개입하여 옹고집이 개과천선을 했으면 좋겠다는 의도를 드러낸다. 작자가 직접 나서서 이런 언급을 하는 경우는 다른 작품에는 없어 이 작품의 주지가 어디에 놓여 있는지 보여준다. 작자가 시대에 맞는 합당한 인물형으로 개과천선을 한

---

141) 「옹고집전」이 여기에 속한다. 이런 점에서도 이들 세 작품은 동질성과 이질성을 함께 가지고 있다고 할 수 있다. 기준을 어떻게 정하고 작품을 분석하는가에 따라 세 작품이 같은 특성을 가지고 있다고 할 수 있고 두 작품이 비슷하고 한 작품이 다르다고 할 수 있다. 「옹고집전」이 다른 주지를 보이는 작품이라고 판단할 수도 있어 작품을 분석하는 기준으로 삼을 수 있는데 이런 점은 작품분석을 어떻게 할 것인가에 따라 조금씩의 차이가 나타난다.

인물을 이상형으로 생각했기 때문에 이렇게 적극적으로 나설 수 있었다고 보아진다. 작자가 적극적으로 작품에 개입하고 이런 부분을 실현하고 있는데 부정적으로 평가하던 옹고집에 대해 긍정적인 시선을 던지면서 그의 변화를 의미 있는 사건으로 부각하여 놓았다. 그 과정에 작자의 목소리가 강하게 개입하며 인간에 대한 긍정적 시선과 개과천선을 바라는 의식을 투영하고 있다. 따라서 「옹고집전」은 새로운 인간형이 어떤 가치관을 지녔으면 좋겠다는 것을 확연하게 드러내는 데 분명한 자세를 가진 작자가 창작에 임한 작품일 가능성이 높다.

「호질」에는 개인적 차원에서 인간이 어떻게 바뀌었으면 좋겠다는 작자의 의식보다는 사회적 차원에서 어떻게 바뀌었으면 좋겠다는 의식이 더욱 강하게 작용하고 있다. 개인은 아무리 각성한 상태를 유지하더라도 전체 사회를 변화시키는 데는 일성한 한세를 가지기 마련인데 「호질」의 북곽 선생은 개인적 차원에서는 별다른 문제점을 지니지 않는데 사회적 역할을 제대로 수행하지 못해서 다른 사람으로부터 부정적인 평가의 대상으로 전락하여 사람들과의 관계에 파탄이 일어나는 인물이라는 특성이 강하다. 북곽 선생은 가정 영역에서는 어떤 상태에 있는지가 드러나지 않고 사회의 영역에서 사람들과 만남을 해나가면서 자신의 정체가 하나씩 폭로되는 과정을 밟기 때문에 그에게는 사회적 차원의 문제를 지닌 인물로서의 성격이 부각되어 있다.

「호질」에는 작품의 의미를 파악하는 데 어려움을 겪을 독자를 위해 친절하게 작자가 이 작품이 지닌 의미를 어떻게 풀이하는 것이 작품의 실상에 제대로 접근할 수 있는지를 제시해 둔 부분이 있다. 이런 부분과 작품의 서사 부분을 함께 고려한다면 「호질」이라는 작품의 본질에 다가갈 수 있는 길을 보다 쉽게 찾을 수 있으며 그것을 안내자로 삼음으로써 작품의 실상에도 다가갈 수 있다. 「호질」에는 서사를 통해서 전달되는 부분보다는 후지라는 부분을 통해서 전달되는 부분이 더 많기 때문에 의미 파악에 이르기 위해서는 서사와 후지를 한꺼번에 파악하는 관점이 무엇보다도 필요하다. 그렇지만 분명하게 드러나지 않고 숨어 있는 작자의 의도도 중요하기 때문에 그것에 기초하여 작품을 철저하게 분석하려는 노력도 필요하다.

북곽 선생에게 내려지는 부정적인 평가가 사회적인 차원에서의 행위 때문이기는 하지만, 사회적 차원이라고 하여 개인적인 차원이 전혀 개입하지 않는다는 것은 아니라 그 중요성이 사회적인 차원에서 다루어진다는 의미이다. 「호질」에 등장하는 호랑이는 사회적 존재로서의 북곽 선생을 문제 삼는데 그가 가정에서 점점 범위를 넓혀 가면서 최종적으로 농부 앞에서 자신이 놓인 처지를 반성하지 않고 다시 원래의 위치로 돌아오는 것도 이런 차원의 논의를 중시해야 함을 내비치는 하나의 증거로 작용한다고 할 만하다. 북곽 선생이 저지르는 행위를 알지 못하는 인물들인 천자와 제후라는 존재까지도 그의 실상을 제대로 파악하지 못하고 드러난 사실만을 가지고 그를 판단하는 잘못을 저질러 놓고도 이의 심각성은 깨닫지 못한다. 사회적으로 인정받는 위치에 있는 인물들은 모두 북곽 선생의 정체를 제대로 파악하지 못하고 잘못된 판단을 하여 북곽 선생의 사회적 위상을 올려놓은 데 중요한 작용을 의도하지는 않았지만 행하고 있다.

사회에서 문제가 있는 인물인 북곽 선생은 사회적인 차원에서 가치 있는 행위를 하는 인물들에 의해 정체가 밝혀지기 시작한다. 이런 역할을 하는 인물은 작품에 등장하는 인물들이 모두 가지고 있는 성격이다. 제일 먼저 북곽 선생의 정체를 밝히는 데 일조하는 인물은 동리자인데 그녀도 사회적 존재로서의 성격이 강한 자로서 북곽 선생을 만나는데 개인적인 차원에서는 단점이 있지만 그것이 중요하게 부각되지 않고 사회적인 차원에서 보았을 때 북곽 선생보다는 잘못이 덜하기 때문에 북곽 선생을 비판적으로 바라볼 수 있는 위치를 확보하게 된다. 개인적인 윤리가 문제된다면 동리자는 북곽 선생의 정체를 확인하는 매개자로 활용되지 못할 것이지만, 그녀가 사회적인 존재로서 다루어지기 때문에 북곽 선생의 정제파악에 나설 수 있다. 동리자의 정체 확인을 거치고 난 이후에 동리자의 성이 다른 다섯 아들이 북곽 선생의 정체 확인에 나서게 되는데 이들도 동리자의 성격을 이어받아 북곽 선생의 정체를 한 번 밝혀 놓는다. 북곽 선생은 겉으로 대단한 업적을 이루고 유교사회의 한 표본으로 인정받지만 실상 과부를 만나 성적인 일탈을 즐기면서도 그것이 드러나는 것을 좋아하지 않아 형편없는 모양을 하고 쫓겨난다. 북곽 선생은 체면을 어떻게 유지하면 되는가에만 신경을 썼지 존경을 받기 위해서는 어떤 인격을 갖추어야 하는가를 고려하지도 않고 행동하여 주위로부터 비난과 업신여김을 받는다. 그의 정체는 유교사회의 이상으로 취급되지만 인간으로서 지켜야 될 기본적인 자질도 갖추지 않아 더 이상 하찮은 존재가 없을 정도에 이르러 있다. 그는 타인으로부터 존경을 받을 어떤 자질도 가지지 않아 진실성이라고는 손톱만큼도 없을 정도로 거짓으로 가득하다.

「양반전」에서도 작자는 바람직한 인격을 갖춘 인간은 어떠해야 하는지를 고민한다. 천부는 올바른 대접을 받기 위해서 경제적 부를 기반으로 하여 그에 합당한 신분적 대우를 원한다. 그래서 그는 경제적 대가를 치르면서까지 신분을 사서 명실이 상부한 상태에 도달하고자 한다. 그러나 기대는 군수가 제시하는 요구와 어긋나 있어 충족될 수 없음을 밝혀진다. 깨달음은 다른 상태를 지향하게 만들고 천부는 이런 깨달음에 따라 자신의 모든 특권을 포기하고 보다 바람직한 인격을 갖춘 인간을 지향하는 상태로 옮겨간다.

군수가 지향하는 양반의 상도 바람직한 인격을 갖춘 인간이어야 한다. 군수는 가치를 추구하는 삶을 긍정적인 시선으로 바라본다. 정선양반이 전곡을 보상하지 못해 곤란한 처지에 빠지자 그를 옥에 가두는 것을 주저할 뿐만 아니라 애정을 갖고 지켜보기까지 한다. 이런 군수의 시각은 천부를 바라보는 데에도 그대로 적용되고 있다. 천부가 돈으로 양반의 신분을 샀다는 말을 듣고 가치를 실현한 행동으로 평가하고 나서 그는 자신이 생각하는 보다 바람직한 양반의 상은 무엇인가에 따라 천부에게 이를 요구한다. 결국 작품은 보다 바람직한 인간은 어떠해야 하는가를 두고 천부와 군수가 대립적인 시각을 가지고 있음을 드러내는 것으로 마무리된다.

이와 같이 세 작품은 바람직한 인격을 갖춘 인간은 어떤 가치관을 가지고 있으면서 어떤 행동을 하여야 하는지를 제시하는 데 중점을 두고 있다. 그것을 내세우는 방법은 세 작품이 달랐지만 이것을 드러내는 데 작자의식은 시종일관 작용하고 있다. 「옹고집전」에는 작자가 직접 작품에 개입하지는 않지만 사건을 결구하여 등장인물의 언급으로 이것을 드러내고 있으며 「호질」에는 작자가 직접 나서기는 하지만 작품에서는 이런 의식을 드러내지 않고 따로 자리를 마련하여 이런 의식을 피력하고 있다. 그리고 「양반전」에는 작자가 직접 나서지는 않지만 작품에서 이런 의식이 매개자나 등장인물을 통해 나타나고 있다.

2. 이상적인 대동사회의 추구

진·가 확인형 소설에는 올바르고 이상적인 사회에 대한 강한 기대가 나타난다. 작자는 진·가 확인의 과정을 거치는 두 인물의 갈등을 통하여 진짜가 진짜로서의 역할을 제대로 수행하기 위해서는 어떤 자질을 가지고 있어야 하며, 가짜가 진짜의 자리를 차지하려고 하는 행동을 보인다면 진짜가 어떻게 막아내고, 가짜는 진짜를 각성시키기 위해 어떤 노력을 기울여야 하는지를 중시하여 다룬다. 이것은 보다 올바른 사회에서 개인 간의 갈등을 조정하고 그들 간의 관계는 어떠해야 하는지에 대한 모색을 보여주는 한 예로 볼 수 있는

데, 결국 이상적인 사회는 어떤 사회인지를 모색하는 과정과 일정하게 맥이 닿아 있다고 하겠다.

작품에서 내세우는 이상사회의 모습은 대동사회의 성격을 다분히 지니고 있는데, 이런 사회에서는 개인의 이득보다는 집단의 이득을 먼저 생각하는 것이 무엇보다 중요하다. 작품은 뒷부분에서 앞부분에서 제시한 자신의 이득만을 따지면서 행동하는 진짜를 부정하고 남을 위해 재산을 쓰는 것도 아끼지 않는 가짜의 행동을 부각하여 다루고 이에 자극을 받아 완전히 다른 인물로 거듭나는 진짜의 변화를 그려냄으로써 올바른 사회는 자신의 이득보다는 남의 어려움을 먼저 생각해야 가능하다고 하는 의도를 투영하고 있다.

가짜가 진짜 행세를 한다면 이는 전도된 가치관이 지배하는 사회이기 때문에 올바른 사회라고 할 수 없으며 반드시 진짜가 진짜의 자리를 차지하는 바른 사회로 바뀌어야 한다고 주장이 여기에는 작용하고 있다. 또한 올바르지 못한 사회에서는 진짜가 진짜의 자리를 차지하고 있더라도 자신의 역할을 제대로 수행하지 못하고 있으며 이런 사회는 전도된 가치가 버젓이 올바른 가치로 치부되어 아무런 비판도 받지 않고 널리 인정되고 있기에 옳은 사회라고 할 수 없다. 이런 사회를 진·가 확인형 소설에서는 모두 올바르지 않다고 하면서 바뀌어야 한다고 주장한다. 변화의 방향은 결국 개인의 욕망이나 이익만을 중시하는 사회가 타인의 어려움을 고려해 주고 공동의 이익을 먼저 생각하는 사회를 지향하는 것이다. 변화의 주도적 역할을 하는 집단으로 작품에서는 관가를 중요하게 부각하여 다루는데 이에는 개인보다는 공적인 영역의 중요성이 부각되어야 한다는 작자의식이 작용하고 있다 하겠다. 이런 사회는 개인보다는 집단이 우선하고 있다. 대동사회에서는 개인보다 집단이 우선하니 관가가 중요하게 다루어질 수밖에 없다.

「유연전」에서 官家라는 곳은 이중적인 성격을 지니고 있다. 관가는 처음에 가짜를 진짜로 판결하는 옳지 못한 판결을 저지르고도 너무나 떳떳하게 행동하며 잘못을 인정하려 하지 않는 부정적인 성격을 지닌다. 이런 관가의 대표자격인 부사라는 인물은 옳은 주장을 하는 유연을 향해 개인의 감정을 조절하지 못하고 사실을 정확히 알아보려고도 하지 않고 잘못된 판단을 하여 개인을 일방적으로 희생시키는 일까지 자행하고 있다. 이런 관가의 잘못을 지적하고 바로잡아 주기를 바라는 개인은 빈번히 관가의 힘에 막혀 자신의 원하는 바를 실현시키지 못하고 좌절하고 마는 상황을 만난다.

이와 같은 수준에 머문다면 「유연전」은 관가의 잘못을 고발하는 것을 작품의 주지로 삼는 작품이라는 평가가 가능하다. 그러나 관가는 자신의 잘못을 찾아내기만 한다면 즉각적인 교정을 위한 일련의 행위를 펼쳐 나가는 데에도 아무런 주저함이 없이 즉각적인 행동에 나서는 민첩성을 지니고도 있어 잘못을 저지르는 당사자이기만 하지 않고 잘못을 고치는 데에도 적극적으로 나서는 긍정적인 역할도 담당하는 집단으로서의 성격을 지니고 있다. 관가의 이중적 성격은 보다 올바른 사회로 나아가기 위한 과정에서 없어서는 안 될 요건으로 활용된다. 관가가 적극적으로 자신들의 잘못을 개선하기 위한 일련의 행동에 나서지 않는다면 잘못되고 전도된 사회질서는 바로잡히지 않고 온전한 방향으로 변화하지도 않을 것인데 작품에서는 이런 잘못을 고치기 위해 적극적으로 나서는 관가를 등장시켜 이상 사회로의 추구를 강조한다. 적극적인 관가의 역할이 있기 때문에 사회는 보다 올바른 방향으로 나아갈 수 있는 힘을 얻을 수 있으며 희망을 가질 수도 있다고 보았다.

「화산중봉기」에서도 관가라는 집단은 전도된 질서를 바로잡아 주는 데 결정적인 역할을 수행한다. 관가는 집안에서 일어난 친·자 간의 갈등에서 자식의 판단이 잘못되고 부모의 판단이 올바르다고 하다가도 그것이 실제로 어떤 사실이 숨겨져 있다는 것을 알아내고는 잘못된 상황을 고치려는 데도 적극적으로 나선다. 관가는 잘못을 저지르는 집단이기도 하지만 잘못을 즉각 반성하는 집단이기고 하여 성격이 이중적인데 그런 관가의 변화가 있기에 주인공은 결정적인 어려움을 극복하고 보다 올바른 상황으로 변화할 수 있다.

이 작품에서는 관가와 개인의 갈등도 있지만 친·자 간의 갈등이라는 요소도 있다. 시아버지는 며느리의 주장을 일방적으로 무시하며 자신의 견해만이 진리라고 주장하고 옳은 주장을 하는 며느리를 집안에서 내쫓아 버리려 한다. 또한 관가는 자식의 판단에 신뢰를 보이면서도 직접 나서서 문제를 어렵게도 하고 해결하기도 하는 과정을 동시에 보여주고 있다. 이런 점도 관가의 이중적인 성격을 부각시켜 주는 것으로 작용하는데 그 이중적인 성격 가운데 긍정적인 측면은 강하게 작용하고 있다. 즉 관가라는 집단은 사건의 해결을 어렵게 하기도 하고 사건을 해결하기도 하여 이중적인 성격을 지닌다. 관가의 존재근거는 보다 강력하고 견고한 사회질서를 유지하는 왕이라는 질서에 강하게 이끌려 들어감으로써 확고하게 의미를 획득해 간다.

영웅적인 능력을 가지고 태어난 선옥은 아내의 방에 비친 그림자가 누구의 것인지도 알아보지 않고 외간 남자의 것으로 판단하여 가출해 버려 전혀 영웅적인 능력을 발휘하지 못한다. 그의 가출을 틈타 집안의 재산을 노리고 흑룡이 가짜 선옥을 만들어 집안에 들여보냄으로써 집안에는 가짜가 진짜 자리를 차지하는 전도가 일어난다. 부모는 이런 가짜를 받아들여 의심하지 않고 아들로 인정해 버리고 가족구성원의 하나로서 온전한 자격을 부여하려고 한다. 부모의 믿음과 그에 따른 일련의 행동은 심각한 갈등요인으로 작용하는데, 며느리에 의해 그들의 판단이 잘못되었음이 누차에 걸쳐 지적되고 갈등은 점점 심화되지만 해결의 방법은 없다. 부모는 자신의 판단이 옳다고 믿는데 그것을 뒷받침하는 논리로는 부모로서 자식을 알아보는 것은 너무나 당연하다는 인식에 의해 뒷받침되고 있다. 이런 부모의 주장에 맞서 자식은 들어온 사람이 가짜라는 주장을 끊임없이 제기하는데 그녀의 주장은 확실한 증거에 근거하여 이루어지지만 누구에게도 알려지지 않고 자신에게만 신념으로 간직되면서 다른 사람에게 인정받지 못한다는 한계를 지닌다. 친·자 간의 갈등은 첨예하게 진행되고 결국 가정이 해체되는 지경에 이르지만 해결의 실마리는 찾을 수 없다.

양쪽의 주장이 팽팽하게 맞서면서 판결을 의뢰하는 곳으로 관가가 선택되고 관가는 이때부터 작품에서 중요한 위치를 차지한다. 관가에서는 부모의 주장을 믿어 가짜를 진짜로 인정하고 이를 기정사실로 만들어 놓으려는 의도를 드러내면서 그것을 받아들이지 않는 며느리를 향해 갖가지 횡포를 가해 온다. 관가라는 공적이고 권위적인 집단은 개인의 의지를 꺾어 자신의 영향권 안에 두려는 의도를 노골적으로 드러내면서 억울한 희생자를 만들어 놓아 부정적인 성격을 지닌 집단임이 드러난다. 그러나 관가의 일방적인 압력에도 굴하지 않고 개인적인 신념을 굽히지 않는 선옥의 처는 시부모의 잘못된 판단, 관의 잘못된 판단이 불러올 일련의 전도된 가치를 결코 용납하지 않으려 한 치의 양보도 허용하지 않고 자신의 주장을 펼쳐 나간다. 이런 전도된 사실에 귀를 기울이고 진상을 제대로 밝혀내어야 할 곳이 관가인데도 불구하고 이 작품에서는 관가가 이런 역할을 처음에는 제대로 수행하지 못한다. 그러나 관가는 이런 성격에만 머물지 않고 사건을 제대로 인식하려는 적극적인 역할을 떠맡고 나서기도 하여 성격의 변화를 겪는다. 사건구성은 부모의 위상과 그에 근거한 이념을 무너뜨리지 않으면서 부모가 한 행동의 잘못을 드러내어 비판하여야 하는데 이런 어려운 사정을 관가라는 권위 있는 집단이 나서서 무마시켜 주는 역할을 수행하게 하고 있다.

작품에서는 시아버지가 끝까지 자신의 주장이 진실이라고 믿고 며느리의 주장을 믿으려 하지 않는 상황이 지속적으로 등장한다. 심지어 부모는 진짜가 자신의 눈앞에 나타났는 데도 이를 믿지 않고 자신이 그전에 주장했던 사람을 진짜라고 믿는 어리석은 행동을 저지른다. 시아버지의 일련의 잘못된 행동은 자칫 그가 내세우는 윤리까지 가치 없는 것으로 만들어 놓을 공산이 컸지만, 관가라는 공적인 집단이 나서서 이를 포용해 주어 비판적 시각은 많이 완화된다. 며느리가 주장하는 것의 타당성과 굳은 신념에 따른 행위로 자신의 논리는 더욱 견고해지고 자식의 윤리에 타당성과 위상을 높여주어 부자간의 윤리보다 윤리적 위계가 높아 그 관계가 역전될 가능성도 다분히 지니고 있다. 현실에서는 며느리가 내세우는 부부간의 윤리는 부자간의 윤리보다는 낮은 가치를 지니고 있는 것이라고 인식되었으나 작품에서는 그 반대로 부부간의 윤리를 내세우는 며느리가 하는 행위와 판단이 아버지가 내세우는 것보다 훨씬 높다는 것이 증명된다. 자칫 이런 행위에 대한 평가는 기존의 가치를 전도시키고 윤리적인 위계에까지 타격을 줄 수 있지만 높은 수준의 윤리에 이것이 속하게 됨으로써 충격은 완화된다. 그것을 바로잡고 해결하는 방법으로 작자는 관가라는 집단의 권위 안에 이런 윤리를 포섭하여 다룸으로써 극복하고 있다. 관가라는 포괄적인 집단까지도 왕에 대한 충성이라는 보다 상위의 윤리에 기반을 하여 그것을 실현하려는 데 자신들의 존립 근거를 둔다. 이런 집단까지도 잘못된 판난을 하는 경우가 있는데, 하물며 관가보다는 낮은 가정의 아버지는 잘못된 판단과 행위를 저지를 수 있으며 잘못을 저지르더라도 보다 상위의 윤리에 기반을 둔 존재에 의해 그 존립근거를 제공받게 됨은 당연하다. 이런 의미에서 본다면 이 작품도 보다 올바른 사회에 대한 관심이 강하게 작용하고 있음을 규지할 수 있다.

「화산중봉기」의 앞부분에서는 가정은 별다른 문제가 없는 공간으로 설정되어 있다. 아버지는 아버지의 생각대로 아들을 대하며 아들은 아버지의 논리에 겉으로는 따르지만 속으로는 거부하니 별다른 갈등이 나타나지 않는다. 그런데 겉으로 드러난 현상 이면에는 가치관의 차이가 내재해 있어 갈등은 언제든지 겉으로 드러날 여지가 충분하다. 아버지는 아들이 과거에 급제하여 사대부로서의 출세한 삶을 살기를 바라며 이를 준비하도록 하고자 며느리와는 떨어져 공부에만 전념하기를 바란다. 그러나 아들은 부인과 즐기는 삶을 가치 있다고 보아 날마다 부인과 함께 있기를 바라면서 아버지의 지시를 어기고 절에서 집으로 내려오는 행동을 계속한다. 이때부터 친·자 간에는 갈등이 드러나기 시작한다. 아들인 선옥은 "경서와 병셔를 통ᄒ며"(50)[142] 배울 것이 없다고 하면서 "쥬야 낭ᄌ의 침소의 이셔 글도 창화ᄒ며 경셔도 의논ᄒ며, 빈긱을 사례ᄒ고 외당의 잇지 아니"(50) 하는 날들이 없을 정도로 아버지와는 다른 가치를 지닌 행동을 한다. 이런 아들의 행동에 대해서 아버지는 "그 방탕ᄒ믈 의셕ᄒ"(50)게 생각하는 선에서 아들과의 갈등을 무마하려고 한다. 부자간에는 이런 갈등이 내재해 있으니 언제가 갈등이 현실화될 것이며 이런 현실화는 위기로 이어질 것이다.

갈등은 아버지의 아들에 대한 공부요구에서 발단하기 시작하여 아들이 그 지시를 어기고 아내를 밤마다 찾아오는 것에서 위기에 이른다. 아버지는 아들이 밤마다 집으로 내려온다는 것을 알고 "일즉 ᄂ방의 손상ᄒ가 ᄒ여 공부ᄒ라 ᄒ고 절노 보ᄂ엿더니"(50) 밤마다 내려오면 건강을 해칠 것이라고 근심하지만 꾸짖지는 않아 자식의 처지와 행동을 최대한도로 고려해 주려고 하는 자세를 취한다. 아버지는 아들이 입는 옷이 없으면 내려오지 않을까 하여 아들의

---

142) 본문에 이런 표기는 작품의 수록면수를 가리킨다. 수록면수는 작품이 해제를 통해 일반에게 알려진 것을 활용하여 일일이 주를 달지 않고 앞으로는 위와 같이 본문에 표기하고자 한다.

옷을 종을 시켜 가지고 와 버리는 것으로 문제의 해결을 시도한다. 이런 임시로 행해지는 성격의 시도는 근본적인 모순을 해결하지 못하고 더욱 심각한 문제를 일으키는 원인으로 작용한다.

선옥의 부인은 가져온 옷을 수리하여 종에게 입혀보고 이 모습을 본 선옥이 그것을 외간남자와 부인이 사통하는 것으로 오해하여 소식도 없이 집에서 나가 버리는 엉뚱한 결과를 초래한다. 친자 간의 대립을 이루는 한 축이 아들에서 며느리로 바뀌어 더욱 근본적이고 철저한 대립을 벌이는 것으로 변화한다.

선옥의 가출로 인해 가족 구성원으로 새로운 사람이 들어오고 그 사람을 두고 가족 간에는 의견의 대립을 보이기 시작하여 그를 가족구성원으로 받아들일 것인지 말 것인지를 두고 논란을 벌이다가 급기야 가족이 해체되는 지경이 이른다. 시아버지는 새로 들어온 사람을 가족으로 받아들이려 하고 며느리는 이런 시아버지의 처사를 잘못되었다고 한다. 특히 시아버지는 며느리의 이런 행동을 도저히 용납할 수 없다고 보고 철저한 대응을 해나간다. 시아버지의 판단으로는 새로 들어온 사람은 분명 자신의 아들이 확실할 뿐만 아니라 부모가 자식을 알아보지 못하는 일은 있을 수 없기 때문이다. 시아버지 입장에서는 이제 다시 돌아온 아들과 며느리가 부부의 관계를 회복하여 손자를 낳는다면 보다 완전한 가족으로 거듭날 수 있다는 희망을 가질 수 있는 상황을 맞이할 것이다. 그러나 며느리는 자신이 왜 새로 온 사람을 남편으로 인정하지 않는지 이유를 밝히지도 않으면서 그를 일방적으로 자신의 남편이 아니라고만 한다. 이런 며느리의 주장은 도저히 받아들일 수 없기 때문에 시아버지는 "구고

의 정경을 도라보아 츠츠 회심하라.”(98)고 회유하여 어떻게든 가정
을 온전하게 회복하고자 하는 희망을 버리지 않는다. 그렇지만 며느
리는 “복원 구고는 천만 살피스 천눈을 츳게 ᄒ소셔.”(98)라고 대구
하면서 한 치의 양보도 하지 않는다. 이런 며느리를 내쫓기 위한
명분을 관가로부터 얻어내려고 시아버지는 관가에 들어온 사람이
자신의 아들임을 확인해 달라는 소장을 제시하게 된다. 그러나 관가
라고 하여 이런 일을 확연하게 결정해 줄 방법을 알고 있는 것은
아니고 두 주장을 들은 뒤에 다음과 같은 판결을 내놓는다.

> 부ᄉ 냥편 말을 드르ᄆ 진가를 분변치 못ᄒ고 판왈 ‘이 송사ᄂ
> 진ᄀ 션옥을 보기 젼은 귀신도 결단치 못ᄒᆯ지라. 니시 소고와 가탈
> 진ᄃ 츰션옥이 아닌가 ᄒ며, 김반 부부의 소고를 취퇵ᄒᄆ 분명 션
> 옥인가 ᄒ노니, 김반은 져 션옥을 다시 취쳐ᄒ여 가도를 안졍ᄒ고
> 니시ᄂ 본가의 가이셔 진졍 션옥이 도라오ᄂ ᄶ를 기다림이 의당
> 향사라.’(102, 104)

이런 판결은 양편의 요구를 둘 다 들어주면서 어느 쪽으로도 유
리하게 판단을 내리지 않아 문제가 될 여지를 만들지 않으려는 태
도가 작용한 것으로 보이지만 실상은 시아버지의 입장을 지지하고
며느리의 입장을 지지하지 않는 측면에서 내려진 것이다. 의도는 공
평한 판결을 지향했지만 나타난 결과는 시아버지 쪽의 요구를 받아
들인 것으로 귀결한다. 시아버지는 집에 돌아와 “부부지의 업슬진ᄃ
고부지되 ᄯᅩᄒ 문어진지라. 이런 샤름을 엇지 일신들 두리요.”(106)
라는 생각을 하면서 며느리를 당장 내쫓기로 하고 이를 실행에 옮

긴다. 또한 시아버지는 며느리에게 "천륜을 어즈러이 ᄒᆞ여 나의 집을 망코져"(106) 한다고 꾸짖으며 친정으로 내쫓아 버린다.

여기에 이르러 완전한 가족은 해체되어 불완전한 상태로 떨어져 버렸다. 시아버지 입장에서는 며느리를 내쫓기는 하였지만 새로운 며느리를 맞아들여 아들의 짝을 구해 주지 못했으니 완전한 가족질서를 회복하지 못했으며 며느리도 가족으로서의 자격을 박탈당해 버려 완전한 가족질서에 이르는 토대를 잃어버려 보다 심각한 상태로 떨어졌다. 이런 위기를 해결할 방법은 진짜 선옥을 찾아 데리고 와서 어그러진 관계를 올바른 관계로 회복시킨다면 가능하지만, 그렇게 하기에는 현실적인 장애가 가로놓여 있으니 그것을 실현하는 것도 쉽지는 않다. 집을 나간 진짜를 쉽게 찾지 못한다는 것이 현실적인 장애 가운데 가장 크게 자리잡고 있다. 흑룡이 선옥을 찾기 위해서 전국을 찾아다녔지만 찾지 못하고 다른 사람을 선옥이라고 속인 것에서 그런 장애는 이미 예측할 수 있지만, 어사까지 나서서 전국을 샅샅이 뒤졌지만 찾지 못하다가 거의 기적적으로 찾아내는 데에서 한 번 더 집을 나간 사람을 찾는다는 것이 어렵다는 것을 보여준다.

완전한 가족관계를 회복하는 데에는 잘못된 가족관계가 올바르게 세워져야 가능하다. 어사는 진·가를 확인하는 과정에서 이 사건과 연관되어 있는 사람들을 관청으로 불러들여 판결의 공정성을 확보하고자 한다. 그런 과정을 통해서 가족들은 과거의 잘못된 판단과 행위를 반성할 기회를 가지며 화합을 이루는 기회를 가지게 된다. 또한 이런 과정을 통해 윤리에 차등을 두어 인식하는 태도는 잘못된 것임이 확인되기도 하고 상대적으로 낮게 인정되던 윤리는 그 위상이 높아지고 제대로 인식되는 계기를 맞기도 한다.

> 부뷔 비록 이셩지친이오나 쏘한 오륜의 흔 가지라. 이러무로 공ᄌ 갈아사듸 '군ᄌ지되 죠단호부뷔라.' 하엿ᄉ오니 부부지되 쏘흔 즁듸ᄒ올지라. 부부지졍을 쓰르지 못ᄒ오려니와 그 외양의 현져ᄒ 온 면목이야 힝지인도 아라보련던, 슘죵지도를 직희ᄂ 여ᄌ 엇지 그 장부를 모로리잇가?(150)

위와 같은 말을 하고 있는 며느리를 향해 어사는 시아버지의 입장을 고려하여 그녀를 꾸짖고 나졸들에게 형에 매달고 매질을 하게한다. 이 부분은 「춘향전」에서 이 도령이 암행어사가 되어 춘향을 관청으로 불러내어 열을 시험하기 위해서 거짓으로 자신에게 수청을 들겠느냐고 묻는 것에 대해 춘향이 열은 변할 수 없다는 대답을하는 것과 거의 비슷한 분위기를 풍긴다. 다만, 「춘향전」에서는 사랑의 당사자인 이 도령이 묻고 춘향이 이에 답하는 데 반해 여기에서는 당사자가 아닌 해결자로 나선 제3자가 묻는 차이점을 보인다. 그러나 이런 말은 실제적으로 사건의 당사자인 남성을 향하고 있다는 데에 차이가 나지 않는다. 말의 구체적인 내용은 차이가 나지만사건의 결구와 분위기는 비슷하다. 이 부분뿐만 아니라 그 뒤의 사건도 두 작품은 거의 비슷한 진행을 보이고 있다. 춘향이 이 도령이 암행어사가 되어 앞에 있다는 것을 알고 정신을 잃어버렸듯이이 씨 또한 자신의 앞에 나타난 선옥을 보고 정신을 잃어버린다.

이런 과정을 거치고 나서 어사는 "슈양녀를 졍ᄒᆞ미"(154) 이 씨 "부녀지녜"(154)를 행하여 새로운 가족관계를 창출하고 있다. 가족 관계는 혈연에만 머물지 않고 이념을 공유하는 인물들에까지 확대 되고 있다. 이 부분에 이르면 가족관계는 정상을 회복하고 가족 구 성원 간에 가로놓여 있던 불신과 허물은 무너지고 화합은 이루어진 다. 선옥은 아버지가 자신의 잘못을 이야기하자 "모양이 갓튼 샤름 이 잇습ᄂᆞᆫ 고로 분변치 못ᄒᆞᄂᆞᆫ 일이"(164) 많아 빚어진 일이며 "소 즈 츌가ᄒᆞᆫ 후로 심녁을 과"(164)하게 하였기 때문에 빚어진 일이므 로 책임은 자신에게 있다고 하고 있다. 가족은 상대의 잘못을 용서 하고 그 책임을 자신의 탓으로 돌리면서 새로운 화합에 이르고 있 으며 가족의 화합에 어사가 한 역할도 있기에 그에게도 가족 구성 원으로 편입할 수 있는 자격을 주어서 보다 완전한 가족을 이루어 놓는다. 선옥이 과거를 보기 위해 서울로 와서 어사를 찾아가니 어 사는 선옥을 맞아 사위로서 대접하는 데 조금도 소홀함이 없다. 여 기에 이르면 어사부인도 가족관계를 견고하게 이룩하는 데 참여하 여 가족의 대화합을 이루는 데 관여한다.

작자는 진·가 확인과정을 통해 무너졌던 가족질서가 어떤 어려 움을 극복하고 어떻게 회복되는지를 보여준다. 그러나 작자의식은 여기에만 머무르지 않고 보다 올바른 사회는 서로의 입장을 고려하 면서 이루어진다는 것을 강조하는 데까지 나아가고 있다. 이런 점은 「옹고집전」과 「호질」에서도 충분히 확인할 수 있는바, 「옹고집전」 에 나타나는 것은 더욱 확연한 모습을 띠고 나타난다.

옹고집이 하는 행위는 "결간도 ᄒᆡ가 되고 촌간의도 ᄒᆡ가 무수할

거시"(박순호 20장본)라는 이유로 징벌된다. 그의 행위는 사회적 차원의 부작용이 예상되면서 징벌이 이루어지고 있는데 그렇다고 하여 이것에 종교적 측면이 미약하거나 없어지는 것은 아니다. 이런 관점에서 본다면 이 작품은 사회적 성격을 강하게 띠는 작품이라 할 만하다. 종교적 의미가 강한 이본에서도 그의 행위는 사회적인 차원의 의미로 징벌되는 데에 이 작품이 지닌 사회적 성격이 종교적 성격을 뛰어넘는 요건으로 작용하고 있음이 드러난다. 종교적 의미가 강하게 남아 있는 이본에서의 징벌이 사회적 의미를 지닌다면 다른 이본에서의 사회적 의미로 읽을 수 있는 부분은 더욱 강화될 수밖에 없다. 옹고집은 자신에게 동냥을 얻으러 온 도승을 향해 중의 행태를 비판하여 불교라는 이념을 기반으로 한 종교집단이 지닌 긍정적 성격을 부각하여 놓았다. 작자는 불교에 대해 부정적 입장에 서 있기도 한데 그렇다면 등장인물인 옹고집도 중에 대해서는 부정적인 인식을 갖게 마련이라고 생각할 수 있다. 그러나 옹고집이 중에 대해 비판하는 말은 옹고집에 대한 징벌이 과연 타당한가 하는 의심을 일으킬 정도로 불교라는 종교집단도 사회에서 부정적 행위를 일삼는다고 비판된다.

네 놈이 즁을로셔 부쳐님 졔ᄌᆞ되야 산문을 직키고 쥬야로 염불 공부할 졔 송엽일풍 달게 먹고 팔만ᄃᆡ장경을 쥬야로 일거 부쳐님의 도을 비오미 올커든 네 방ᄌᆞ이 도승이라 일컷고 속가의 단이면서 목탁을 두달이고 이집져집 셰쥬ᄒᆞ라 ᄒᆞ고 아히 보면 어엿부다 ᄒᆞ고 기집 보면 입맛초자 얼너보고 고기 보면 입맛다시고 술 보면 뉴침을 흘니고 흉악ᄒᆞᆫ 일을 모도ᄒᆞ니 네 죄ᄂᆞᆫ 엄치ᄒᆞ리라.(445-446)

위의 인용문에는 올바른 승려의 상과 그렇지 못한 상이 대조적으로 제시된다. 뒤의 부정적인 행위는 삼가고 앞의 긍정적인 행위를 해야만 승려로서의 자격을 갖추었다고 할 수 있다. 옹고집은 뒤의 논리에 의거하여 승려에게 동냥을 주지 않고 자신의 집 가까이에 오는 승려를 용납하지 않고 신체적으로 폭력을 가한다. 승려도 또한 옹고집의 행위에 문제를 제기하면서 그들 사이에는 첨예한 갈등이 형성된다.

갈등은 그들 사이에만 존재하는 것이 아니라 가족이나 친척 및 친구 사이에도 있다. 집안에서 서로 싸우는 두 옹고집을 두고 옹고집의 부인은 그 상황을 제대로 인식하지 못하고 가볍게 인식하고 있다. 몇 차례의 가족의 확인과정을 거치고도 누가 진짜인지 판결나지 않자 부인은 "둘이 서로 죽거든 죽고 살거든 스난 놈의 늬의 가장이라"(최래옥본, 361)라고 하면서 진·가의 확인이라는 심각한 문제를 가볍게 인식한다. 가속들은 "의빅난 둘인늬 어미난 엇지 ㅎ난고"(최래옥본, 360) 하기도 하고 "허허 우습더라. 전이는 시부가 흔 나히더니 오날은 시부가 둘이 되야시니 일언 변이 잇실가?"(최래옥본, 360)라고 하여 가볍게 바라본다. 어떤 친척은 진·가가 판결나지 않자 "두 놈을 당그라매고, 믜우 치면 그 즁의 어는 놈이 아퓨면 항복할 겨시이 드라믜"(강전섭본, 251)라는 해결책을 제시하기도 한다. 어려움에 직면한 옹고집의 처지를 누구도 나서서 동정하지도 않고 해결해 주려고도 하지 않는다. 심지어 벗은 자신의 억울함을 하소연하기 위해 찾아간 옹고집을 "저 미친놈 여긔 왓다 ㅎ고 막뒤들고 구축"(박순호20장본, 470)하기에 여념이 없다. 옹고집은 이런 친구의 행위에 대해 "즈늬 나을 몰나 보나 날과 즈늬 흔 날 흔 시

의 눈 벗졀 일시 늬가 잘못 되엿다 흔들 이딕지 괄셰흐눈다”(박순호
20장본, 470 - 471) 하면서 도와주기를 간청한다. 사회 구성원 가운
데 가장 자신을 잘 알고 이해해 줄 것으로 믿었던 친구까지도 옹고
집의 처지에는 아랑곳 하지 않고 사태를 우스운 쪽으로 몰고 간다.

옹고집을 도와주는 집단은 자신을 이런 상태로 빠뜨려 놓은 불교
집단이다. 옹고집에 대한 징벌은 그를 벌을 주어 고통을 주려는 것
이 아니라 개과천선에 목적이 있어 행해진 일련의 행위였음이 강조
된다. 옹고집을 앞에 두고 불승은 “우리 불도에 유지무식흔 속인을
히할”(박순호20장본, 473) 수 없는데 그대에게 고통을 감내하게 한
것은 “불칙흔 쏫졀 다시 먹지”(박순호20장본, 473) 못하게 하려는
데 목적이 있었다고 한다.

사회 구성원들은 사회에서 악을 행하는 존재에 대해서는 거부와
비판을 하다가도 마음을 고친 존재에 대해서는 “보는 스룸 무식흐
며 쳐즈노복 창황흐여 보고 다 낫멸 쏘며 코를 지며 셔노 차탄흐멀
마지 아니흐더라.”(박순호20장본, 473)라고 하면서 기쁘게 맞아들인
다. 사회로부터 거부되던 개인이 사회에 복귀하여 온전한 사회 구성
원으로 자리를 잡는데 다른 사람들은 적극적으로 수용하려는 자세
를 취한다. 진·가 확인의 과정에서 종교적인 색채가 짙은 작품에
이런 작자의식이 나타난다면 다른 작품에는 대동사회에 대한 희구
나 기대가 더욱 강하게 나타날 것이다.

「양반전」에도 이상적인 사회를 추구하는 인물이 등장한다. 천부
는 자신의 안일과 신분상승을 위해 정선양반이 갚지 못하고 있던
관곡을 갚아주는 행동을 한다. 물론 이런 행동은 개인적 이득을 우

선으로 한 것이다. 그러나 많은 사람들에게 행동이 점검되는 과정을 거치면서 그것은 보다 객관화되는 과정을 거치게 된다. 사회는 개인만의 욕구로 구성될 수 없으며 다른 사람의 욕구도 고려하는 것이 필요함을 느끼는 데에 이른다. 이런 것은 보다 화해를 이룬 사회로의 지향을 추구하는 작자 의식의 일정한 반영이다.

이런 점은 군수의 행동에서도 나타난다. 그는 자신의 기준에 따라 이런저런 점검 과정을 거치면서 보다 올바른 대동사회는 개인과 사회가 조화로운 관계를 형성하고 있어야 한다고 한다. 정선양반에게 이 기준에 따라 개인적으로 존경을 하기도 하고 사회적으로 책임을 묻기도 한다. 천부에게도 개인적인 차원에서는 칭찬을 아끼지 않지만 사회적으로는 엄격한 기준을 제시하여 이에 따를 것을 요구한다. 이와 같은 모순된 행동은 대동사회를 추구하고자 하는 작자의 의식이 작용하여 나타난 결과라고 하겠다.

「호질」에도 대동사회를 이상으로 추구하는 작자의식은 강하게 나타나고 있다. 호랑이가 북곽 선생을 꾸짖으면서 하는 말에는 인간이 저지르는 온갖 부조리가 부각되어 있는데 인간이 이런 행동을 한다면 사회는 인간이 살 수 없는 곳으로 볼 수 있다. 호랑이가 꿈꾸는 이상사회는 남을 고려해 주면서 자신의 처지에 맞게 먹이를 찾고 도를 시행할 수 있는 사회이다. 그가 추구하는 사회가 어떤 성격을 가지고 있는지 확실하게 제시되지는 않지만 그런대로 성격은 감지해 낼 수 있다. 대동사회가 그런 사회인데 이 사회는 호랑이가 북곽 선생을 앞에 두고 꾸짖는 말 속에 장황할 정도로 설명되어 있다.

진·가 확인형 소설에는 대동사회를 추구하는 작자의 의식이 강하든지 약하든지 겉으로 언급되든지 언급되지 않든지 하는 차이가 있지만 존재함을 확인했다. 그러나 작자가 꿈꾸는 이상사회가 완전한 대동사회에는 이르지 못했다고도 할 수 있다. 작자가 추구하는 이상사회는 현실적인 제약과 기반을 전제로 하고 있는 성격이 강하고 이를 극복하고 초극하는 데는 일정한 한계가 있다고 하겠다. 완전한 대동사회는 어떤 이념의 구속에서도 벗어날 수 있어야 하는데 그런 선에까지는 나아가지 않았다는 점에서 일정한 한계를 지닌 이상사회로서의 성격을 지닌다고 하겠다.

3. 역사 발전 단계에 대한 방향 모색

진·가 확인형 소설이 등장하고 향유된 조선 후기는 과도기적 성격이 강한 시대였다. 이런 과도기적 성격은 어느 한 측면에 국한된 것이 아니라 사회 전반에 걸쳐 고루 퍼져 있었다. 과도기라는 시대적 특성 때문에 역사를 이끌어 가는 이념을 설정하는 데도 중세적 이념을 기준으로 설정하기도 하고 근대적 이념을 기준으로 설정하기도 하는 혼란을 겪을 수밖에 없었다. 모든 면이 혼란에 휩싸여 있었지만 사상에서의 혼란은 특히 두드러지고 이를 대표할 정도로 심각한 양상을 띠었다. 과도기에는 어떤 하나의 사상이 사회를 주도

하는 사상으로 올라서지 못하고 여러 사상이 주도권을 잡기 위해서 갈등하기 마련이다. 기존에 존재하던 사상은 그 역할이나 기능이 축소되기는 하였지만 사회의 이면으로 완전히 사라진 것은 아니며 새롭게 등장하는 사상은 그 역할이나 기능을 확대해 가기는 하였지만 사회를 주도하는 이념으로 올라서지 못한 것이다. 과도기적 상황에서는 역사를 주도하는 가치관이 형성되지 못할 가능성도 높아지며 혼란이 거듭해서 일어나기 마련이다. 진·가 확인형 소설에는 이런 역사를 주도하는 가치관을 어떻게 설정할 것인가를 두고 작자가 겪는 갈등이 드러난다.

과도기에는 기존에 존재하던 것과 새롭게 나타난 것이 뒤섞여 서로 힘을 겨루고 그것들이 영향을 주고받으면서 보다 합리적이고 합목적적인 모형을 찾아 나가기도 한다. 진·가 확인형 소설에 등장하는 인물 가운데 어느 쪽을 진짜로 정할 것인가를 두고 벌인 논란은 그런 과도기의 특성이 나타난다. 작품에서 진짜와 가짜를 설정한다는 것 자체부터가 과도기의 특성을 인물에게서 확인하려는 작자의식의 한 투영으로 볼 수 있다.

진·가 확인형 소설에는 진짜와 가짜라는 상반된 가치를 지닌 인물이 동시에 등장한다. 인물이 상반된 가치를 추구하니 자신이 기준으로 한 가치를 가지고 상대를 부정하려고 한다. 인물이 기반을 둔 이념이 달랐기 때문에 자신의 기준을 상대에게 적용하여 상대가 그것에서 벗어나면 용납할 수 없다고 하기 십상이다. 인물은 중세적 가치와 근대적 가치 가운데 하나에 중점을 두어 그쪽을 지향하면서 다른 쪽을 자신의 이념체제 안에 포섭하려고 한다. 나아가 그 과정에서 이런 이념을 어떻게 적절하게 조화시켜 역사적으로 유용한 이념으로 재구축할 것인가도 작자에게 주어진 몫으로 느낄 정도로 혼란한 의식의 모습이 나타난다.

진·가 확인형 소설에 등장하는 주요인물은 과도기적 역사단계를 고려하여 기존의 이념 가운데 어느 것을 선택하고 받아들여 새로운 시대에 맞는 것으로 발전시켜 나갈 것인지를 결정하여 그것을 보다 중요한 자리로 올려놓으려 노력하는 모습을 보인다. 중세에서 근대로 이행하려는 시대에도 작자는 더 이상 필요하지 않다고 보고 폐기처분해야 한다고 일반인들이 치부한 사상 가운데 중요한 것을 가려내어 그것을 다시 근대적 이념에 맞추어 변용해 내는 과정을 거치는 역할을 맡는다. 근대로 바뀐 시대에도 기존의 이념 가운데 결코 버릴 수 없는 것이 있음을 작자는 찾아내어 인식하고 그것을 적극적으로 계승하는 데 나서게 마련이며 그들에 의해 선택된 것 가운데 가장 많이 부각된 것은 새로운 시대에도 포기할 수 없는 이념으로 자리를 잡아 더욱 튼튼한 기반을 갖추게 된다. 작자들에게 가장 중요하다고 선택된 것은 윤리적 가치를 버리지 않는 자세이다. 이제 이렇게 선택된 이념은 중세적 윤리로만 머무르지 않고 근대적 윤리로도 취급될 수 있는 기반을 획득해 놓은 것으로 그 성격이 바뀐 것이다.

진·가 확인형 소설에 등장하는 주요인물은 진짜와 가짜인데 이들은 사회의 기득권층에 속하는 인물도 있지만 새롭게 부상하는 층에 속하는 인물도 있다. 기득권층에 속하는 인물이라고 하여 무조건 사회의 핵심적인 위치를 차지할 수 있는 것은 아니며 새롭게 등장하는 층과 사회의 주도권을 놓고 다투어서 자신의 이념이나 지향하는 가치를 적극적으로 상대계층에게 내세우고 타당성을 입증받아야 했다. 이들은 보수적인 이념을 가지기 쉽다는 것이 일반적인 판단이지만 꼭 그런 것만은 아니고 상대적인 측면에서 보수적인 이념에 이끌렸다 하겠다. 한편 기득권층에 속하지만 새로운 이념을 적극적으로 받아들이는 자세를 취할 수도 있다. 이런 경향을 지니기 쉬운 계층은 새롭게 부상하는 계층일 가능성이 높다. 이들은 사회의 주도권을 장악한 계층이 되기 위해 무엇은 지켜야 하고 무엇은 지키지 않아도 되는지를 두고 주위 사람들과 논란을 벌이는 과정을 통해 새로운 시대에 맞는 가치관을 모색해 나갔다. 특히 이들 계층들은 중세적 이념과 근대적 이념을 어떻게 적절히 조화시킬 것인지를 놓고 상당한 고민과 갈등을 겪었다.

「유연전」에 등장하는 유연은 중세적 이념을 철저할 정도로 지키려는 자세를 지니고 있다. 유연은 형의 빈자리를 차지하려는 의도로 가짜를 진짜라고 주장하는 달성령 지의 의견에 맞서 자신의 신념을 끝까지 포기하지 않는다. 그는 부정적 행위를 자행하여 개인의 생명과 의지를 꺾어 놓으려는 중세체계를 향하여 아무런 불만도 없다. 유연이라는 인물은 중세적 가치관을 자신의 입으로 신봉한다고 말하지 않아도 주위 사람들이 그의 이념을 중세적 이념에 따른 삶을 살아가는 인물로 보고 그렇게 취급한다. 특히 그의 부인은 그의 이념의 대변자로 나서서 그가 받았던 체제로부터의 피해가 일으킨 정신적 충격이 얼마나 큰 것이었으며 그것을 치료하는 데는 어떤 노력이 필요한지를 제시하여 그들이 중세사회로부터 보호받아야만 할 대상임을 은연중에 강조한다.

유연은 중세적 이념체계에 따른 질서관념을 철저하게 신봉한다. 집안의 많은 재산을 물려받아 미래의 편안한 생활을 보장받을 상황임에도 불구하고 집의 형이 가출한 사건을 두고 자신의 이득에만 연연하지 않는다. 또한 그는 불완전한 상태로 유지되는 가족질서를 완전한 상태로 회복하기 위한 이념에 철저할 정도로 따르기도 한다. 형의 가출을 두고 주위사람들이 미쳐서 도망한 것이라는 말을 하지만 그는 그것을 믿지 않고 형의 가출이 어떤 피치 못할 이유가 있을 것이라고 보고 그것을 동정하면서 눈물을 흘린다.[143] 그는 표면적으로 안락한 생활을 보장해 주는 경제적인 이득에 따른 행동을 하기보다는 중세를 떠받드는 이념에 더욱 무게를 둔 행동을 한다. 그의 행동을 떠받드는 이념은 현실의 여러 모순을 해결할 수 있다고 믿는 윤리에 기반을 두어 이루어진 것이다. 그러나 현실에 존재하는 질서체계에서는 윤리가 얼마나 힘을 발휘하고 지지를 받을 수 있을지가 의심스러울 정도로 무너져 있다. 가족 중에서도 그의 태도를 지지하지 않고 거부하려는 행동을 일삼는 사람이 생기는 것은 이런 경향을 보여준다.

달성령 지를 중심으로 한 몇 사람들이 윤리보다는 경제적 측면을 중시하여 가짜를 진짜로 집안에 들이려 하면서 유연과는 정반대의 가치를 추구한다. 달성령에게는 오직 경제적 이득만이 행동의 기준으로 설정되어 있기 때문에 가짜를 집안에 들여놓음으로써 얻을 수

---

143) 이항복, 「유연전」, 498면. "淵獨憫泣"

있는 이득은 결코 포기할 수 없는 유혹으로 작용한다. 가짜를 집안에 들임으로써 그가 얻을 수 있는 이득은 많으니 가족 질서가 잘못되는 것은 자신과는 아무런 상관도 없다. 그에게 윤리는 아무런 의미도 없는 것으로 치부되어 버려지고 경제적 이득은 어떤 희생을 치르더라도 결코 포기할 수 없는 것으로 간주되어 그 위상이 높아져 있다. 경제적 이득과 윤리 가운데 어디에 중점을 두고 행동을 할 것인지는 순전히 개인의 가치관이 지향하는 바에 따른 선택의 문제이지만 작품에는 이런 대립되는 이념 가운데 어떤 것을 선택할까를 두고 심각한 고민에 빠져 있는 인물이 등장하여 이들 간의 대립을 시종일관 겪는다.

'윤리'와 '경제적 이득'이라는 모순·반대되는 이념항을 두고 갈등하던 인물들은 윤리에 기반을 두고 행동하는 쪽이 일방적인 손해를 입으며 경제적 이득을 추구하는 쪽이 사건을 유리한 쪽으로 이끄는 상황에 이르기도 한다. 현실 생활을 주도하는 인물은 윤리형의 인물이 담당하는 영역도 있을 것이고 경제형의 인물이 담당하는 영역도 있을 것이지만 작품에서는 후자의 인물들이 사회의 주도적 계층으로 등장하고 있음을 감지할 수 있는 시대적 여건이 드러난다. 시대는 이미 '윤리'라는 이념이 지켜질 수 있는 범위는 극도로 좁아지고 있으며 위상도 그만큼 하강하고 있음을 보여준다. 그러나 '윤리'를 포기하고 '경제적 이득'만을 중요하게 따르는 것도 문제가 있기는 마찬가지임을 작품은 문제로 제기하고 있다. 생각의 결을 「유연전」의 사건구성을 통해서 알아낼 수 있다.

「화산중봉기」에서도 윤리에 중점을 둔 인물과 경제적 이득을 중시하는 인물이 등장한다. 선옥이 공부를 하려 절로 올라가지만 부인을 보기 위해 계속 내려오던 어느 날 밤에 부인의 방에서 비추는 그림자를 외간남자라고 오해하고 집을 나가자 경제적 이득을 중시하는 인물은 재빨리 선옥이 비운 자리를 차지하기 위해서 적극적인 행위에 나선다. 선옥을 찾아 나서는 흑룡과 흑룡의 계획이 윤리적으로 잘못되었다는 것을 알면서도 그에게 동조하는 행동을 보이는 가짜 선옥이 그들이다. 선옥을 찾아오면 재산의 반을 준다는 말을 듣고 흑룡은 전국으로 그를 찾아 나섰지만 찾지 못하자 얼굴이 비슷한 사람을 진짜라고 하면서 데리고 온다. 적극적으로 속이기 위해 나서는 그의 행위에 대해 사실을 모르는 가족들은 모두 가짜를 진짜로 알고 아들로 받아들여 가정의 질서는 무너져 내리지만 위기를 위기로 인식하는 사람은 며느리를 빼고는 없다. 오직 그의 신체적 특성 가운데 있어야 할 것이 없다는 사실에 근거하여 남편으로 받아들일 수 없다고 하는 적극적인 태도를 취하는 이 씨가 나서면서 윤리에 기반을 두고 행동을 하는 사람과 경제적 이득을 추구하는 사람이 첨예한 대립을 겪는다.

이 씨는 열이라는 중세 이념에 투철한 세계관을 가지고 있으며 이를 지키는 데 조금의 흔들림도 없다. 이런 이 씨의 신념이 있었기에 이 씨는 다른 가족들이 모두 아들로 인정하고 받아들이려는 사람을 끝까지 거부하면서 진짜가 다시 집으로 돌아와 예전의 완전한 가족으로 돌아가려는 의지를 꺾지 않는다. 가짜가 집안으로 들어옴으로써 이 씨는 시집에서 내쫓겨 친정으로 돌아와야 할 위기를 겪지만 절대 자신의 신념을 포기하지 않는다. 이런 신념 때문에 그는 시집에서 쫓겨나는 신세로 전락하기도 한다. 시집을 간 여자가 시집에서 쫓겨나 친정으로 돌아온다는 것은 중세적인 이념이 흔들리던 조선조 후기에도 결코 가벼운 일은 아니었는데 이런 위험을 당하면서도 그녀는 자신의 신념을 꺾지 않는다. 쫓겨 온 딸을 보고 친정아버지는 놀라면서 걱정하는 말을 늘어놓아 딸이 행한 일은 옳은가 옳지 않은가는 문제 삼지 않고 그것이 몰고 올 사회적 편견과 비난이 심상치 않을 것에 더욱 신경을 쓴다. 그러나 그런 주위의 시선에도 아랑곳 하지 않고 자신이 알고 있는 진실을 끝까지 고수하려는 딸의 태도에서 아버지는 딸의 주장을 진실로 받아들여 그의 후원자가 된다.

인물들의 자질들은 근대적 성격과 중세적 성격의 대립·갈등에 기초해 있다. 어느 하나의 인물이 하나의 이념에만 국한되지 않았으며 다른 인물들이 가진 이념에 영향을 받아 자신의 이념의 방향을 다양하게 모색해 나가는 경향을 지니기도 한다. 인물들은 진짜와 가짜를 변별하는 과정을 거치면서 이런 의식을 가지게 되며 상대의 이념을 자신의 이념으로 받아들이는 과정을 겪는다. 인물 간의 행동에도 이런 대립·갈등이 있지만 심리적 측면에서도 갈등은 존재한다. 인물이 어느 하나의 이념이나 성격만으로 이루어지지 않는 시대적인 성격을 받아들여 이념적 갈등을 겪는 과정을 겪는 인물들이 이들 작품에는 등장하고 있다. 진·가 확인의 과정에는 과도기에 처한 시대적 성격과 그 시대를 살아간 인물들의 개인적 고민이 수용되어 있다.

한편 과도기적 자질을 가진 인물이 보다 확연한 모습을 띠고 나타나는 것은 「옹고집전」이다. 「옹고집전」에는 중세적 이념과 근대적 이념 사이에서 어디를 지향할까 갈등하는 인물이 등장한다. 「옹고집전」에는 옹고집이 중세적 이념이 극단적인 위기에 처하자 그것을 버리는 데 적극적으로 나섰다가 중세적 가치관에 근거한 사람으로부터 강력한 제재와 훈계를 받고 자신을 회개하는 과정이 분명하게 나타난다. 옹고집은 윤리를 송두리째 저버리는데 이는 중세적 이념을 전면적으로 부정하는 데까지 나아가 심각한 양상을 띠고 있다. 왜냐하면 옹고집은 중세적 이념체제에서 가장 기본적으로 지켜져야 한다고 믿어온 윤리인 부모봉양까지도 저버리고 있으면서도 경제적 이득을 챙기는 데는 한발도 물러나지 않는 모습을 보이기 때문이다. 부모를 봉양하는 것도 당연하다 여기지 않고 경제적인 이득이 있으면 모실 수 있지만 없으면 모실 수 없다는 생각을 한다는 점은 이미 시대가 중세라는 틀로는 더 이상 유지될 수 없다는 것을 보여준다. 부모에 대한 봉양의 의무는 버리고 경제적 이득만은 중요하게 생각하는 그의 행동은 사회적인 차원에서도 문제를 가진 행동으로 치부된다.

이런 행위를 하는 인물에게 변화를 위한 자극제가 등장하는데 가짜라는 형태를 띠고 그의 행위에 벌을 가하려고 하는 집단이다. 진짜 옹고집이 집에 없을 때 찾아온 가짜 옹고집은 집안에 들어서자마자 경제적인 측면에 중점을 둔 집안 경영에 나선다. 그런데 이 가짜 옹고집은 진짜 옹고집이 그렇게 중요하게 생각하는 경제적 측면을 중시하면서도 결코 윤리적 측면도 포기하지 않는 자세를 견지한다는 점에서 진짜보다 더욱 우위를 점하는 인물이 될 수 있는 자질을 이미 내재하고 있다. 진짜 옹고집이 무시하는 윤리적 자질을 중시함으로써 가짜의 행위는 진짜보다 훨씬 진정한 측면을 더욱 많이 가진 것으로 인정받고 이런 점은 관가에서의 확인과정에서도 중요하게 인정을 받아 진짜의 자리를 차지해 버린다. 진짜는 사대 조상 이름을 모를 뿐만 아니라 재산에 대한 규모도 정확하게 파악하지 못하고 있어 고을의 수령으로부터 진짜가 아니라고 판결을 받는 데 빌미를 제공해 준다. 반면에 가짜는 사대 조상의 이름을 정확하게 알 뿐만 아니라 재산규모가 어느 정도인지 정확하게 파악하고 있어 진짜보다 높은 인식을 하고 있다.

진짜 옹고집은 가부장으로서 기득권에 의심이나 비판을 허용하지 않는다. 자신의 정체를 확인하는 자리에서도 가부장으로서의 권위를 내세워 집안의 세간을 제대로 몰라도 "밋도 슷도 없시 문젼옥답 무슈ᄒ고 오려논 닷 마지기 깃동밧 열 마지기요, 집안셰간은 예편늬가 알지 민은 아지 못ᄒ나이다."(박순호 33장본, 465)라고 떳떳하게 밝혀 자신이 세간을 모르는 것은 너무 당연하다는 인식을 내비친다. 진짜 옹고집은 기존에 존재하는 가치를 자신의 행동의 원칙으로 삼으면서 새로운 이념에 따른 가짜 옹고집이 하는 가치 있는 행동을 전혀 인정하려고 하지 않는다. 가짜가 관에서 진짜로 판결되고 집에 돌아와서 진짜가 그동안 행동의 준칙으로 삼아온 경제적인 이념을 중시하고 윤리를 저버리는 행위에 대해 가짜 옹고집이 진짜 옹고집과는 다른 행동을 하는 것을 부각시켜 다루는 것은 작자가 이 작품에서 추구하고자 한 가치관이 어디에 있는지를 보여준다. 「옹고집전」의 모든 이본에는 작자가 중시하는 이념이 어디를 지향하는지를 보여주는 이 부분이 빠지지 않고 제시된다.

> 옛일을 싱각ᄒ어 이제는 활린ᄒ자 불도가 무섭쯔다 너의 모친
> 다리오라 빅연 희로 하자 ᄒ고 장시부인 모신 후의 분지하여 빙모
> 주고 고양진미 맛난 음식 모친 굉졍 극진하고 길가난 즁을 모셔
> 천금 시쥬하고 옷업난 사람 오셜 쥬고 빅 고푼 사람 밥을 쥬고 날
> 마당 잔치을 비셜ᄒ고 음식장만하여 열 친구 포식하니(박순호 33장
> 본, 729 – 730)

위와 같이 가정에서나 사회에서나 윤리적 실천을 행하는 가짜는
진짜와는 다르다. 진짜가 저지른 과거의 모든 잘못을 반성하고 새로
운 사람으로 태어났으면 하고 바라는 작자의 기대가 가짜의 행동양
태에 반영된 것으로 볼 수 있다. 경제적 이득만을 따지고 이에 따
라 행동하는 진짜의 이전의 모습은 없고 전혀 다른 행동을 하는 가
짜 옹고집이 등장한다. 과거의 잘못은 여기에서 모두 반성되고 올바
른 행동으로 바뀌어 가짜의 의식을 지배한다. 진짜가 저지른 잘못은
부모에게 불효하고 처가 식구를 구박하여 중을 보면 온갖 악행을
저질러 쫓아내었으나 가짜가 하는 행동은 이와는 반대방향을 취하
고 있다. 가치관이 달라지니 사회에 널려 있는 약자에 대한 보살핌
도 이루어지고 있다. 사회는 가족만으로 구성되어 있지 않고 많은
부류의 사람으로 구성되어 있기 때문에 이들에 대한 사회적 책임을
다한다는 것은 옹고집의 개과천선이 사회적 의미를 내포한 행동으
로서의 의미도 내포하고 있음을 보여준다.

옹고집은 바람직하지 않은 인간에서 바람직한 인간으로 개인의 안

위만을 생각하는 인간에서 사회적 공익도 생각하는 인간으로 바뀌고 있다. 이런 인간은 새로운 시대에 보다 절실히 요구되는 인물유형에 해당한다. 시대가 바뀌었는데 인간이 바뀌지 않는다면 시대의 흐름에 따라갈 수 없고 도태될 수밖에 없다. 시대적 흐름을 면밀하게 살피면서 그에 맞는 가치관을 지닌 인물이 나타나야만 역사적 흐름에서 주도적인 인간이 될 수 있다. 기존에 잘못된 가치관은 올바른 가치관이나 시대에 적합한 가치관으로 바뀌어야 하면 부정적인 인간은 긍정적인 인간으로 바뀌어야 한다는 작자의 의식은 인물의 변화와 진짜와 가짜라는 정체의 확인을 통해 강력하게 작품에 제시된다.

중세적 가치를 극복하고 근대적 가치를 지닌 옹고집으로의 변화를 기대하는 작자는 가짜와 진짜의 구별을 거치게 한다. 이런 과정은 인물의 성격에 시대성을 부여하는 작자의 시각이 투영되어 있다. 작자는 옹고집의 성격에 시대의 성격을 투영하고 있다. 시대는 이미 중세에서 근대로 변화하였지만 그 속에 삶을 유지하는 인간은 변화를 위한 적극적인 노력을 기울이지 않는다. 그렇다면 이런 시대와 인간의 불일치와 어긋남을 극복하려는 인간의 노력이 과연 어떻게 이루어져야 하는가가 보다 올바른 인간형을 탐구와 맞물리면서 시대적 의미를 탐구하는 작자의 의식에 작용하고 있다 하겠다.

「양반전」에는 이익에 우선하다가 윤리로 전환하는 사고를 보이는 천부가 등장한다. 천부는 이익을 우선하는 사고를 가진 인물이기 때문에 자신에게 이익이 될 만한 일은 서슴지 않고 자행한다. 그러나 아무리 이익이 중요하다고 하더라도 가치까지 포기하고 이익을 추구할 수는 없다고 본다. 군수가 요구하는 사항이 가치와 맞지 않는다는 것을 알고는 이익을 과감하게 포기하는 결단을 보이기 때문이다. 천부의 이런 자세에는 중세에서 근대로의 이행기에 어떤 가치관을 가질 것인가를 두고 벌인 작자의 갈등이 투영되어 있다. 이런 점은 군수의 행동에서도 드러난다.

「호질」에는 연암이 시대의 변화를 읽어보려는 예리한 시선을 담고 있다. 중세라는 시대와 근대라는 시대가 서로 힘겨루기를 하는 양상이 이 작품에는 담겨져 있다. 중세에는 북곽 선생과 같이 겉과 속이 다른 인간이 그래도 자신의 존립근거를 확보하고 있을 수 있는 시대였지만 근대로 바뀐 시대에는 이런 인물은 존립을 위한 새로운 근거를 확립해야만 하는 상황을 맞았다. 북곽 선생은 변화를 위한 계기를 사회에서 마련해 놓고 그 과정을 통과하게 하였으나 변화를 하지 않고 예전의 모습으로 돌아가 버려 중세적인 가치관을 고수하려는 의지를 가진 인물에 머물렀다. 그러나 작자는 이런 북곽 선생을 사회의 주도적인 위상을 차지하지 못한 인물로 취급할 뿐이지 부정하지는 않는다. 그렇다고 하여 작품의 서사 부분에서 중요한 역할을 수행하는 호랑이라고 하여 이런 입장과 정반대로 취급되는 것은 아니다. 호랑이는 변화를 이끌어 가는 인물로 기능하지만 적극적으로 북곽 선생을 변화시키는 데 역할을 하지 못하고 제한적인 역할만 수행한다. 두 인물이 만나서 겨루는 과정을 통해서 새로운 시대는 어떠해야 하는지를 모색한다. 시대를 제대로 인식하는 것이 중요하다는 점을 작자는 직접적으로 나서서 방향을 제시하는 자리를 마련하고 그것은 작품의 중요한 의미를 지니게 만들어 놓았다. 이와 같이 이 작품도 시대적 단계를 고민하는 작자의 시선이 등장하기는 마찬가지며 이것에 대한 고민을 형상화하고 있는 작품으로서의 성격을 지닌다.

요약컨대 진·가 확인형 소설은 시대를 고민하는 작자의 시선이 온전하게 드러나고 있다. 중세와 근대를 두고 어떤 시대를 지향하고 이들을 어떻게 조화롭게 접목시켜 어떤 시대를 이룩할 것인지를 두고 작자는 심각한 고민의 과정을 거치면서 이것에 대한 방향을 제시하는 자리를 마련하고 있다. 이것이 이 유형의 소설이 지닌 작자의식의 중요한 일부를 이루고 있다.

4. 전복된 현실질서에 대한 비판

조선 후기 사회는 전기와는 달리 급격한 혼란을 겪으면서 근본적인 변화를 위한 모색을 병행해 나갔다. 이런 상황에서 혼란은 더욱 심해져만 갔으며 사회의 어느 일부에만 국한되지 않았고 내적인 요인과 외적인 요인이 동시에 작용하여 더욱 갈피를 잡을 수 없을 정도로 중첩되어 갔다. 혼란이 어느 하나의 국면에 한정된 것이 아니라 전체적인 사회의 범위에 걸쳐 있었다는 점에서 문제의 심각성은 더욱 무겁다. 이에 기득권을 가진 계층은 더욱 위기의식을 느끼고 기존의 질서체계에만 얽매여 이것이 위기를 극복하는 길이라고 하면서 더욱 보수적인 자세를 취해 갔다. 기존의 잘못된 질서체계는 더욱 힘을 발휘하면서 당대인들을 옭아매는 요인으로 퍼져 나갔고 손을 쓸 수 없을 정도로 강력한 힘을 발휘하면서 한 시대를 전반적으로 지배하는 요인으로 자리잡아 나갔다. 피지배층이라고 하여 이런 사회 흐름에서 벗어날 수는 없었으며 그것의 지배를 받기는 마찬가지였다. 사회의 혼란에 따른 가치관의 혼란이 이 시대를 전반적으로 지배하고 있었지만 그런 현상은 특히 지배층을 중심으로 하여 더욱 절박한 상황의 변화를 겪는 과정을 온전하게 겪었다. 여기에서는 이런 관점에 따라 위에서 논의한 세 요소를 포괄할 수 있는 작자 의식의 바탕을 찾아 나가고자 한다.

지배층은 임진왜란과 병자호란을 겪으면서 사회의 주도적인 위상에 맞는 행동과 역할을 수행하지 못했다. 그들이 누렸던 특권들은 전쟁을 겪으면서 그 허위성이 모조리 드러날 정도로 바탕이 없음이 증명되는 데에 이르렀다. 그렇지만 전쟁이 끝난 상황에서도 그들은 과거에 자신들이 누렸던 특권을 포기할 수 없으니 그것을 강화하는 방향으로 나아갔다. 이런 의도에 따라 과거의 절대적인 위상을 뒷받침하던 사상적 기초를 누구나 따라야 할 것으로 강요하는 행동을 서슴지 않고 자행했다. 이런 기준에 따라 사상적인 측면에서와 정치적인 측면에서 자신들을 중심으로 한 배타적 무리를 이루는 것으로 나타났다. 전자로는 이단이라 할 만한 사상을 믿는 것을 허용하지 않고 그런 기미를 보이기만 하면 사문난적으로 몰아가는 사상적인 통제기제를 발동시켜 탄압을 가해 그것이 발붙일 여지를 주지 않는다는 점으로 나타났다. 그 현상은 부단하게 이루어진 사상적 탄압에 의해 증명되고도 남음이 있다. 후자로는 특권적인 정치적 이익을 지켜 나가려는 의도를 숨기고 이를 붕당론으로 표출해 가면서 부류가 아닌 사람들에게 정치적인 기회를 박탈하려는 행동으로 나타났다.

이런 두 가지 측면에서 진행된 대립은 사대부의 분할과 반목을 자연스럽게 불러왔다. 사대부는 정치에 참여하는 계층과 정치에 참여하지 못하는 계층으로 나누어졌으며 이런 분할은 학문에 대한 자세와 선택을 결정하는 요인으로 작용하기도 했다. 그것들이 상호 간에 불가분의 관련을 맺으면서 진행되었다. 전자의 인물들은 정치를 담당한다는 자부심과 안정을 계속하기 위해서는 주자학만이 중요하다고 하면서 다른 사상에 대해 절대적인 금지의 자세를 행해 갔으며 후자의 인물들은 기득권층의 자세가 잘못되어 있으며 그것을 고치기 위해서는 주자학 이외의 다른 사상에 대해 열린 자세를 가지는 것이 필요하다고 역설했다. 이런 과정에서 사회 표면에서 일어나는 현상만이 절대적인 지표나 기준이 된다는 생각은 무너지고 사회 이면에서 일어나는 현상도 기준이 될 수 있다는 인식이 싹트게 되었다. 생각이 바뀌니 사상과 정치를 어떻게 해야 하는가를 두고도 다양한 의견의 표출이 일어났다. 조선 후기에는 많은 사람이 참여하여 사회적인 논쟁으로까지 취급하여 다른 문제들이 많이 등장했던 것은 이런 사회의 혼란과 그것을 극복하려는 노력이 부단하게 일어난 결과물로서 기존의 사회 질서로 인정되고 있는 모든 것들을 한 번쯤 다시 생각하게 하는 역할을 했다.

정치, 사상, 국제정세 등에서 이상과 현실은 어긋나 있었으며 현실의 상황은 어긋남의 정도가 가볍지 않고 심각하였다. 현실은 이상을 통해 해결의 방향을 찾아 나가는 기폭제가 될 정도로 혼란·잘못이 난마처럼 얽혀 있었다. 이런 현실에 대해 진·가 확인형 소설의 작자들은 문제의 심각성을 인식하면서 해결을 위한 노력도 기울였다. 작자의식을 다룬 위의 절에서는 문제의식을 세분화하여 다루었는데 여기에서는 이런 의식을 떠받드는 의식이 무엇인지를 찾아보는 것으로 위의 세 가지 모두의 기반에 내재되어 있는 것이 무엇인지에 대한 탐색이다.

진·가 확인형 소설의 작자들은 전복된 현실질서에 대한 비판의식을 작품의 기본적인 바탕으로 삼고 있다. 각각의 작품에서 작자들은 문제를 다루는 방법이나 어떤 것을 중요하게 다루고 어떤 것을 중요하게 다루지 않을까를 두고 다른 입장을 보였다. 작품은 고유한 색깔을 띠면서 작자에 따라 이를 다루는 방법에 따라 세밀한 차이를 보이는 것으로 나타났다. 그러나 세밀한 차이가 작품마다의 특성을 결정하는 요소로 존재하기는 했지만 그렇게 중요하게 작용하지는 않았으며 작품에는 현실에 존재하는 질서에 대한 문제를 지적한다는 점에서 공통점을 가지는 것으로 묶이기도 했다. 물론 이런 질서는 잘못된 것으로서 존재하고 있어 문제를 지니고 있다. 전복되었다는 것은 현상에 중점을 둔 판단이라면 잘못되었다는 것은 가치에 중점을 둔 판단이다. 현실에 존재하는 질서가 이상에 다가서 있다면 작품에서 문제 삼을 것이 없다는 인식에 따른다면 모든 작품에서 이런 요소는 어느 정도 드러난다고 할 수도 있지만 작품마다 이것을 다루는 방법은 모두 다르다고도 할 수 있다. 진·가 확인형 소설에서 다루는 전복된 질서는 더욱 강력한 성격을 띠고서 세상에 존재하는 기본적인 바탕을 이루고 있는 것으로 올라가면서 다른 소설에서 문제로 다루는 것과는 그 중요성이나 강도가 다르다. 따라서 전복된 질서에 대한 비판은 현실에 대한 강력한 비판의식을 기본적으로 유지한 작자들이 내보일 수 있는 의식으로서 누구나 가질 수 있는 것으로 취급할 수 없는 것이며 진·가 확인형 소설에서 드러나는 작자의식의 고유한 성격으로 보아야 한다.

「유연전」의 유연은 자신의 판단에 따라 절대로 형이 될 수 없는 사람이 형의 자리를 차지한 것을 문제 삼는다. 이런 유연의 주장은 주위 사람의 불순한 의도가 내재한 주장에 따른 억지 때문에 빈번히 받아들여지지 않다가 급기야는 유연의 목숨까지 빼앗는 상황에 이른다. 주위 인물들은 유씨 집안의 재물을 유연이 독차지할 수 있다는 위기감과 재산을 자신들의 것으로 하고자 하는 욕심 때문에 거짓으로 유연의 형을 만들어 집안으로 들어가게 하여 재산을 독차지하려고 한다. 이런 옳지 않는 인물에 의해 주장되는 억지는 결국 기득권층의 주장을 어떤 의심도 하지 않고 받아들이는 관가의 잘못된 판단에 의해 옳은 것으로 사회적 인정을 받는다. 관가에 의해 내려진 판단은 옳은 주장을 하는 사람을 희생자로 삼았고 그른 주장을 하는 사람의 주장을 옳다고 했기 때문에 잘못되고 전복된 성격이 짙다. 이를 바로잡지 않고는 어디에도 올바른 것이 용납될 자리는 없다. 작자는 이런 잘못된 질서를 바로잡기 위한 노력은 어떤 어려움이 있더라도 시도되어야 하며 그것을 바로잡기 위해서는 권력의 핵심에 있는 사람들이라고 하여 벗어나지 않고 더욱 철저할 정도로 실행되어야만 의미가 있음을 역설한다. 이 작품에서의 관가에 의해 행해지는 자기반성은 스스로의 판단이 잘못되었음을 인정하고 그것을 극복하려는 철저한 의도를 따른다는 의미가 있다.

관가는 과거에 자신들이 저지른 잘못을 덮어버려 숨기려고 하지 않고 드러내어 반성이 잘못된 현실을 바로잡는 하나의 지름길이 될 수 있음을 솔직하게 인정한다. 따라서 그들은 과거에 잘못된 판단에 따라 옳은 주장을 하는 사람의 말을 듣지 않고 목숨을 빼앗아 버린 일이 있었음이 인정되자 자신들의 과거의 잘못을 솔직히 인정하고 이를 바로잡기 위해서도 지체 없는 행동에 나서게 된다. 물론 이런 행동에 나서게 된 데에는 형이라고 할 만한 인물을 실제로 만났다는 사람들이 있었다는 숨길 수 없는 사실이 자리잡고 있기는 하지만 잘못된 질서를 바로잡고자 하는 작자의 자기반성에 대한 강한 열망이 기본적으로 작용하고 있었기 때문에 가능했다.

「화산중봉기」에는 집을 나갔다가 돌아온 아들을 진짜라고 하는 시부모와 가짜라고 하는 며느리가 등장한다. 시부모는 아들이 아닌데도 불구하고 아들이라고 인정하여 집안에 받아들여 며느리와 부부의 관계를 유지하여 집안의 대를 이어주기를 바란다. 며느리는 이런 부모의 판단과 강요는 도저히 받아들일 수 없다고 거부한다. 왜냐하면 자신의 판단 기준에 따르면 시부모가 아들이라고 주장하는 사람은 결코 자신의 남편이 아님이 너무나 분명하기 때문이다. 며느리를 시부모는 핍박하여 내쫓아 버리고 새로운 며느리를 맞아 새로운 가정을 꾸리려고까지 한다. 부모는 자신들의 판단이 옳기 때문에 며느리가 주장하는 것이 어떤 타당성을 가지고 있는지에 대해서는 아무런 관심도 없고 주의 깊게 살펴보려고도 하지 않는다. 시부모의 판단이 잘못되었음을 며느리가 나서서 주장해도 그들은 판단에 대해 어떤 의심도 하지 않는다.

두 측의 주장이 어떤 해결책도 찾지 못하고 점점 강해지기만 하자 부모는 자신들의 판단이 옳기 때문에 새로운 며느리를 맞아 가정을 이어나가고자 하는 의도를 실현하기 위하여 관의 판결이 뒷받침되어야 한다고 판단하여 관가에 이 일의 판결을 의뢰한다. 관가는 시부모의 판단이 옳다고 인정하여 며느리를 친정으로 가 있게 하고 상부의 허락을 받아 새로운 며느리를 얻어 가정을 꾸미는 것이 좋겠다는 해결책을 제시한다. 이런 관가의 판단은 일정하게 기존에 존재하는 의식의 수용에 따른 것으로 어느 정도 타당성이 있다. 관가에서는 기존에 존재하는 부자간의 윤리가 부부간의 윤리보다는 당연히 중요하고 절대적인 위상을 지니고 있기 때문에 전자가 옳을 것이고 후자는 전자보다는 옳지 않을 것이라는 선입견에 따른 결정을 내려준다.

그러나 실제로는 이런 판단은 잘못되었음이 증명된다는 데에 문제의 심각성은 있다. 부자간에 존재하는 윤리인 부자유친은 부부간의 평등에 기준한 윤리인 부부유별보다는 보다 강력하고 절대적인 영향력을 발휘하여 이것에 기준한 판단이 사실을 지배하기도 해야 하나 사실은 정반대의 결과를 이끌어 낸다. 사실의 판단에는 윤리의 차등이 존재하지 않음이 드러났으니 이제는 윤리의 차등에 따른 판단은 그 실상이 어떠한지에 따른 것으로 전환할 수밖에 없다. 그렇지 않고 다른 기준에 따른 판단을 내린다면 이런 판단은 사실을 제대로 수용하지 못하고 사실을 왜곡하기까지 할 가능성이 높아진다. 그러나 이런 윤리관의 차등의식에 의한 판단도 그렇게 심각하고 중요한 비판의식을 내재하지 못하고 타협적인 해결책을 찾는 데 머물렀다는 데에 이 작품의 특성이 있다.

작품에서는 관가가 지닌 잘못을 인정하고 이것을 적극적으로 바로잡고자 하는 왕이라는 질서의 정점을 설정하여 부자간의 윤리와 부부간의 윤리가 대립하는 것이 아니라 그 속에 포괄되어 자신의 자리를 다시 확고하게 다지는 모습을 보여준다. 왕이 잘못된 관가의 판단과 행동을 바로잡고 잘못된 부모의 행동도 바로잡음으로써 윤리 간의 반목과 대립이 그렇게 근본적인 것이 아니라 일시적이고 지엽적인 수준에서 일어난 현상에 불과하여 금방 위계질서에 따라 재편되어야 함을 주장한다.

이 작품에서 전복된 현실질서는 자식과 부모가 생활하는 가정에서 심각한 문제를 일으키는 것으로 작용하여 극단적인 대립만을 불러왔다. 부모는 부모로서 자식을 알아보지 못한다는 것은 있을 수 없다고 하면서 자신의 판단이 옳다고 하고 자식의 판단이 그르다고 하며 자식을 내쫓으려 하며 자식은 남편의 특성에 기초한 자신의 판단이 옳다고 하면서 자신의 판단을 믿지 않는 부모의 입장을 이해하지 못하겠다고 하면서 잘못되어 가는 가정의 질서를 바로잡아 나가려는 고집을 꺾지 않는다. 인물은 다른 입장을 보이면서 양보를 하지 않고 자신들의 입장을 강화하는 데만 골몰하지 문제를 해결하려는 열린 자세를 지니지 못하고 있다. 사실에 근거한 옳은 판단을 하는 자식도 부모와 의견 대립이 일어난 이유가 무엇이고 이것을 해결하기 위해서는 어떤 방법이 있는가에 대한 진정한 성찰과 해결책을 찾기 위한 노력을 기울이지 않는다.

이런 서로 간의 반목과 갈등은 전복된 현실질서를 더욱 두드러지게 한다. 가정의 전복된 현실질서는 관가라는 공적인 질서가 개입하여 중재를 위한 해결책을 찾아 나가는 과정에서 점점 정상적인 관계를 회복해 간다. 집안에서의 사적인 관계로 맺어진 부자간의 관계에서는 윤리나 현실에서 서로 대립만 벌이다가 관가의 개입으로 인해 근본적인 해결책을 찾아 나간다. 관가는 진상을 밝히기 위하여서는 어릴 때 집을 나간 아들을 찾아내는 것이 가장 좋은 방법이라고 판단하여 갖은 고생을 하면서 아들을 찾아내는 데 성공한다. 관가가 진실을 밝히려는 의지를 겪지 않고 온갖 고생을 이겨낼 수 있었던 바탕에는 왕이라는 중세질서의 정점이 이 사건을 해결하려는 강한 의지를 가졌기 때문에 가능했다. 이 작품에서도 잘못된 현실질서는 어떤 어려움이 가로놓여 있더라고 극복되어야 한다는 작자의 의지가 강력하게 작용하고 있다고 하겠다.

「호질」에는 전복된 현실질서가 너무나 강력하게 자리잡고 있다. 겉모습으로만 판단한다면 북곽 선생은 인간의 모습을 하고 있어 고귀한 위상을 차지할 것이고 호랑이는 동물의 모습을 하고 있어 열등한 위상을 차지할 것이라고 생각하기 십상이다. 그러나 이런 겉모습은 작품의 첫 부분부터 깨어지기 시작하는데 이면에는 진실이 내재하고 있어 겉모습이 더욱 부각·강조되는 효과를 얻고 있다. 겉모습은 숨겨져 있는 모습과의 어긋남을 통해 더욱 두드러진 성격을 획득하여 주인공의 성격을 부각시키는 역할을 한다. 겉모습을 보고 북곽 선생에게 가졌던 독자들의 기대는 작품이 시작되자마자 깨어지기 시작하여 작품의 진행에 따라 더욱 강해져 가며 작품이 끝나

갈 즈음에는 최고조에 이른다.

북곽 선생은 겉으로 도학자의 최고 수준에 도달해 있는데 많은 책을 출판하기도 하였고 왕과 관리들로부터 공경의 대상으로 떠받들어질 정도로 고귀한 존재이다. 겉으로는 이런 모습을 하고 있는 북곽 선생이지만 실제로는 과부를 만나 성적인 즐거움을 추구하기도 하고 이런 행동이 발각되어 과부의 다섯 아들에게 내쫓기는 수모를 겪기도 한다. 북곽 선생은 자신의 정체를 솔직히 인정하지 않고 숨기려고만 하여 더욱 우스운 상황을 만들어 놓는다. 북곽 선생은 인간이라면 누구나 가지고 있어야 할 순수성마저 가지지 않아 어린이보다 못 한 존재로 전락하여 어린이에게마저 부정을 당한다. 또한 호랑이가 먹을 음식을 찾아서 자신의 앞에 서 있을 때에는 똥통에 빠져서 허우적거리는 모습을 보여주기까지 하면서도 자신의 잘못을 뉘우치기는커녕 합리화하는 데에만 골몰한다. 그에게 과연 도덕이라는 것이 존재하기나 할까 하는 의심이 들 정도로 전락하여 부정적인 모습을 띠고 있다. 겉으로 드러난 모습에서 북곽 선생이 높은 위상을 차지하고 호랑이는 낮은 위상을 차지하고 있다고 하겠으나 실상은 그 반대로 호랑이가 높은 위상을 차지하고 북곽 선생은 낮은 위상을 차지하고 있다는 것이 작품에서의 실상이다. 겉과 속이 다른 모습에는 잘못된 현실질서를 그대로 따르면서 이것을 아무런 문제의식 없이 누리고자 하는 기득권층의 안이한 현실의식에 대한 강한 비판의식이 자리잡고 있다. 이런 잘못된 현실과 의식은 바로잡아야 되기에 이 작품은 현실에 대한 강한 비판의식을 유지할 수 있었다.

「양반전」에는 잘못된 현실이 고쳐져야 할 것으로 제시된다. 정선 양반은 가치를 추구하는 삶만을 살다가 이를 온전히 유지할 방편을 잃어버리고 무능한 인물로 전락해 있다. 그에게 요구되는 것은 현실적 능력을 갖추어 사회적 인정을 받는 위치로 올라가는 것이다. 천부는 능력은 대단하나 신분은 그에 맞지 않게 낮다. 이런 두 인물의 이상적 상황과 현실적 상태의 괴리를 작자는 문제로 제시하고 올바른 해결책을 찾아 나가고자 한다. 이는 잘못되어 있는 현실질서를 문제로 제시하고 해결책을 찾아 나가는 작자의 고민이 일정하게 투영된 결과로 보아진다.

「옹고집전」에도 잘못된 현실은 작자에 의해 강한 비판을 받는다. 옹고집은 경제적 여유를 누리고 있으나 도덕적으로는 많은 문제를 지니고 있다. 그는 부모의 재산을 물려받았으나 이것을 부모 봉양에는 한푼도 쓰지 않고 자신의 욕심을 채우는 데에만 쓴다. 어머니가 병이 들어 누워 있으나 약을 사서 구완하지 않을 뿐만 아니라 방을 따뜻하게 해 주지 않는다고 불만을 토로해도 들은 체 만 체하며 도리어 욕을 한다. 여기에 덧붙여 부모가 빨리 죽으면 좋겠다는 말을 서슴지 않고 하여 도덕의식이라고는 전혀 없는 인물로 그려진다. 가족에 대한 부당한 대우는 부모에게만 국한되지 않고 부인과 처가 식구들에게까지 행해진다. 남편의 제사를 지내지 못할 정도로 궁핍하여 제수용품을 빌러 온 친정어머니를 자신의 허락도 받지 않고 도와주었다는 이유를 대고 부인을 내쫓는 매정한 성격을 가지고 있으면서도 이웃이나 동냥을 하려고 온 중을 향해서도 인정이라고는 털끝만큼도 보이지 않는다. 이런 주위 사람들에게 행하는 행동과는 반대로 자신은 첩을 끼고 성적인 즐거움을 추구하고자 돈을 마구 쓰면서도 아까워할 줄 모를 정도로 윤리의식은 갖추지 않았다. 부정적 행위는 옹고집의 마음가짐이 올바르지 못한 것에 연유하고 있어 더욱 설득력을 얻고 있다.

이상과 같이 진·가 확인형 소설의 작자들은 모두 전복된 현실질서에 대한 강한 비판 정신을 작품에서 드러내고 있다. 그러나 그 비판정신의 강도와 방향이 다르듯이 그것을 해결하는 방향을 찾는 데도 작품에 따라 다른 모습을 띠고 있다. 위에서 다룬 두 작품은 비판된 문제도 중세사회의 이상적 모습에 벗어나 있는 현실이었다면 그것을 해결하는 방향도 중세사회의 틀을 다시 세우는 데서 찾았다. 견고하게 유지되는 중세사회의 틀을 다시 세우기만 한다면 사회는 여전히 안정된 기반을 회복하여 새로운 사회로 발전할 수 있는 여지를 찾을 수 있을 것이라는 의식을 두 작품은 드러내고 있다. 그러나 뒤의 두 작품은 이와는 다른 문제를 제시하고 문제를 해결하는 방향도 앞의 작품과는 다른 방향을 제시하고 있다. 뒤의 두 작품은 문제가 된 것도 새로운 사회에 맞지 않는 개인의 잘못된 적응방법이었다면 이것을 변화시키는 방향도 중세적 사회를 회복하는 데 있다기보다는 근대사회에서 요구하는 개인의 능력과 의지를 실현할 수 있는 사회를 지향하고 있다. 중세사회에 해결의 실마리가 있다기보다는 근대사회에 해결의 실마리가 있다고 하는 점에서 위의 두 작품과는 근본적인 차이가 있다 하겠다.

진·가 확인형 소설의 문학사적 의의

진·가 확인형 소설은 조선 후기라는 특정한 시대에 주로 창작·
향유된 문학양식이다. 조선 후기라는 시기와 진·가 확인형 소설이
라는 유형이 그만큼 강하게 밀착되어 한쪽이 어느 한쪽을 견인하는
요소로 작용하고 있었다고 할 만하다. 조선 후기라는 특수한 시대적
상황은 이런 소설 유형을 발생케 하는 필연적인 이유로 작용하였고
소설은 시대의 특성을 수용하거나 변화시키고 있다. 그러나 시대적
인 여건만 고려하여 이런 소설 유형의 발생을 설명한다는 것은 실
상을 왜곡하기도 하고 너무 일방적으로 사태를 해석할 가능성도 높
아진다. 제한된 의미에서만이라도 이런 단점을 극복하기 위해서는
다양한 관점으로의 논의 확대가 무엇보다 필요하다. 단점을 극복할
수 있는 탐구의 방향 중에서는 우리가 선택할 수 있는 가장 중요하
고 확실한 방향이 사상사적 측면에서의 고려와 탐구이다. 이런 논의
에서 우선적으로 고려할 수 있는 것은 어떤 사상이 중요하게 작용

하였는가를 찾아보는 방향에서 해결의 실마리를 찾아보는 것이다. 그러나 사상사에서의 탐구는 여러 가지 장애가 따르기 마련이다. 우선 극복하기 어려운 장애로는 조선 후기의 사상사의 흐름을 일목요연하게 파악한다는 것이 상당히 어렵다는 점이다. 사상 자체가 복잡하게 얽혀 있을 뿐만 아니라 그것을 연구해 놓은 결과 또한 우리가 원하는 방향으로의 논의는 그렇게 많지 않아서 활용할 수 있는 자료는 풍부하나 딱 맞는 견해를 찾는 것이 어렵다. 이런 상황을 고려하고 우선 이 시대의 사상을 균형 잡힌 시각에서 파악해 보면서 사상 가운데 진·가 확인형 소설의 문학적 형상화의 기반으로 작용한 것이 심성론이라는 판단에 따라 이에 중점을 둔 논의를 진행해 보고자 한다.

1. 사상사의 문제와 소설적 반응

조선조 전기의 주자학자들은 주자를 사상의 출발점·바탕으로 삼아 존경하거나 떠받드는 데 급급했다. 그러나 후기에 이르면 주자를 더 이상 떠받들어야 할 대상으로만 바라보지 않고 학문적 연구 대상으로 파악하려는 경우가 많아졌다. 전자를 따른다면 글쓰기 방법에서 인용이나 전통적인 방법을 고수하는 데 머물러 구태의연하게 글을 쓰는 것으로 일관했겠지만 후자를 따른다면 자신의 독특한 방

법을 창안하는 데까지 나아가려 하여 글쓰기가 혁신이 이루어질 가
능성도 높다. 조선의 주자학자들은 주자를 받아들여 자신의 학문 활
동의 기초로 삼았다는 점에서는 공통된 출발을 했지만, 나아간 방향
은 주자를 극복하려고 하거나 추수하려고 하여 차이를 보였다. 그러
한 차이는 조선 후기 학문의 다양한 분화를 가능하게 했으며 새로
운 사상이 등장하는 데에도 영향을 미쳤다. 조선 후기에 이르면 주
자학자들은 인간 심성을 어떻게 볼 것인가를 두고 상당한 논란을
벌인 것도 이런 갈등의 한 양상이다.

　심성에 대한 논의는 조선 전기의 주자학자들에게도 관심거리였으
나 전면적이거나 깊이 있는 문제로 다루어지지는 못했다. 그러나 조
선 후기에 이르면 사정이 달라져 심성에 대한 논의가 사상의 중심
적인 문제로 부상하였고 여러 사람들이 참여하여 논란을 벌일 만한
무게를 갖게 되었다. 이런 논쟁을 湖洛論爭으로 모아졌는데 이것은
인성과 물성이 같은지 다른지를 두고 논란이 벌어진 것이지만 그
밑바탕에는 심성을 어떻게 볼 것인가가 중요하게 작용하고 있었다.
조선 후기의 호락논쟁에서 심성에 대한 논의가 깊어지지 못했다면
물성을 문제 삼아 나갈 가능성은 희박했을 것이며 그것의 관계를
문제 삼는 것은 더더욱 힘들었을 것이다.

　인성에 대한 논의는 조선조 성리학자라면 한 번쯤 관심을 가질
수 있을 정도로 사회적인 논란거리로서의 성격을 지니고 있었으나
쉽게 참여할 수 있을 정도로 쉬운 문제는 아니었다. 오히려 일부
성리학자들만이 논쟁에 참여할 수 있는 전문적인 성격을 띠고 있었
다.144) 문제의 성격이 워낙 복잡하게 얽혀 있고 논의도 다양하게

전개되었기 때문에 핵심에 다가가기 위해서는 고도의 지적 역량과
축적이 있어야만 가능했기 때문이다. 따라서 이 논의에 참여한 성리
학자들은 일부에 국한되었으며 그들을 중심으로 논의도 전개되어
왔다는 특징을 지닌다.

이황이 理氣를 바라보는 견해는 심성론의 전개에도 그대로 적용

---

144) 이와 같은 관점에서 이 문제를 접근한 성리학자가 있었는데, 金昌協
이 그런 경우에 해당한다. 물론 그의 언급은 상당히 제한된 문제인
理·氣에 국한되어 있기는 한데, 국한된 문제가 그렇다면 다른 문제
는 더욱 접근하기가 어려울 것임은 자명하다 하겠다. 그는 "대저 이
것의 옳은 의리의 지극히 정미한 곳은 요컨대 제목을 지어서 思議에
들어가는 것을 요구하니 일이십 년의 체인의 공을 쌓아야 얻을 수
있으니 결단코 일시의 承襲見聞으로 능히 미칠 수 있는 바가 아니
다."(金昌協, 「雜識」, 『農巖集』 권32(앞의 책 162, 1996.) "大抵此是
義理之精妙處, 要須做題目入思議, 積一二十年體認之功而得之, 決非一
時承襲見聞之所能及也.")라고 하여 문제를 인식한다는 것이 어렵다고
했다.
김창협 이외에도 정약용도 비슷한 관점을 보였다. 그는 "말하기를 리
는 같고 기는 다르다 또 말하기를 기는 같고 리는 다르다 또 말하기
를 심은 크고 성은 작다 또 말하기를 심은 적고 성은 크다 또 말하
기를 이발이다 기발이다 말하기를 단지라고 하고 겸지라고 한다. 천
가지 머리 만 가지 단서가 분연히 혼란하고 또 멀리 태극의 일원의
권역에서 취하여 선천의 二五의 묘라고 한다. '심이다 성이다'고 하
여 학자로 하여금 황홀하게 하여 그 入頭下手의 곳을 모르게 하니
어찌 헛되이 노고를 들이는 것이 아니겠는가?"(정약용, 「答李汝弘」,
『與猶堂全書』 권19(경인문화사, 1987.), 416면. "曰理同氣異, 曰氣同
理異, 曰心大性小, 曰性大心小, 曰已發未發, 曰單指兼指, 川頭萬緒, 棼
然混亂. 又遠取太極一元之圈, 先天二五之妙. 曰心曰性, 使學者恍兮忽
兮, 莫知其入頭下手之處, 豈非枉勞苦乎.")라고 하였다.

되고 있다. 이황 심성론의 특성은 너무 이상을 중요하게 생각하여 인간의 심성을 무조건 선하다고만 판단하고 현실에 존재하는 인간 심성의 악한 측면을 인정하지 않으려고 하거나 무시하려는 경향이 강했다는 점이다.[145] 이런 생각의 밑바탕에는 인간이 그저 존재하기만 하더라도 세상은 질서를 유지하며 현실에 존재하는 악이 존재할 수 없다는 인간에 대한 신뢰가 자리하고 있기 때문에 가능했다 판단된다. 이상을 현실보다 우위에 두고 이상은 언제나 현실을 이끌어 간다는 것을 인정하고 이런 의미에서 가치는 언제나 현실보다 우선하기 때문에 사단칠정론에서도 사단이 칠정보다 우선하고 중요하다 했다.

> 그런 까닭으로 한 사람의 마음은 천지의 마음이고 하나의 마음은
> 천만 인의 마음이니 처음에는 내외와 피차의 차이가 있지 않았다.[146]

이황의 심성론은 철저한 이원론에 기반을 두고 전개되고 있으며 태극·동정이라는 우주의 원리와 연관하여 설명되고 있다. 그에 의하면 마음은 발동하기 이전과 발동하고 난 이후로 나누어지는데 발동하기 이전에는 태극이 음양으로 갈라지기 이전의 상태로 동정의 理를 갖추고 있어서 혼연한 하나의 정과 같이 순수하게 선하며 악은 없는 상태이지만 발동하고 난 이후에는 태극에서 동정으로 갈라

---

145) 윤사순, 「退溪의 性善觀」, 『韓國儒學思想論』, 열음사, 1986, 113면.
146) 李滉, 「答奇明彦論改心統性情圖」, 『退溪集』 권18(위의 책), 465면. "故 一人之心, 卽天地之心, 一己之心, 卽千萬人之心, 初無內外彼此之有異."

지면서 양과 음의 상태로 드러나는데 그것도 하나의 혼연한 정으로 순수하게 선하고 악한 것은 없다고 했다. 따라서 그에게서 심성은 본래부터 악이 존재하지 않는다.[147]

　성리학의 심성론이 본격적인 논쟁거리가 된 것은 李珥의 언급이 있고 나서부터라고 하겠다. 물론 이황의 심성론이 어느 정도 이론을 논의하기 위한 기초를 놓아주었기 때문에 이이의 심성론은 의미 있는 출발을 할 수 있었다는 점을 부정할 수는 없다. 그러나 이황의 심성론은 너무 사람의 마음을 이상적으로 취급했고 理만을 중심으로 하여 바라보고 있기 때문에 현실에 존재하는 인간의 악에 대해 설명하지 못하는 한계를 가지고 있었다. 이런 단점을 극복하기 위해서는 현실에 엄연히 존재하는 악을 해명할 필요가 있었는데 이이의 심성론은 이런 요구를 적절하게 해결하는 데 일정한 역할을 해냈다. 이이의 심성론이 가진 특성은 이황의 그것과는 같은 점도 있고 다른 점도 있었다. 심성을 기본적으로 선하게 본다든가 아무리 악한 성격의 심성을 가진 사람이라도 선의 상태로 심성이 바뀔 수 있다고 본다든가 하는 점은 두 사람이 같지만 이이는 마음을 理로 규정하는 것을 반대하고 氣로 규정한 것은 이황과 근본적으로 다른 점이다.

---

147) 윤사순, 앞의 글, 112－113면.
　　윤사순은 "퇴계가 보는 칠정은 선하지도 악하지도 않는 완전한 '善惡中立'의 것이기는커녕 어디까지나 '본래 선한' 것이다. 사단과 대비되는 칠정마저 선한 것이고 보면 악이 없다는 것으로 귀착된다." 라고 했다. 그의 해석에 따른다면 퇴계는 인간의 악을 인정하지 않은 입장에 있었음을 확인할 수 있다.

기품에 선악이 있는 까닭으로 理도 또한 선악이 있다. 무릇 理의
본연은 순선일 따름이지만 기를 탈 때에는 參差不齊하다. 청정하고
지극히 귀한 물건이 오예하고 천한 곳에 공급함에 理는 있지 않는
곳이 없으나 청정한 데에 있으면 理도 또한 청정하고 오예한 데에
있으면 理도 오예하다. 만약 오예한 것이 理가 아닌 것의 본연의
理가 되면 옳은가? 아니면 오예한 물건이 되어 理가 없으면 옳지
않은가? 대저 본연이란 것은 理의 一이요 유행이란 것은 분의 수
이다. 유행의 理를 버리고 별도로 본연의 理를 구할 수는 없으니
옳지 않다. 만약 理가 선악이 있는 것으로서 理의 본연이라 하면
또한 옳지 않다.[148]

이이는 理는 본연의 순선함이지만 기를 탈 때에는 참차부제하다
는 것을 기본적인 출발점으로 삼고 있다. 청정하고 귀한 물건이 오
예하고 천한 곳에 공급되어 이 성질이 있시 않은 곳이 없듯이 현실
의 청정과 오예에 따라 理는 그 성격을 결정하는 존재이다. 따라서
다음과 같은 물음이 제기된다. 오예한 것이 理가 아닌 것의 본연의
理가 되면 옳은가와 오예한 물건이 된 것에는 理가 없으면 옳지 않
은가 하는 난제가 그것이다. 따라서 그것을 푸는 방법은 '理一分殊'
라는 원리로 풀면 쉽다고 하면서 유행의 理를 버리고 별도의 본연

---

148) 李珥,「答成浩原」,『栗谷全書』권9(위의 책), 196면. "稟有善惡, 故理
　　亦有善惡也. 夫理之本然則純善而耳, 乘氣之際, 參差不齊, 淸淨至貴之
　　物給汚穢之賤之處, 理無不在, 而在淸淨則理亦淸淨, 在汚穢則理亦汚穢.
　　若以汚穢者爲非理之本然則可, 遂以爲汚穢之物無理, 則不可也. 夫本然
　　者, 理之一也, 流行者, 分之殊也. 捨流行之理, 未別求本然之理, 故不可,
　　若以理之有善惡者, 爲理之本然則亦不可."

지리를 구할 수 없으니 앞의 것과 뒤의 것은 둘 다 옳은 견해가 아니라는 데로 귀착된다. 理가 선악이 있는 것인데 이것을 인간의 본연으로 삼으면 옳지 않다는 해석에 도달한다.

기품에 따라 理도 선악이 결정된다는 것은 위의 논리에서 자연스럽게 도출될 수 있는 견해이다. 리의 본연은 순선하지만 그것이 현실에 나타날 때에는 있지 않는 곳이 없을 정도로 보편적인 편재성을 가지고 있으며 그 성격이 기의 성격에 따라 결정된다는 점에서 기 중심의 사고를 알 수 있다. 유행의 理에서 본연의 理도 결정된다는 인식은 이런 의식과 관련하여 자연스럽게 도출될 수 있는 인식방법이다. 현실에서 아무리 강한 악이 존재한다고 하더라도 이를 적절하게 조정할 수 있는 정해진 理가 있어 파탄에 이르지는 않는다. 이런 점에서 이이는 이황과 같은 방향을 지향하고 있었기에 근본적인 견해에서 파탄은 일어나지 않았다고 할 수 있다.[149]

---

149) 조선조가 성립되고 어느 정도 지난 시대인 이황과 이이가 살았던 때에는 이상과 어긋나서 존재하는 현실을 무시하거나 관심을 두지 않을 가능성이 높은데 이렇게 하지 않고 이 두 학자는 현실에 존재하거나 드러난 모순을 있는 그대로 주목하고 이에 대해 해결책을 제시하는 것을 자기 임무로 삼은 것에서 뛰어난 현실인식을 가졌다고 할 만하다. 그러나 현실을 이해하는 시각을 현실에 근거하여 찾았는가 이상에 기울여져 찾았는가 하는 차이가 있었다. 이황은 보다 이상 쪽에 기울여졌다면 이이는 현실 쪽에 경사되었다는 차이를 보여 철학의 근본적인 입장의 차이로 나타났다고 알려져 있다. 이이의 기본 입장은 이런 두 경향 중에서도 참으로 중요한 의미를 갖는다고 할 만한데, 현실적 대응을 하는 데 있어 이이의 철학은 이황의 철학보다 더욱 강한 대응력을 지니고 있었다는 점에서 그러한 점은 특히 두드러진다. 이의 연장선상에서 이이의 四端七情論이나 人心道心論에도

이이 심성론의 주요 특성은 현실적으로 존재하는 악의 가능성에 관심을 가지고 이를 어떻게 하면 순수한 상태의 선으로 돌릴 것인가에 집중했다는 점이다. "물의 편벽된 것은 다시 이것을 변화시킬 방법이 없으나 오직 인간은 비록 淸濁과 粹駁의 같지 않은 것이 있다 하더라도 마음이 虛明하여 가히 변화시킬 수 있다."150)는 인식을 가지고 있었다. 이와 같은 인식에 따른다면 아무리 악한 마음의 상태에 있는 인간이더라도 심성은 기본적으로 선하기 때문에 일시적인 악심의 상황은 어쩔 수 없이 드러난 것이지 결코 본질적인 것은 아니다. 자신의 마음을 바꾸려는 의지를 가지고 노력한다면 선심을 회복할 수 있다는 희망은 이런 논리에 따른다면 당연하다. 따라서 보통의 인간도 성인이나 현인이 되는 것이 가능하다. 이런 인식은 불교의 인식태도와 상당히 닮아 있지만 그것에만 머물지 않고 인간 심성의 구조적인 측면을 밝혀 보려는 자세를 보인다는 점에서 더 나아갔다 하겠다. 현실에서의 악한 사람은 자신의 마음에 존재하는 선성에 대한 믿음만 갖는다면 충분히 새로운 사람으로 바뀌는 것이 가능하다.

마음의 본체는 완전히 가리어질 수 없다. 그러므로 情의 움직임이 가리어진 것으로부터 발출하면 惡情이 되는 것이고 가리어지지

현실적 색채를 다분히 지니고 있다는 점은 눈여겨보아야 할 점이다.
150) 李珥, 「語錄上」, 『栗谷全書』 권31(앞의 책), 231－232면. "先儒每言復其性, 而不言本其氣, 何也. 日本然之性, 雖物蔽氣拘, 而推其本則純善無惡, 故日復其性也, 至於氣, 則或濁或駁, 已判於有生之初. 故不日復其氣, 而日矯其質也."

인간은 마음의 순수한 상태가 근본이다. 그것은 도덕적 가치의 절대적인 기준으로 작용하면서 우리 마음에 굳건하게 자리를 잡으면서 정이라는 형태로 표출된다. 이런 마음이 있기에 인간은 악한 마음을 선한 마음으로 바뀔 수 있는 가능성을 지닌 존재로 인식된다. 마음이 가리어지거나 가리어지지 않는 두 가지 상태로부터 발하여 악정과 선정이 되지만 가리어진 것을 제거하여 가리어지지 않는 상태로 바꾸면 인간은 선한 정을 가진 인간으로 변화한다. 그러나 이이는 현실에 존재하는 인간의 마음은 선정보다는 악정이 많다고 한다. "대체로 인간의 마음이 가리어진 곳의 분수가 많고 가리어지지 않은 곳의 분수가 적으며 선정은 항상 적게 나오고 악정은 항상 많은 법이다."152) 악정을 선정으로 인심을 도심으로 바꾸려는 노력을 계속한다면 현실과 이상은 그런대로 존재 근거를 확보하면서 파탄에 이르지는 않을 것이다. 따라서 인심과 도심도 하나로 통합될 수도 있고 인심이 도심으로 도심이 인심으로 바뀔 수 있다.

인심은 그 근원이 비록 天性에서 근본하여 發하나 이목과 사지의 일에서 말미암아 천리의 본연이 아니다. 그러므로 기에서 주로 하여 인심에서 그것을 체험한다. 도심의 발현은 마치 불이 처음 타

---

151) 李珥, 「語錄上」, 『栗谷全書』 권31(위의 책), 231면. "心之本體, 不可全蔽, 故情之動也. 從蔽處而發, 則惡情也, 從不蔽處而發, 則善情也."
152) 李珥, 「語錄上」, 『栗谷全書』 권31(위의 책), 231면. "大抵人之心蔽處分數多, 不蔽處分數少, 則善情之出常少, 而惡者常多也."

는 것과 같고 샘이 비로소 왕성하게 되는 것과 같으니 그 차례는
보기 어렵다.[153]

도심과 인심이 서로 간에 바뀔 수 있는 것이기에 인간 마음에 존
재하는 악은 언제나 선으로 바뀔 가능성은 열려 있다. 그리고 인간
의 마음이 시간에 따라 선심으로도 악심으로도 바뀔 수 있음도 긍
정되고 있는 것이기에 어떤 상태에 이르러 있는지는 오직 인간의
마음 상태와 노력 여하에 의해 결정된다. 성명에서 나온 마음이라고
하여 무조건 선으로 완성되는 것은 아니고 일이 섞인다든지 선으로
완성시키려는 노력이 없다든지 하면 인심으로 귀착될 수도 있으며
형기에서 나온 마음이지만 정리에 어긋나지 않으면 도심이 될 수도
있다.

한편, 주리론보다는 주기론을 계승한 성리학자들이 심성론의 문제
에서도 더욱 문제적인 인식과 깊이를 갖춘 언급들을 다양하게 펼쳐
나갔다. 그 가운데 金昌協(1651 - 1708)의 논의는 인간 심성에 대한
논의의 핵심을 전해 주고 있다. 그는 인간 본성의 악함을 주장하는
순자의 견해를 강력하게 비판하고 인간 본성의 선함을 적극적으로
주장했다.

인간의 본성은 선하다. 순자가 성이 악하다고 한 것은 기이지 성

---

153) 李珥, 「答成浩源」, 『栗谷全書』 권10(위의 책), 200면. "人心其原, 雖
本乎天性而其發也. 由乎耳目四肢之事, 而非天理之本然. 故主乎氣而目
之以人心也, 道心之發, 如火始燃, 如川始達造次難見."

이 아니다. 사람이 태어날 때 기가 질이 되고 리가 성이 된다. 리
는 선만 있고 악은 없다. 기는 선도 있고 선하지 않음도 있다. 사
람이 선하지 않음이 있는 것은 기의 작용일 따름이다. ……무릇 남
녀가 서로 친하여 구별이 없이 음란한 지경에 이르는 것이 ……어
찌 인성의 본연이겠는가? 그것은 또한 앞에서 가림이 있어 뒤에서
뒤섞인 것이다.154)

김창협은 현실에서의 인간의 악함은 기에 의해서 결정된 것일 뿐,
인간에 부여된 본성이 그런 것이 아니라고 하였다. 그는 순자가 인
간의 성이 악하다고 한 것은 본성이 그런 것이 아니고 기가 그런
것을 가지고 잘못 인식했다는 것이다. 따라서 그에게도 인간의 성은
선할 따름이지 악이 존재할 여지는 없으며 남녀가 서로 친하여 구
별이 없는 지경에 떨어지는 것도 심성이 가려졌기 때문에 일어난
것이지 인성의 본연이 원래 악해서 생긴 것이 아니라고 했다.

이이의 관점을 충실하게 이어받은 일군의 학자들에 의해 호락논
쟁이 일어남으로써 심성에 대한 논의는 깊이를 더하게 되었다. 호락
논쟁에는 '인성과 물성의 동이 문제'뿐만 아니라 '미발 심체의 순선
의 문제'와 '명덕의 성범의 동이 문제' 등이 얽혀 있다.

세 가지 문제를 가지고 의견의 대립을 보였던 이들의 논쟁은 이
간과 한원진의 인물성동이론에서 본격적으로 시작되었다고 할 수

---

154) 金昌協, 「性惡論辨」, 『農巖集』 권25(앞의 책), 205면. "人之性善. 荀
卿之言性惡也, 氣也非性也. 人之生也, 氣爲質, 而理爲性. 理者, 有善無
惡, 氣者, 有善有不善. 人之有不善, 氣之爲耳, ……夫男女之相暱, 而
至於淫佚也, ……豈人性之本然哉. 其亦有蔽於前, 而蕩於後者矣."

있으나 그 이전부터 이미 그 단초는 점점 쌓여가고 있었다. 인물성 동이론이 호락논변의 시발점이 되었다는 점에서 중요하게 다루어야 하겠고 다른 문제를 인식하는 데도 결정적인 영향력을 미쳐 중요성 은 더욱 높아진다. 이간·이제 등이 인물성동론을 내세워 洛論이라 불리고, 한원진·윤봉구 등이 인물성이론을 주장하여 湖論이라 불려 이들 논의는 후학들에게 중요한 논리적 근거를 제공한다. 인물성 동이에 대한 논쟁은 여러 사람들이 참여하여 열띤 토론을 벌이는 문제로 되어 갔는데, 논의에 참여한 학자들도 많아지고 이론을 전개 하는 방향도 다양화해져 갔다.

> 이런 까닭으로 그 一原을 논하면 沖漠無朕하여 만상이 森然하니 이것이 이른바 '統體一太極'이요 그 만수를 말하면 만물의 가운데 一理가 관통하니 이것이 이른바 '各具一太極'이다. ······만약 인물 의 성을 논하면 또 그 설이 있으니, 대개 氣가 아니면 理가 붙을 곳이 없고 理가 아니면 氣가 주제하는 바가 없어 하늘이 음양오행 으로 만물을 화생함에 氣로써 형을 이루고 理도 또한 부여한다. 성 의 이름이 됨이 이에서 세워진다. 오직 기질의 품부가 萬不齊가 있 으니 고로 理가 氣에 붙은 것도 또한 부득불 만부제가 있다.[155]

---

155) 權尙夏, 「太極圖說示舍弟季文 兼示玄石」, 『寒水齋集』 권21(위의 책 150, 1995), 381－383면. "是以論其一原, 則沖漠無朕, 萬象, 此所謂統 體一太極也. 語其萬殊, 則萬物之中, 一理貫通, 此所謂各具一太極也······ 若論人物之性則又有其說, 蓋非氣則理無所寓, 非理則無氣所宰, 天以陰 陽五行化生萬物, 氣以成形, 理亦賦焉. 性之爲名, 於是乎立矣. 唯其氣質 之稟, 有萬不齊, 故理寓於氣者, 亦不得不有萬不齊."

權尙夏는 태극을 일원에서 논하거나 만수에서 논하여 '통체일태극'과 '각구일태극'으로 나누어 인식할 수 있음을 언급하였다. 생략된 부분에서 그는 物에 대해서 언급했는데 형체가 있는 물은 피차로 피차는 대소로 대소는 편전으로 나누어진다는 말을 했다. 물의 性을 언급하고 난 이후에 인물의 성을 논하는 자리를 마련했는데 인물은 기가 중심이 되어 理가 붙는데 理는 기를 주재하는 관계를 형성한다는 것이 기본적인 관점이다. 이런 관점에서 그의 견해가 조선조 성리학자 가운데 이기이원론적 주기론의 대표적인 철학자인 이이의 견해와 상당히 닮아 있음을 알아낼 수 있다. 이런 기본적인 관점은 하늘이 음양오행이라는 기를 가지고 만물을 낳게 하면서 형을 이루게 하고 理도 그 가운데 부여된다고 하는 인식이 이루어지는 데로 이어졌다. 따라서 기질을 품부받은 만물이 부제하듯이 인간의 성인 理가 氣에 붙은 것도 당연하다.

性의 본체는 처음부터 완전하지 않음이 없으나 치우침이 있고 완전함이 있는 까닭은 氣의 작용이다. 기가 완전하면 성도 완전하고 기가 치우치면 성도 치우침을 또 어찌 의심을 하리오? 이런 까닭으로 栗翁(이이)이 '사람의 성이 물의 성이 아닌 것은 기의 局 때문이요, 사람의 理가 물의 리가 아닌 것은 理의 通 때문이다.'라고 말했다. 오직 이 한 말이야말로 가히 천고부전의 발언이라 할 수 있다.156)

---

156) 權尙夏, 「太極圖說示舍弟季文 兼示玄石」, 『寒水齋集』 권21(위의 책), 383면. "性之本體初無有不全, 而其所以有偏有全者, 氣之爲也. 氣全則性全, 氣偏則性偏, 又何疑乎. 是以栗翁之言曰人之性非物之性者, 氣之

성은 원래 완전한 상태이나 기의 작용에 따라 완전함과 치우침의 차이를 보이게 된다. 따라서 권상하에게는 기의 성격에 따라 성도 그 성격이 결정된다. 그들의 논쟁에는 이이가 언급한 논의들이 자신들의 논의의 출발점을 이루는데, 그 가운데 '理通氣局'에 대한 이해의 차이는 그들의 논의를 갈라놓는 하나의 기준이 되기에 충분했다. 이통기국의 관점 가운데 理通의 입장에서 본다면 인성과 물성은 같지만 기국의 입장에서 본다면 인성과 물성은 다르다는 인식이 나온다. 여기에는 논리의 공백이 존재하는데 이것을 보충하여 이해한다면 보다 완전한 이해에 도달할 수 있다. 이통기국을 설명하는 자리에서 이이는 理는 본말이 없고 선후가 없어 感應과 未應의 작용이 있더라도 먼저이고 뒤이고를 따질 수 없다고 하면서 기를 타고 유행하는 理가 제각각 다르더라도 본연의 묘를 가지지 않음이 없다고 했다. 그러나 그 理는 기의 성격에 따라 결정되는 성이 되더라도 본연의 묘는 무소주재하므로 인성과 물성이 같을 수밖에 없다고 했다. 이런 이통의 입장에서 성을 파악하는 관점은 낙론의 기본적인 입장이 되었고 여기에 미발심체가 순선하므로 성인과 범인의 심체가 일치한다고 했으며 심체가 기질이 아니어서 편전의 차별이 있는 성은 본연의 성이 아니라는 인식과도 이어졌다.

이에 반해 기국으로 성을 설명하려는 관점은 기는 형적이 간섭하여 본말과 선후가 있는데 기의 본체는 담일청허하여 모든 사물에 고루 드러나지만 편기와 전기, 탁기와 청기 등으로 그 성격이 다르

局也. 人之理則物之理者, 理之通也. 惟此一言可謂發千古不傳之妙矣."

게 나타난다. 따라서 인과 물의 성은 다 다를 수밖에 없다. 이런 이국의 입장에서 성을 파악하는 관점은 호론의 기본적인 입장이 되었는데 미발심체가 선악이 있으므로 성인과 범인의 심체가 다르다는 것으로 이어지기도 하고 심체가 기질이어서 편전의 차별이 있는 성은 본연의 성이라고 인정하기도 했다.

인물성동론을 주장한 李柬은 기질지성은 다르지만 본연지성은 언제나 같다는 견해를 보였는데 이는 주리적 측면을 다분히 따르고 있는 견해이다. 그는 성을 본연지성과 기질지성으로 나누어 본연지성을 위주로 하여 인물의 성이 동일하다는 견해를 보였다.

이에 반하여 인물성이론을 주장한 한원진은 기질지성뿐만 아니라 본연지성도 언제나 다르다고 주장하였는데 이는 주기적 측면을 다분히 띠면서 기국의 관점에서 인간과 사물을 바라본 것이다. 또한 성은 기질지성일 따름으로 理가 기의 안에 墮在한 이후의 것인데 인물의 기의 차이에 따라서 성도 달라진다 하였다.

사람이 禽獸와 다른 것은 그 모양이 다른 것이 아니라 이에 그 性이 다른 것에 있다. 사람이 진실로 그 성이 귀하게 되는 것에 어두워 그것을 보존해야 하는 까닭을 모른다면 이는 비록 사람의 모양을 갖추었다 하더라도 금수와 다르지 않는 것이다. 성인이 이것을 두려워하여 天命·形氣 두 글자를 구별해 내어 형기가 행하는 지각 운동은 人과 物이 다르지 않지만 天命이 부여한 仁義禮智는 인과 물이 같지 않다는 점을 드러내어 배우는 자로 하여금 이 점을 밝게 살피고 세밀히 판단하여 스스로 物보다 귀한 이유를 깨달아 한갓 생명을 가진다고 하여 스스로 금수에 빠지지 않도록 하였

으니, 성인이 백성을 이롭게 한 것이 참으로 크고 백성을 염려하는
마음이 참으로 깊다고 할 것이다.157)

　心은 氣의 모임으로 體는 본래 虛하다. 허한 까닭으로 어둡지 않
고 기인 까닭으로 가지런하지 않다. 그 체가 본래 허하고 어둡지
않은 까닭으로 말하면, 즉 善이라고 하고 그 기가 모여서 不齊한
것으로부터 말하면, 즉 善惡이 있다 한다. 그러한즉 이미 선이라
말하고 또 선악이 있다 말한 것은 말하자면 각각 가리키는 바가
있으나 일찍이 서로 방해되지는 않는다. 성이 기 가운데 있는 것
은, 즉 未發虛明한 가운데 있는 것이니, 즉 이르기를 大本之性이라
한다. 그 기품부제를 겸하여 말하면 곧 이것을 일러 기질지성이라
한다. 만약 이와 같이 성을 말한다면 어찌 성선에 해가 되겠는가?
어찌 二本에 의심을 두겠는가? 또 어찌 성현의 설에 어긋나겠는가?
이미 公擧(이간)는 심과 기품을 돌로 삼아 마음이 갖추어진바, 기
품이 갖추어진 바로 하여 또 따라서 나누어 두 성으로 삼았다.158)

---

157) 韓元震,「雜著」,『南塘集』권29(앞의 책 202, 1998.), 137면. "人之所
　　以異於禽獸者, 非以其形之殊, 乃在於其性之殊. 人苟有昧於其性之爲貴,
　　而不知所以存之, 則是雖具人之形, 則便與禽獸無別, 聖人爲此之懼, 於
　　是分別得天命形氣二字出來, 以爲知覺運動形氣之所爲者, 人與物雖同,
　　而仁義禮智天命之所賦者, 人與物不同, 欲使學者, 於此明翻斷, 知所
　　以自貴於物, 而不以有生之同, 自陷於禽獸, 則可謂聖人之理民也大, 慮
　　民也甚."
158) 韓元震,「擬答李公擧附未發五常辨 乙未冬」,『南塘集』권11(위의 책
　　201), 260면. "心者氣之聚而體本虛也, 虛故不昧, 氣故不齊, 自其體本
　　虛而不昧者言, 則謂之善, 自其氣之聚而不齊者言, 則謂之有善惡. 然則
　　旣謂善而又謂有善惡者, 言各有所指而未嘗相妨也. 性在氣中者, 卽其未
　　發虛明而中, 則謂之大本之性, 兼其氣裏不齊而言, 則謂之氣質之性. 如
　　此言性, 何害於性善, 何疑於二本, 又何悖於聖賢之說乎. 公擧則旣以心

한원진은 성을 기 가운데 있는 것으로 보았고 인간의 氣質之性을 本然之性이라 보면서 기질지성이 未發本體의 虛名而中이란 大本之性의 선과 氣稟不齊를 겸한 기질지성의 선악이 있는 것으로 나누어 볼 수 있다고 하였다. 이것은 이간이 나누는 본연지성과 기질지성의 구분과 차원이 다른 것이다. 한원진은 이간의 견해와 자신의 견해가 어떤 점에서 차이가 나며 상대 견해가 지닌 문제점이 무엇인지를 드러냈다. 비판은 주로 인성의 가치를 낮추어 금수와 같게 만든 것에 대한 불만에서 나왔다.

저 맹수의 搏噬와 전갈의 독을 쏨과 짐승 새끼의 분별없음과 올빼미의 어미를 잡아먹지만 이것 또한 五常의 목록이다.159)

우리 인간의 지극히 귀한 성을 억지로 끌어내려 금수의 異體와 같게 했다.160)

그가(이간) 말하기를 形氣를 초월하여 二五가 된다 하니, 이 健順은 음양이 없는 곳에 갖추어진 것이므로 그가 말하는 性은 또한 공중에 매어 달리어 허공을 꾸밈이 심한 것이 아닌가?161)

與氣稟爲二, 而心之所具, 氣稟之所具, 又隨而分爲二性."
159) 韓元震, 「與崔成仲別紙 辛卯 四月」, 『南塘集』 권8(위의 책), 191면. "猛獸之搏噬, 蚊蝎之毒螫, 禽犢之無別, 梟獍之食母 ……此亦可以五常目之也."
160) 韓元震, 「附李公擧與崔成仲別紙」, 『南塘集』 권9(위의 책), 203면. "吾人至貴之性, 降同於禽獸之異體."
161) 韓元震, 「擬答李公擧」, 『南塘集』 권11(위의 책) 244면. "其曰超形氣而爲二五, 則是健順者, 具於無陰陽之地, 其言性也, 不亦懸空駕虛之甚乎."

한편 이런 견해는 후학들에게 이어지면서 여러 사람에 의해 지지를 받기도 하고 비판을 받기도 하면서 사상사적인 논란거리가 되어 갔는데 이재는 비판의 관점에 섰으며 윤봉구는 지지의 관점에 섰다.

그러나 만약 그중에서 單指을 취하여 氣만을 말하면 理는 一이요, 氣는 二이니, 성인과 중인의 심이 不齊함이 용납된다. ……심은 또한 氣의 정상이고 또 理를 합하여 말하면 곧 하나의 氣字를 오로지 붙이지 않을 수 없다. 그러므로 그 본체의 담연한 것은, 즉 성인과 중인이 하나이니 未發에서도 이것을 볼 수 있으니 어떠합니까, 어떠합니까.[162]

이와 같은 견해에 대해 尹鳳九는 그 반대편에 섰다.

하늘로부터 말하면 하늘에 있어 부여하는 이에 미치지 않는 것을 일러 一原이라 하니 곧 一本이다. 그것이 만물에 부여되어 성을 이루는 理가 되면 그것은 異體이니 곧 萬殊이다. 그 형기를 따라서 성성의 리는 비록 이것이 이체상의 리이지만 절대로 같지 않은 것이지만, 역시 각각 그것을 單言한 것이다. 그러므로 이것을 일러 本然順善의 성이라고 한다.[163]

---

162) 李縡, 「答尹瑞膺鳳九心說辨問 乙卯」, 『陶庵集』 권10(위의 책 194, 1997.), 215면. "然若就其中單指, 氣而言之, 則理一也氣二也, 聖人衆人之心容有不齊者 ……心又氣之精爽而又合理而言之, 則不可專著一氣字, 故其本體之湛然, 則聖衆人一也. 於未發是可見, 如何如何."

163) 尹鳳九, 「答洪克念章海 庚午」, 『屛溪集』 권30(위의 책 204, 1998.), 82면. "自天言之, 在天而未及賦與之理, 謂之一原也, 則一本也. 其賦與萬物, 而謂成性之理, 謂之異體也, 則萬殊也. 其隨形氣成性之性, 雖是異

비록 理를 단언해도 리는 이미 偏全이니, 즉 이미 기의 시킨 바
가 된 것으로 本然之性이 아니고 이에 곧 기질지성이다. 이는 좌우
로써 만물일원의 본연지성으로 삼은 것이니 人物 異體上의 리를 기
질지성이라 말하는 까닭이다.164)

본연의 리는 하늘의 관점에서 말한 순수한 리일 따름인데, 성의
리는 만물에 부여되어 만 가지로 다르게 나타나니 앞의 리와 뒤의
리는 같지 않지만 같이 취급하여 본연순선의 성이라고 한다는 논리
에 따르고 있다. 성을 매개로 하여 본연의 리와 본연지성의 리가
관계를 맺고 있음이 강조된다. 본연의 리는 본연지성의 리와 순선하
다는 점에서는 같으나 절대적인 리에 해당하고 성의 리는 본연순선
의 성이라는 이름으로 불러지기에 기질지성 가운데 순수한 것만을
지칭한 것이다. 따라서 본연지성이 순선하다는 말은 기질지성에 선
악이 있는데 그 가운데 상대적으로 순선한 것만을 지적하여 순수한
것을 성이라고 한 것으로 기질화된 본연지성의 성격을 띠고 있다.
또한 윤봉구는 자신이 마음을 보는 관점을 확연하게 제시하는 자리
를 마련하여 논의를 펼쳐 놓아 그의 관점이 어떠한지를 알 수 있다.

어떤 사람이 말하기를 그대는 이미 '인심은 선악을 겸했다.'고
했으니 그 선이라는 것은 의리가 아닌 것이 아닌가? 그러한즉 인

체上, 理絕不同者, 而亦各其單言者, 故此謂本然純善之性也."
164) 尹鳳九, 「答洪克念章海 庚午」, 『屛溪集』 권30(위의 책), 82면. "雖曰
單言理, 旣言偏全, 則已爲氣所使, 非本然之性, 而乃氣質之性, 此左右以
萬物一原爲本然之性, 人物異體上理爲氣質之性故也."

심의 선은 도한 도심이라 할 수 있는가?

　말하기를 "그렇지 않다. 인심이라고 이름하는 바의 것은 다만 형기가 만들어서 생기는 것이다. 마치 음식남녀로서 그것을 말하면 그 음식남녀가 만들어서 생기는 것이 당연히 리에 맞으면 곧 이것이 인심의 선한 것이다. 어찌 가히 불러 만들어 도심이라 하겠는가? 만약 인심의 선한 것으로서 문득 도심이라 한다면 곧 인심은 다만 이 악 일변일 따름이니 그것이 가한가?"165)

　인물성동이론은 18세기에 접어들면서, 任聖周(1711－1788)가 주리론의 관점에서 理를 氣의 自然·當然의 然字로 해석하여 理를 氣의 속성이나 법칙쯤으로 격하시켜 해석함으로써 그 근거부터 흔들리기 시작했다. 그는 처음에는 洛論을 지지하는 견해를 보이다가 다시 깊이 생각하여 자신의 견해가 잘못되었음을 알고 湖論을 지지하면서도 聖凡心은 같다고 하였다.

　그의 생각은 논리적 혼란 때문에 생긴 것이 아니라 논리적 타당성을 확보하려는 노력의 과정에서 도출되었다는 점에서 의미가 있다. 임성주는 이이가 理와 氣를 보는 관점은 "二物로 보는 의심에서 벗어날 수 없다."166)라고 하면서 "비록 기질이 탁하고 잡되더라도 그

---

165) 尹鳳九, 「心性情合人心道心圖說」, 『屏溪集』 권35(위의 책), 182면. "或曰, 子旣曰, 人心兼善惡, 其善者, 非義理者也. 然則人心之善者, 亦可謂道心也. 曰不然, 人心之所以名者, 只爲形氣而生者也. 如以飮食男女言之, 其爲飮食男女而生者, 當於理, 則此只是人心之善者, 何可喚做謂道心也. 若以人心之善者, 偏謂之道心, 則人心只是惡一邊而已, 其可乎哉."
166) 任聖周, 「鹿廬雜識」, 『鹿門集』 권19(위의 책 228, 1999.), 386면. "未免於二物之疑."

본체는 맑고 온전한 점에서 서로 같지 않음이 없다.”167)라고도 하였고 성을 논하는 데에서도 洛論에서 本然之性과 氣質之性을 나누어 인식하는 것을 반대하면서 “인성의 선은 이에 그 기질의 선일 따름인데 기질의 밖에 별도로 선한 성이 있는 것이 아니다.”168)라고 한다든가 “그것을 요약건대 모두 비고 둥글고 큰 것을 분별하여 지은 이름이고 그 실제는 하나이다.”169)라고 하여 일원론적 입장을 보였다.

　요즈음 사람들은 흔히 人과 性을 나누어 둘로 삼아 기질은 비록 악하지만 성은 스스로 선하다 하는데, 이는 리와 기를 판별하여 둘로 갈라 버리는 것이어서, 성의 선한 것이 진정한 선이라고 할 수 없다. 혹 어떤 사람이 ‘마치 이와 같다면 기질이 탁하고 잡된 것은 마땅히 어느 곳에 있단 말인가’ 하고 의심하였다. 대답하기를 ‘비록 기질이 탁하고 잡한 것은 그 본체가 湛一하면 같지 않음이 없다. 대개 인품은 천지의 정기로써 태어났으나 方寸은 비어서 통하는데 이 비어서 통하는 곳에 맑고 온전한 본체가 뻗쳐 있어서, 천지와 더불어 막힘이 없이 관통하고 흘러가는 작용을 나타낸다. 그 덕을 성이라 하고, 그 신을 심이라 하고, 그 용을 정이라고 하는 것은 모두 이 기에 의거해 지은 이름이다. 이른바 탁하고 잡되다는 것은 정기 가운데 있는 찌꺼기이다. 찌꺼기가 무거우면 본체가 감추어지는 것도 이치나 형세의 필연이다. 그러나 어찌 이것으로써

---

167) 任聖周,「鹿廬雜識」,『鹿門集』권19(위의 책), 385면. “日雖氣質之濁
　　駁者, 其本體之湛一, 則無不同.”
168) 任聖周,「鹿廬雜識」,『鹿門集』권19(위의 책), 385면. “人性之善, 乃
　　其氣質善耳, 非氣質之外, 別有善底性也.”
169) 任聖周,「鹿廬雜識」,『鹿門集』권19(위의 책), 383면. “要之皆就這虛
　　圓盛大物事上分別立名, 其實一也.”

자신의 견해에 반대하고 있는 사람들은 人과 性을 나누어 둘로 삼아 기질은 악하지만 성은 스스로 선하다고 하는데, 이는 이원론에 기초한 생각으로 성의 선한 것이 진정한 선이 아닌 것으로 귀결된다는 문제점을 지니고 있다. 이런 견해에 따른다면 기질의 악한 성격은 인정하지 못할 가능성이 높아지고 또한 현실에 존재하는 악한 성을 인정하지 않게 된다. 어떤 사람의 질문은 그런 현실적으로 존재하는 악한 성격을 인정하지 않을 가능성을 지닌 이원론이 지닌 최대의 문제점을 지적하는 것으로 이루어져 있다.

이원적인 사고가 완전히 청산되지 않았으며 따라서 이에 대한 대답을 임성주 자신이 철저하게 마련해야 할 것으로 생각하였기에 위에서 대답을 마련해 두었다는 데에 의미가 있다. 대답에 나타난 임성주의 기본적인 관점은 기질이 본체에서는 모두 같다는 것과 이런 것은 기로 보아야만 그 의미가 온전히 드러난다는 생각이 전제되어 있다. 그러나 현실에 존재하는 탁하고 잡된 성은 정기 가운데 있는

---

170) 任聖周, 「鹿廬雜識」, 『鹿門集』 권19(위의 책), 385면. "今人多分人與性爲二, 以爲氣質雖惡性自善, 是理與氣判作兩物, 而性之善者, 未足謂眞善也. 或疑如是則氣質濁駁者, 當何區處. 曰雖氣質之濁駁者, 其本體湛一, 則無不同, 盖人品天地之正氣以生, 而方寸空通, 卽此空通之中, 湛一本體, 便已通然, 與天地, 通貫無礙, 呈露流行, 其德則曰性, 其神則曰心, 其用則曰情, 皆由是氣而立名者也. 若其所謂濁駁者, 乃其正氣中渣滓耳, 渣滓重則本體隱焉者, 亦理勢之必然, 然豈可以是, 而致疑於本體之善哉."

찌꺼기일 따름이기에 찌꺼기가 무거우면 본체도 감추어지는 것이 현실에서는 다반사로 일어난다. 이것에 기초하여서는 본체가 선하다는 것을 의심하는 데까지 나아갈 수 없다고 힘주어 강조하는 것이 임성주의 입장이다. 임성주에 이르기까지 인간을 성선한 존재로 보는 관점은 극복되지 못하고 있다.

이와 같이 유지되던 인간 심성을 바라보는 관점은 홍대용에 이르면 획기적인 변화를 겪게 되었다. 홍대용은 기본적으로 인간의 심성이 악할 수도 있음을 인정하는 언급을 해서 인간을 보는 관점을 전대의 누구와도 다르게 했다.

> 또한 이른바 리는 기가 선하면 역시 선하고, 기가 악하면 역시 악하다. 이 리는 주재하는 바가 없고, 기가 하는 바를 따를 따름이다. 리는 본래 선하고, 그것이 악한 것은 기질에 구애되기 때문이며 그 본체가 아니라고 한다면, 이 리는 이미 만물 조화의 근본인데 어째서 기를 순전히 선하게 하지 않고, 탁하고 잡되면 어그러진 기가 생기게 해서 천하를 어지럽히는가? 선의 근본이 되고 또한 악의 근본이 되니, 리는 물에 따라서 변천하는 것이고, 주재하는 것은 전혀 아니다.[171]

홍대용은 인간의 심성이 악하다는 주장을 확실한 이론적 기반을

---

171) 洪大容,「心性問」,『湛軒書』內集 권1(위의 책 248, 2000.), 5면. "且所謂理者, 氣善則亦善, 理惡則亦惡, 是理無所主宰, 而隨氣之所爲而已. 如言理本善, 而其惡也. 爲氣質所拘, 而非其本體, 此理旣爲萬化之本矣. 何不使氣爲純善, 而生此駁濁乖戾之氣, 以亂天下乎. 旣爲善之本, 又爲惡之本, 是因物變遷, 全沒主宰."

가지고 펼친 사람에 해당한다. 홍대용이 이렇게 인간을 악한 성격으로 규정하는 것은 그 이전에는 없었던 견해로서 중요한 사상적 의미를 지닌다. 위의 언급에서 홍대용은 기존의 견해를 완전히 극복하여 理의 부속된 성격을 가진 것으로 파악되는 기를 완전하게 독립된 성격을 지닌 것으로 올려놓는 전복적 사고를 펼치고 있다. 이런 전복적 사고는 위의 첫 부분부터 등장하는데, ‘理는 기가 선하면 선하고 기가 악하면 악하다.’고 하는 것이 그런 사고의 전제에 해당한다. 理는 주재도 하지 않고 기가 하는 바를 따르는 것으로 인식된다. 理는 만물 조화의 근본이라고 해 왔는데 이런 견해에 따른다면 理가 기를 순전히 선하게 하여 천하를 어지럽게 해서는 안 된다. 또한 기존의 견해를 지지하는 사람들은 理가 본래 선하지만 악하기도 하는 것은 기질에 따른 것으로 본체의 성격은 아니라고 하는 논리를 내세웠다. 그러나 그런 논리는 홍대용이 보기에 더 이상 타당성을 지닐 수 없는 것으로 간주되는데 사회 현실에 엄연히 존재하는 악을 가진 사람을 이런 사고로는 더 이상 적당하게 설명할 수 없다. 따라서 그는 다음과 같은 결론을 맺고 있는데 ‘理는 물에 따라서 변천하는 것이고, 주재하는 것은 전혀 아니다.’라는 언급이다. 이런 사고에는 현실에 존재하는 악을 가진 사람을 제대로 설명하는 데는 현실에 존재하는 악을 중시해야 한다는 논리가 전제되어 있다.

이와 같은 홍대용의 견해는 이전에 이루어진 논리체계를 완전히 뒤집어 놓은 이론으로 심성론이 전개된 양상을 집약적으로 보여주면서 그런 이론이 도달할 수 있는 최고의 수준을 보여주고 있다. 홍대용 이전에 이루어졌던 견해는 이론적 근거를 완전히 잃어버렸고 理가 氣에 선행한다는 논리가 더 이상 받아들여지지 않았다. 이런 주장을 하기 위해서는 논리적 기반 자체를 완전히 바꾸는 과정이 필요한데, 홍대용은 이를 철저할 정도로 따져 보고 난 이후에 이와 같은 논리를 마련하였다. 그의 견해는 실학자들의 심성론에 강한 영향력을 미칠 정도로 이념적 기반을 철저하게 따진 이후의 논리 전개라는 특성을 지닌다.

요컨대 조선 후기의 심성론은 조선 전기의 심성론이 가졌던 기본적 성격을 극복하고 새로운 이론을 수립하려는 노력들이 다양하게 일어났다. 조선 전기의 심성론이 二元論에 기반을 두고 있으므로 리를 중시하고 기를 천시하는 사고에 이끌리면서 현실에 존재하는 인간의 악한 성격은 제대로 설명하지 못했고 이상으로 추정한 인간의 착한 성격만을 중시하여 설명하는 논리적 편향성을 지니고 있었다. 그 결과 인간은 착한 존재라는 차원에서는 제대로 설명되었으나 악한 존재라는 측면에서의 설명은 제대로 이루어지지 못했다. 그러나 조선 후기에 이르면 현실에 존재하는 인간의 악한 성격에 대한 관심이 증대하고 이를 설명하려는 노력이 다양하게 일어남으로써 인간이 악한 존재일 수 있음이 논리적으로 설명될 수 있는 기반을 갖추게 되었고 이런 과정에서는 一元論에 따른 인간이해의 시각이 결정적인 전환을 이루는 근본적인 요인으로 작용했다. 조선 후기의 학자들이 인간을 악한 측면에서 바라보면서 설명하려고 노력하는 과정에는 이와 같은 사상적인 기반이 이원론에서 일원론으로 변화하였다는 사실이 결정적인 요소로 작용하고 있다.

위와 같은 조선 후기의 사상적인 문제는 소설에도 변화를 일으켰다. 소설에는 인성을 그리면서 이제는 악한 성격에 근거하여 그릴 수 있었으며 인물이 아닌 것에 인격을 부여할 수 있는 철학적 기반을 가지게 되었다. 진·가 확인형 소설에 등장하는 인물은 성격이 고정화된 것에서 변화하는 것으로 바뀌어 있는 것은 심성론과 인물성동이론이 작용하고 있다.

조선 후기에 이르러 인간은 현실에서 행하는 행동에 따라 악한 존재라는 측면에서 충분히 해설될 수 있는 이론적인 근거를 확보하고 설명되는 단계에 도달해 있었다. 이런 논리의 뒷받침을 받으면서 심성론은 새로운 흐름을 형성하여 이론적 깊이를 확보하면서 진·가 확인형 소설의 문학사적 의의를 담보해 주는 요소로 작용했다고 보아진다. 그러나 사상의 전개는 다양하고 세분화된 문제를 지니고 전개되면서 이론적 성숙을 이룩하는 발전된 상황에 이르렀지만 그것이 모두 소설에 수용되어 형상화되는 과정을 밟지는 못했다. 소설에서는 이런 사상의 전개를 모두 수용하여 문학적인 형상화를 이룩하지는 못했고 그 가운데 특징적인 면들을 부각하여 문학적인 형상화의 대상으로 삼는 선택과 집중을 보여주었다.

작품에는 심성론에 대한 논란 가운데 어떤 하나의 관점을 지지하거나 이것이 혼합되어 있는 형태로 나타나고 있다. 이런 과정에서 주로 문제된 것은 인물의 심성을 두고 벌어진 논란을 어떻게 해결할 것인가 하는 문제와 인성과 물성을 같은 것으로 볼 것인가 아니면 다른 것으로 볼 것인가로 집중되었다. 사상사의 문제들은 소설의 서사에 핵심을 차지하면서 다양한 분화를 보이는 근거로서 작용했다. 소설에서는 사상사의 문제에 영향을 받아 작품마다 고유한 서사 세계를 이룩하는 독자성을 획득하고 있다. 그런데 이런 서사의 세계는 작품마다의 특성도 있지만 유형마다의 특이성도 나타나고 있어 이에 대한 고려를 할 필요도 있다.

사실의 진·가 확인형 소설에서는 인간이 확연하게 나누어져 인식되는데 원래 선인이 있고 악인이 있다. 이들은 아무리 다른 상황에 처해지더라도 선인이 악인이 되고 악인이 선인이 되는 변화를 겪을 수 없다. 그들은 한 번 정해진 자신의 성격을 절대로 바꾸지 못한다. 이런 점은 작품에 등장하는 인물의 성격에 주목한다면 당장 드러나는 점이다.

「유연전」의 유연은 처음부터 선한 성격을 가졌다고 제시되어 행위 때문에 긍정되고 신념을 버리지 않는 인물로 그려진다. 그는 죽고 난 후에도 억울함을 보상받기까지 한다. 그에 비해 악인으로 분류되는 인물들은 선한 인물의 원통함을 푸는 과정에서는 모두 저지른 죄에 따라 벌을 받는다. 두 측은 진짜의 가출을 두고 이유를 제시하는 데에서 확연하게 갈라진다. 선인에 드는 인물은 진짜가 가출한 이유를 진실에 가깝게 인지하고 있는 데 반해 악인에 드는 인물은 가출한 이유를 편향된 시각으로 인식하고 있다. 유연은 형이 가출하자 형이 절박한 이유로 이런 행동을 했다고 하는 데 비해 다른 인물들을 미쳐서 한 행동이라고 한다.

「화산중봉기」에 등장하고 있는 인물도 성격의 변화를 겪지 않으며 진짜와 가짜라는 틀에 맞추어져 있다. 한 번 정해진 인물은 어떤 경우에도 악한 측과 선한 측으로 나누어져 있어 전환을 하지 못한다. 그들이 이런 인물의 확연한 성격을 가진 인물들로 나누어진 것은 인간을 바라보는 이원론적 사고나 심성론의 초기 형태를 수용하여 이루어진 결과로 보아진다.

여기에서는 선과 악은 확연하게 나누어져 인식되고 있으며 경계를 넘어가는 일은 없다. 사상의 견고한 틀이 사회 기반에 굳건하게 유지되고 있어 주자학적 이념을 선전되는 데에 작품의 주지가 놓여 있기도 하다. 그런 의미에서 이들 작품에는 인간의 심성이 주자학적 사상에 의해 확연하게 지탱되어 진짜와 가짜도 확연하게 나누어질 수 있다는 입장으로 굳어진 결과를 낳았다고 보아진다.

가치의 진·가 확인형 소설에는 다양한 사상사의 문제를 형상화하고 있다. 이제 인간 심성은 일방적으로 성선과 성악으로 확실하게 나누어져 있지도 않으며 한 번 정해진 정체가 어떤 경우에도 변화하지 않는다고 할 수도 없다. 진짜와 가짜의 정체는 어느 하나로 고정화되어 있는 것이 아니라 선성과 악성을 가질 수 있다. 또한 이 유형의 소설에는 인물과 동물의 성이 같은가 다르냐를 따지는 문제가 하나 더 중첩되어 있어 인물을 진짜와 가짜로 나누는 것이 더욱 복잡한 문제가 되어 갔다. 인물에게만 성을 논할 수 있다는 인식에서 동물에게도 성이 있는데 그것이 인간과 같은가 같지 않느냐를 두고 일어난 논란까지도 수용하여 다루어야 하니 보다 복잡한 양상을 지니게 되었다.

사상사의 문제는 가치의 진·가 확인형 소설의 인물을 다루는 데 일정한 영향을 미치고 있다. 심성의 차원에서 보았을 때 인간은 선성을 가진 존재라는 생각만이 아니라 동물도 성을 가진 존재라는 생각이 널리 퍼짐으로써 소설에서의 정체 확인 과정이 보다 복잡하게 이루어지게 마련이었다. 이 유형의 소설에는 동물이나 무생물을 인간과 같은 시각으로 다루는 데 따른 어려움이 정체를 확인하는 판결의 어려움으로 나타나고 있다. 이런 점은 작품마다 편차를 가지고 있다.

「옹고집전」에는 무생물을 인간의 영역에 포함하여 다루는 데에 따른 고민이 나타난다. 작품에는 짚으로 만든 가짜 옹고집을 분명하게 인간과는 차원이 다른 존재로 보고 가짜로 다루면서도 한편으로는 인격을 부여하려는 시도도 하고 있다. 그러나 가짜는 완전하게 인간과 같은 존재로 격상되지 못하고 차원이 낮은 존재에 머물 따름이다. 이는 가짜가 인간의 독립된 인격을 갖춘 존재로 취급되지 않고 진짜의 각성을 이루는 하나의 보조적인 수단으로 취급되는 데에서 증명된다. 인간을 다루는 관점은 인간을 이해하는 사상의 입장을 일정하게 반영하고 있는 것으로 보인다. 이 작품에는 인간에 대한 이해가 변화하는 단초를 보여주고 있다 하겠다.

「양반전」은 사상사의 문제 가운데 심성론 차원에 주목하고 있다. 인간은 언제나 선성을 가진 존재이기 때문에 따로 악인과 선인이 정해져 있는 것이 아니라 모든 존재가 긍정적인 측면과 부정적인 측면을 동시에 가진 존재로 다루어진다. 작품에서 진짜와 가짜를 가리는 데 어려움을 겪는 것은 이런 의식의 반영이다. 군수와 천부 가운데 과연 진짜 양반은 누구인가를 확인할 수 없다. 그러나 인성과 물성이 같은가 같지 않느냐는 관심 영역이 아니기 때문에 확실하게 심성의 문제를 인간의 고유한 가치를 지닌 영역으로 다루는 것이 가능했다.

「호질」은 복잡한 문제를 소설이라는 형식에 담고 있다. 심성론의 변화된 모습도 담고 있으며 인물성동이도 문제 삼고 있기 때문이다. 진짜와 가짜를 확인하는 데에도 표면적인 측면과 이면적인 측면에서 다른 평가가 가능한 것은 이런 사상의 이중의 관점이 적용되고 있기에 일어난 측면 때문으로 볼 수 있다. 여기에서는 사상에서 가장 문제된 점인 심성론과 인물성동이론을 문학적으로 변화시키려는 노력이 일어나면서 이를 혼합하기도 하고 대립하기도 하는 고민을 드러낸다. 보다 복잡한 형식으로 이루어지는 인물에 대한 평가는 이런 사상의 만남과 혼란이 이루어낸 결과라고 하겠다.

지금까지 사상의 문제와 소설적 반응을 중심으로 하여 논의를 전개해 보았다. 이제부터는 이런 것이 소설적 글쓰기로는 어떤 의미를 지니고 있는지 세밀하게 다루어 보고자 한다.

2. 소설적 글쓰기의 새로운 시도

조선 후기 진·가 확인형 소설은 심성론의 소설적 변용이라는 성격을 갖는다. 그러나 심성론의 모든 논의를 수용하여 소설로의 형상화를 이루었다고 하는 것은 전혀 실상에도 맞지 않고 너무 사상과 문학을 단순하게 병치했다는 비난을 받을 수밖에 없다. 심성론에 대한 논의가 다양하고 풍성하게 이루어진 만큼 소설도 이런 흐름을 모두 수용하고 있을 것이라는 예상을 한다면 그것은 실상을 피상적으로 고찰한 것이기에 피해야 하고 각자의 특성에 기초하여 중요하게 다루어지는 문제가 있었다는 시각이 무엇보다 필요하다. 소설은 심성론의 다양한 흐름을 수용하고 그것을 문학적으로 형상화하는 방향에서 중요한 역할을 한 측면도 있지만 문학화 과정에서 소설만의 독자성을 글쓰기로서 실현해야 한다는 목적에 맞게 사상을 그대로 받아들여 형상화하지 않고 재편이나 자기화를 통해서 수용한 측면도 강하여 이런 현상이 나타났다 판단된다. 즉 조선 후기 진·가 확인형 소설은 사상적 흐름을 수용한 측면도 분명히 존재하고 소설로서의 독자성에 기초하여 사상을 바꾸기도 한 측면도 존재한다. 여기에서는 사상적 논의를 소설만의 형식에 어떻게 받아들이고 형상화할 것인지를 두고 고민·모색하는 과정에서 소설만의 독특한 형식에 어떻게 구조화되고 글쓰기로 실현했는가가 무엇보다 중요하게 논의되어야 할 관심거리다. 글쓰기의 관점에서 바라보았을 때 진·가 확인형 소설은 사상과 만나 수용한 측면과 자기 발전을 이룩한 측면이 존재한다고 전제하고 논의를 전개해 나간다.

조선 후기 심성론의 문학적 형상화에 주목할 만한 소설로는 '天君小說'172)이라고 불린 일군의 담론양식173)이 있다. 이것이 소설인

172) 天君小說에 대한 논의는 많이 이루어지지는 않았지만, 金光淳에 의해 전반적인 특성과 문학사적 의미 등이 밝혀져 이 유형을 이해할 수 있는 길을 찾았다고 할 수 있다. 그는 천군소설을 하나의 문학양식으로 다루는 최초의 본격적이고 깊이 있는 연구를 했다는 점뿐만 아니

가 소설이 아닌가는 본격적인 논의를 거쳐서 내려져야 할 문제이지

라 실증적인 측면에서도 기존의 연구를 한 단계 극복하는 수준의 연구를 하여 상당히 의미 있는 작업을 수행한 것이라 할 수 있다. 그러나 그의 연구에서는 다루지 못한 점이 남아 있기도 하여 기본적인 측면에서의 연구도 다시 시도될 필요도 있다. 어찌 보면 그의 연구는 아주 근본적이고 중요하다고 할 수 있는 천군소설이라는 용어를 이들 작품에 쓸 수 있는가 하는 점에 대한 반성이 이루어지지 못했다는 약점을 가지고 있어 이 점에 대한 논의를 더욱 철저하게 수행하여 보완할 필요가 있다. 즉 과연 천군소설이라고 불리는 일군의 담론 양식이 과연 소설이라고 불릴 만한 특성을 가지고 있는지 가지고 있다면 이것이 심성론이라는 철학적 담론과는 어떤 점에서 차이와 그 고유성을 지니고 있는지에 대한 논의가 더욱 정밀하게 이루어질 필요가 있다. 그렇다고 하여 그가 이룬 업적이 전혀 중요하지 않거나 근본적인 한계점만 가지고 있었다고 판단하는 것은 아니다. 필자는 그의 논의가 충분히 의미 있는 작업이라고 인정하지만 그것이 가진 근본적인 한계를 극복하려는 노력이 동시에 병행되어야 한다고 본다. 천군소설에 대한 논의는 金光淳, 『天君小說研究』(형설출판사, 1986)를 참고할 수 있다.

173) 천군이 등장하는 담론을 기존의 논의에서는 천군소설이라는 용어를 사용하여 묶어서 다루는 방법을 사용해 왔다. 그러나 천군이 등장하는 이런 작품들을 과연 소설이라고 할 수 있는지에 대한 논의는 지금까지 몇몇 연구자들이 제기했지만 본격적으로 부각하지는 못했다. 천군이 등장하는 소설이라는 소박한 견해에 따라 이들을 천군소설이라고 다루어왔는데 이렇게 다루어지기 위해서는 소설에 대한 보다 확연한 기준을 마련하고 이들 작품이 이런 기준을 충족시키기에 소설로 다루어도 된다는 기초적인 고찰은 필요하다. 이런 작업이 있고 난 이후에 천군소설에 대한 연구가 더욱 가치 있는 논의로 올라설 수 있을 것이다. 필자의 견해로는 이들 작품은 근본적으로 사상적 논설로서의 성격을 가진 작품으로 한문학의 한 문체인 전의 특성을 다분히 수용하고 있어 소설이라고 하기에는 아무래도 근본적인 한계가 내재하고 있는 것으로 보이는데 이런 논의는 본격적인 후속논의를

만 여기에서는 중요하게 다루어질 문제가 아니니 본격적인 논의에서 제외하더라도 우리의 논의는 충분히 이루어질 수 있다. 더욱이 여기에서 다루는 중심문제에서 보았을 때 이런 작품들이 소설적 글쓰기의 한 모색 과정에서 나타난 담론양식으로 다루는 데는 아무런 어려움이 없다. 담론양식은 심성론이라는 큰 담론의 범위에서 넣어서 다룬다면 더욱 그 특성을 부각하여 포착할 수 있는데 아직까지 우리는 이런 관점에서의 논의를 시도할 만한 시각을 확보하지도 못했고 그것을 실천할 수 있는 상태에 이르지는 않았다. 즉 조선조 유자들은 심성론을 철저한 사상적 논의로도 표출하였다면 이것을 문학적으로 형상화하는 방법으로도 표출하는 방법을 써왔는데 그런 과정에서 철학적 측면과 문학적 측면을 얼마쯤 넣어서 그 비중을 어떻게 할 것인지를 두고 고민을 하였음을 쉽게 예측할 수 있는데 그 가운데 일명 천군소설도 나타난 하나의 담론양식이라고 보는 관점이 무엇보다 필요하다.

소설은 글쓰기라는 관점에서 보았을 때 철학적 논설과 문학적인 형상을 섞어서 글쓰기에 활용할 수 있는 가장 중요한 양식으로 보아도 무방하다. 소설적 글쓰기는 문학과 철학이 만나는 자리를 마련해 주었다는 의미를 지니고 있다. 그렇다고 하여 소설적 글쓰기가 소설이라는 문학 양식에만 국한되어 글쓰기로 행해진 것은 아니고 철학적 논설이지만 문학적 형상을 가미한 글쓰기 방식도 많이 활용

통해 밝혀 볼 예정이다. 여기에서 필자가 천군소설이라고 불린 일군의 담론양식이라고 한 것은 이런 한계에 따라 붙여본 임시방편적인 용어임을 밝혀둔다.

하고 있으며 문학적 형상이지만 철학적 논설을 끌어들인 글쓰기 방식도 많이 활용하고 있다. 어떻게 보면 소설적 글쓰기라는 말에는 철학적 글쓰기와 문학적 글쓰기가 긴장관계를 형성하면서 이들이 적극적인 관계를 모색하는 과정을 보여주는 의미를 내포한 개념이 들어가 있다. 두 가지 요소가 똑같은 분량으로 균형을 맞추어 글쓰기를 한다든가 어떤 틀을 정해 놓고 그것에 맞춘 글쓰기를 한다든가 했다는 증거는 담론양식에 전혀 나타나지 않지만 소설적 글쓰기에는 이를 적절하게 활용하여 어떤 담론양식을 주로 활용할 것인가에 대한 글쓴이의 암묵적인 의식은 작용하고 있어 이에 기준한 글쓰기의 방향이 결정되는 경향을 보인다.

진·가 확인 담론에 참여한 유자들은 다양한 담론양식을 활용하여 자신의 의도를 실현하고자 했다. 작자는 분명한 철학적 입장을 표출하는 데는 논리적인 입장을 분명히 밝힐 수 있는 글을 주로 사용하였으며 이런 글에 문학적인 형상을 전혀 가미할 수 없다고 보지도 않았다. 유자들에게는 철학적인 논설에 문학적인 형상을 가미한 담론양식을 활용할 수 있는 기회는 너무나 많았으며 이것을 담론상황에 적용시키는 경우도 자주 있었다. 그들에게 이런 글들은 한 문학을 활용할 수 있는 능력만 갖추고 있다면 충분히 표출하는 일이 가능했으며 실제로 담론 상황에 이런 능력을 발휘하기도 했다. 철학적인 내용을 문학적인 형식에 넣어 표출한 경우가 우리에게는 많아 이것을 두고 벌인 유자들의 고민이 글쓰기로 수용된 양상을 확인할 수 있다. 그런데 이런 글들은 분명히 소설적 글쓰기의 한 변이형이나 그것에 접근하는 문학양식으로서의 자격을 지니고 철학적 논설에서 벗어나 어느 정도의 문학적인 형상을 이룩해야 소설이라는 문학 양식이 될 수 있는가를 고민한 당대인의 글쓰기에 대한 고민이 녹아 들어가 있다고 보아 그 중요성이 더욱 강조될 수밖에 없다.

이 작품군의 장르적 귀속을 따진다는 것이 지엽적이고 유용하지도 못하다고 보고 전혀 가치 없는 것으로 치부할 수 있는 입장도 나타날 수 있다. 그러나 어떤 연구이든 그것이 제대로 이루어지기 위해서는 연구자가 그것을 바라보는 관점을 언제나 반성하여야 한다는 입장에 선다면 이런 논의도 전혀 무의미하거나 논쟁적인 의미만을 지니지는 않는다고 판단된다. 이런 점에서 필자의 문제제기가 전혀 무의미하거나 방향을 잘못 잡았다고 할 수 없다. 필자가 가진 기본적인 시각을 여기에서 제시해 본다면 아래와 같다.

심성론의 틀을 유지하면서 철학적 글쓰기의 경향을 많이 물려받아 이루어진 것이 천군소설이라는 담론으로 판단된다. 이런 담론이 철학적 글쓰기의 고유한 형태를 지키는 데만 급급하지 않고 그것을 활용하여 나름의 문학적 형상을 집어넣은 데도 일정한 관심을 두고 있었다. 그러므로 천군소설이라는 담론에는 다양한 한문학의 문체들이 수용·활용되었다.

조선 후기에 이루어진 심성에 대한 논의는 높은 수준에 이르렀고 이것에 기초한 담론으로의 표출로 천군소설이라는 형태의 담론을 많이 활용하는 단계로 발전하기도 하였는데 이 과정에서 문학적인 문체들이 다양하게 수용되었다고 여겨진다. 그런데 이런 작품들은 소설을 짓는다는 의식에 근거하여 창작한다는 증거를 어디에도 남기지 않으면서도 철학적 논설을 짓는다는 의식은 강하게 작용하고 있었다. 천군소설이라고 불리는 담론양식을 지을 때 작자들은 소설을 짓는다는 의식을 가지기보다는 한문학의 한 문체를 짓는다는 의식에 더 많이 기울어져 창작에 임한 것으로 보인다. 유학자들은 자신들의 철학적 입장을 실현하는 수단으로 이에 더 많이 이끌리고 있었다고 생각된다. 따라서 이들 담론에는 작자의 의견이 어떤 식으로든 표출되는 부분이 들어가게 되는데 이를 실현하는 방법으로는 주로 작품의 말미에 작자가 문면에 직접 등장하여 의견을 피력하는 자리를 마련함으로써 성취하고 있다. 그러므로 작자가 소설을 짓는다는 의식을 가지고 있지 않고서 지은 이런 작품들을 소설이라고 취급하여 다룬다는 것은 소설의 기본적인 특성을 충족시키지 않는 것을 억지로 연구자 중심의 편의에 따라 재단하여 소실로 취급했다는 혐의에서 벗어날 수 없다. 소설이라면 갖추어야 할 기본적인 요건을 갖추고 있는지조차 의심스러운 이런 담론양식을 소설이라고 보고 다룬다는 것은 있을 수 없는 일이라고 보여 장르에 대한 논의가 더욱 정치하게 이루어져야 마땅하다. 그런 관점에서 이 천군소설이라는 담론양식은 소설적 글쓰기의 본격적인 대상으로 다루는 데는 아무래도 꺼려지는 바가 있으며 철학적 담론에서 문학적 형상을 어떻게 활용하는가를 다루는 데에는 더없이 좋은 대상이라 보는 것이 타당하다고 본다. 소설적 글쓰기에는 전통적 글쓰기와 새로운 글쓰기가 미묘한 긴장관계를 이루고 있을 가능성이 높다. 이런 글쓰기에는 기존에 존재하던 전통적 글쓰기도 어느 정도 수용되고 있으며 새롭게 개발한 글쓰기도 어느 정도 시도되고 있다. 이들 간에도 평

면적이고 밋밋한 관계가 형성되어 있는 것이 아니라 입체적이고 긴
장된 관계가 형성되어 있어 그들 간의 관계도 종합적이고 역동적이
다.174) 전통적 글쓰기와 새로운 글쓰기가 소설적 글쓰기에서는 변
증법적 관계를 유지하고 있다. 새로운 글쓰기에 전통적 글쓰기가 긍
정과 부정의 긴장관계를 유지하면서 전체적인 글쓰기로 완성되는
미묘한 관계가 소설적 글쓰기에는 유지하거나 존립하고 있는 경우
가 많다. 새로운 글쓰기에만 중요성을 두어 전통적 글쓰기가 완전히
부정되지도 무시되지도 않으면서 긍정과 부정의 미묘한 줄다리기가
소설적 글쓰기에는 행해진다. 소설적 글쓰기에는 철학과 문학이 만
나고 전통과 혁신이 만나는 자리가 마련되어 그 경계가 허물어지기
도 한다. 철학적 글쓰기와 문학적 글쓰기의 경계를 정확히 가를 수
없는 글쓰기가 소설적 글쓰기에는 너무나 자연스럽게 행해진다.

　진·가 확인형 소설은 이런 점에서도 독특한 위상을 차지하는 글
쓰기라는 특성을 갖고 있다. 전통에 기반을 두고 있었던 철학적인
글쓰기 방식을 완전히 극복하지 못하고서도 글쓰기로 소설을 실현
하기도 했으며 새로운 글쓰기를 하고자 하는 의도를 가지고 있으면
서 소설의 여러 유형을 혼합하여 작품을 창작하는 시도를 하다가
결국에는 이런 목적을 달성하지 못하고 여러 소설 유형의 백화점식

---

174) 물론 작품에 따라 긴장 관계가 팽팽하게 유지되는 경우도 있을 것이
　　고 느슨하게 유지되는 경우도 있을 것이다. 여기에 덧붙여 어느 한쪽
　　으로 기울어진 주도적인 글쓰기 방식이 있고 그것에 부가하여 보조
　　적인 글쓰기 방식도 존재할 것이다. 작품마다 이런 관계의 양상은 다
　　다를 것으로 여겨진다.

혼합만을 이루는 결과를 초래하기도 하였으며 철학적 논설에 대한 유혹을 떨치지 못하고 있다가 소설적인 글쓰기를 이룩하기는 했지만 그 작품에 대한 해설을 붙이는 형태를 집어넣어 완전한 소설적 글쓰기를 이룩하지 못하는 등의 여러 글쓰기가 행해지는 실험의 장으로 활용되었다. 이런 다양한 글쓰기를 통해서 소설은 더욱 풍성한 특성을 획득해 가는 과정에 접어들었다.

　심성론을 글쓰기로 표출하는 방법에는 여러 가지가 있을 수 있다. 크게 철학적 방식을 활용하는 것과 문학적 방식을 이용하는 방법으로 나눌 수 있는데 목적에 맞는 글쓰기 방식이 활용되어 왔을 것이다. 그러나 이것이 고정되어 있는 것은 아니었고 문학과 철학 사이를 오고가면서 더욱 중요한 담론양식으로 무엇을 활용할 것인가를 두고 고민하는 과정이 개입되어 있기도 했다. 그런 과정에서 글쓰기 방법은 영향을 주고받기도 하고 질적인 변화를 일으켜 전환을 이룩하기도 했을 것이다. 다양한 담론양식을 개발하면서 꼭 어느 방식이라고 못 박을 수 없는 글쓰기 양식이 실험되기도 함은 너무나 당연하다. 그런데 그런 과정에서도 철학적 글쓰기를 줄여 나가면서 문학적 글쓰기를 확대하려는 방향으로의 노력이 경주되었다. 철학적 글쓰기 대상만으로 다루어지던 심성론은 문학적 형상을 가미한 글쓰기로 취급되는 단계에 접어들면서 어느 순간에는 소설적 글쓰기의 대상으로 취급되어도 전혀 어색하지 않는 단계까지도 나아갔다. 이런 과정의 가장 나중에 나타난 글쓰기가 진·가 확인형 소설이라는 형식을 띠고 나타났다. 그렇다고 하여 이들 두 담론이 정연하고 논리적인 발전과정을 거친 것은 아니며 소설 이전에 행해졌던 담론이라고 하여 소설의 발전을 이룩하는 원동력으로만 작용하고 폐기처분될 만큼 가치 없는 담론으로 존재하지 않았으며 나름의 의미를 지닌 글쓰기로 기능했다. 즉 글쓰기가 소설보다 미숙한 담론은 무시되고 소설이라고 하여 보다 고급하고 우월하다고 취급할 수 있는 관점은 올바른 견해가 아니다.

심성론은 소설적 글쓰기의 대상이 됨으로써 한 단계 발전하는 계기를 맞기도 했다. 철학적 논설에서 다루어지던 심성론은 인간의 마음을 추상적이고 개념적인 차원에서 정의하는 데 급급하여 인간의 생활에서 일어나는 다양한 마음의 상태를 구체적이고 살아 움직이는 대상으로까지 그려내지 못했다. 따라서 여기에서의 마음은 글쓰기의 목적에 맞는 마음만이 선택되어 부각될 수밖에 없었다. 작자의 서술목적에 따른 분명하고 명확한 면만 부각되고 그것에서 벗어난 점들은 무시되거나 가볍게 처리됨으로써 마음이 관념상으로만 존재하는 形骸化된 모습을 띤다. 즉 철학적 글쓰기에 나타난 마음은 이론의 대립을 드러낼 수 있었지만 그것이 얽히고설키면서 어떤 관계를 맺으면서 인간 생활의 실제적인 국면과 만났는지는 구체적으로 그려내지 못했다. 따라서 철학적 글쓰기에서의 마음은 구체적이고 살아 있는 형상을 띠지 못했고 구체적인 인간의 현실과 만나 어떤 모습으로 살아가고 갈등하는지는 무시되거나 가볍게 처리됨으로써 관념적 차원에 머물렀다. 심성론에서 인간의 심성을 두고 성선과 성악이라는 반대되는 입장이 제시되어 다양한 모습을 띠고 있었는데 철학적 글쓰기에는 인간의 마음이 글 쓰는 사람의 입장에 따라 한쪽으로만 일방적으로 그려졌다. 따라서 균형 잡힌 인간의 마음은 철학적 논설에서는 아무래도 온전하게 그려내지 못했다.

소설적 글쓰기에서의 마음은 철학적 글쓰기의 마음을 이어받은 것이기도 하지만 여기에만 머물러 있지는 않았다. 마음은 철학적 논의의 대상이지만 그것이 형상화되는 방식의 변화를 거침으로써 전혀 새로운 관점으로 파악되고 형상화될 수 있었다. 그것은 개념적 차원에서 다루어지는 것만이 아니라 구체적인 모습을 띠면서 살아 있는 형상을 획득해 갔다. 소설적 글쓰기에 등장하는 마음은 구체적 인간과 밀착된 성격을 획득한 것으로 바뀌어 질적으로 달랐다. 이제 마음은 개념적 차원에서만 다루어지는 것이 아니라 구체적인 인간 행위와 만나는 것으로 변화되었다. 이런 마음은 인간의 구체적인 현실을 구성하는 중요한 일부가 됨으로써 인간의 실상은 어떤 선입견에 따라 끼워 맞추어 인식되지 않게 했다. 소설석 글쓰기에서 다루어지는 마음은 현실에서 우리가 마주치는 인간의 특성을 온전하게 갖춘 구체적인 인간 행위라는 외양을 입은 모습으로 바뀌어 있었다. 이런 마음의 성격을 온전하게 그려내는 데에 소설적 글쓰기는 아주 좋은 방법을 제공해 주었지만 마음을 그려내는 데에 소설적 글쓰기가 완전한 역할을 하여 큰 효과를 거두는 데에는 몇 가지 미숙한 점을 남기기도 했다. 소설적 글쓰기에 임하면서 작자는 글쓰기에 대한 보다 성숙한 자세를 유지할 필요성을 느꼈다. 철학적 논설로 기울어진 글쓰기만으로는 작자가 글을 씀으로써 맛볼 수 있는 하나밖에 없는 창조물을 만들어 낸다는 생각을 만족시키지는 못할 공산이 커서 이런 필요성을 부각시켰다. 철학적 글쓰기는 글쓰기를 통해서 얻을 수 있는 만족감을 충족시켜 주지 못했을뿐더러 시대의 흐름과 실상을 담아내는 데도 실패할 수 있다. 작자들은 표현 욕구를 해소할 수 있는 방법으로 소설적 글쓰기를 통해 충족하려고 하면서 글쓰기에 대한 한층 높은 의식에 도달하려는 노력을 기울여야 했다. 그러나 진·가 확인형 소설로 실현된 글쓰기에서는 좋은 효과만을 얻은 것은 아니다.

소설적 글쓰기가 중요한 위상을 차지하였지만 그에 걸맞게 많은 작자들은 글쓰기에 실천적으로 나서지 못했다. 작자들은 기존에 존재하는 글쓰기 방식을 활용하는 데 더욱 익숙해 있었지 새로운 글쓰기인 소설적 글쓰기에는 익숙하지 않아 선뜻 글쓰기에 나서는 데는 주저되는 바가 있었다. 곧 작자들은 진·가 확인을 위한 담론으로 철학적 논설을 창작하는 데는 적극적으로 참여하였지만 소설적 형상화를 이룩하는 데는 적극적으로 나서지 못했다. 그 결과 진·가 확인을 위한 담론으로 철학적 논설은 많이 창작되고 문학적인 형상은 적게 장착되었다. 이런 결과가 우리의 진·가 확인을 목적으로 한 담론에는 남아 있다. 철학자들은 진·가 확인 담론을 활발하게 창작하여 많은 결과물을 내놓았으나 문학자들은 진·가 확인 소설을 몇몇 작자들만 나서서 창작하여 극소수만을 내놓는 데 그쳤다. 이런 진·가 확인 소설은 위에서 다룬 소설적 글쓰기의 특성을 대부분 성취하는 결과를 내놓기도 했으나 분명한 한계를 지녔다.

소설적 글쓰기에는 철학적 글쓰기의 유습을 많이 물려받아 소설적 글쓰기만의 독자적인 성격을 성취하는 데는 한계가 있었다. 소설에는 인물이 분명하고 개성적인 성격을 지닌 것으로 형상화되지 못했으며 독립적인 인격체로 다루어질 만한 기본적인 속성을 갖추지도 않아 구체적인 성격을 가진 생활인의 모습을 갖추지 못했다. 사회에 발붙이고 살아가는 인물이 가질 수 있는 구체적인 성격을 획득하지 못하고 추상적인 차원의 인물들로 그려져 구체성을 획득하는 데 실패한 인물들이 많았다. 인물들은 주로 현실적인 속성보다는 초월적인 속성을 가진 영역에 속하여 구체적인 성격은 떨어졌다. 진·가 확인형 소설에 등장하는 인물은 대부분 독자적이고 개성적인 인물로 보기에는 뭔가 부족한 면을 지니고 있다. 진·가 확인형 소설로는 그나마 문학적 성취가 뛰어나다 할 수 있는 「호질」과 「옹고집전」에 등장하는 인물들도 다른 유형의 소설에 등장하는 인물들과 비교한다면 구체성이 많이 떨어진다.

「호질」에 등장하는 북곽 선생은 그나마 구체성을 띠고 있어 현실에 존재하는 어떤 계층의 성격과 연결되어 다룰 만하지만 그에 못지않은 비중을 지닌 호랑이는 이런 구체성을 전혀 갖추지 못한 인물로 볼 수 있다. 그는 정체가 의심스러울 정도로 애매모호하게 그려질 뿐만 아니라 현실사회에 존재하는 어떤 인물과도 관련을 맺을 수 없을 정도로 추상적 형상으로 그려진다. 그는 인간의 세계에 속하지 않는 다른 세계에서 온갖 동물들과 살아가면서도 인간의 세계와도 소통을 자유롭게 하여 동물이면서도 인간이다. 호랑이를 따르는 동물들은 이름도 생소하고 실제로 존재하는지도 알려져 있지 않아 구체적이고 현실적 성격을 결여하고 있다. 그러나 이들 동물 가운데 호랑이는 그나마 구체적인 형상을 지니고 제시되어 그 모습이 다른 동물의 구체성을 훨씬 뛰어넘고 있으면서도 인물의 구체성을 획득하는 데는 이르지 못했다. 이렇게 된 데에는 작자가 철저할 정도로 당대사회를 비판하여 이를 바로잡으려는 의도가 작용했기 때문이라 하겠다. 즉 이에는 작자가 당대 사회에 대한 근본적이고 철저한 비판을 수행하기 위해서 이런 인물을 내세워 비판을 가함으로써 그것 때문에 일어날 수 있는 독자로부터의 강력한 거부와 부정을 누그러뜨리고 자신의 의도를 십분 달성하려는 고도의 문학적 계산이 깔려 있다고 할 수 있다. 현실에서 동떨어져 있고 사회와 직접적인 관련을 맺지 않는 이런 인물이 수행하는 비판은 작자의 의도를 수월하게 달성시켜 줄 좋은 방법이면서도 주위의 비난으로부터도 벗어날 수 있는 아주 적절한 방법이다. 그러나 이런 의도를 달성하려고 소설에서 요구하는 인물의 구체성 확보에 실패한 것은 단점이다.

「옹고집전」에 등장하는 인물 가운데 가짜인 옹고집은 현실적 토대가 약하다. 진짜 옹고집이 부모에 불효하고 온갖 악행을 저지른다는 소문을 듣고 그것을 확인하는 과정을 거친 중은 절이라는 신성한 공간으로 돌아와 그를 응징하려는 수단으로 짚을 이용하여 인간의 형태로 가짜 옹고집을 만들어 내어 진짜에게 벌을 주려 한다. 가짜 옹고집은 악한 인간을 개과시켜 선한 인간으로 만들어야 한다는 임무를 부여받아 중에 의해 만들어져 독립적인 인격을 지니지 못하고 있으며 독립적인 인격성을 갖추는 데도 어떤 과정이 필요하다. 이렇게 만들어진 가짜 옹고집에게는 인간이 가진 고유성이 없기 때문에 인간으로 편입되기 위한 과정이 필요하게 된다. 작품에서는 진짜 옹고집의 잘못을 어떻게 징계할 것인가를 두고 절에 있던 인물들이 모두 나서서 자신의 의견을 피력하는 과정을 거쳐서 그 의

논의 결과로 가장 합당한 방법을 선택하는 과정을 거치게 하고 있
다. 이런 부분은 쓸데없이 들어와 있는 것이 아니라 꼭 필요한 부
분으로서 서로 불가분의 관련을 맺으면서 가짜 옹고집에게 인격성
을 부여하는 과정에서 고안되어 있다는 성격이 짙다. 이와 같이 이
작품에서도 등장하는 인물 가운데 가짜는 현실적 토대를 지니지 못
해 독립된 인간으로 취급될 수 있는지가 의심스럽다.

요컨대 진·가 확인형 소설은 새로운 글쓰기를 모색하는 과정에서
등장하여 어떤 담론 양식보다도 더욱 발전된 성과를 이룩한 것이 사
실이다. 즉 그때까지 이루어진 담론 양식의 형식을 한 단계 뛰어넘어
새로운 글쓰기를 이룩하여 글쓰기에 진·가에 속하는 인물들을 모두
수용하여 그들에게 구체성과 현실성을 부여해 가면서 그들을 살아
있는 인물로 그려내는 데 성공했다. 이런 점은 그전까지 이루어진 이
떤 담론양식도 성취하지 못한 소설이라는 글쓰기가 이룩한 특성이다.
그러나 소설적 글쓰기는 다른 유형의 소설에서만큼 확대되거나 적극
적으로 활용되지 못하고 전통적인 요소에 견인되어 있다 하겠다.

결 론

이 책에서는 진·가 확인형 소설을 하나의 유형으로 설정하고 이에 속하는 작품을 찾아내어 그것이 형성되게 된 기반이 무엇이고 작품의 서사 세계는 어떠한지를 밝혔다. 필자는 작품론의 깊이 있는 방법을 개발하는 데는 유형론이 일정한 역할을 할 수 있으며 그 역도 마찬가지라는 시각을 가지고 연구에 임했다. 여기에서는 연구에서 얻은 결과를 요약하면서 앞으로의 연구에서 어떤 점을 다루어야 하는지를 지적하는 것으로 결론을 맺고자 한다.

조선 후기에는 사회적 혼란이 이어졌고 가치관이 흔들렸는데 이런 점들이 소설의 발생에 중요하게 작용했다. 사회는 외적으로나 내적으로 심각한 혼란을 겪었고 그것은 가치관의 혼란을 불러오기도 했다. 이런 외적 혼란과 내적 갈등은 진·가 확인형 소설의 발생기반으로 작용하였다.

주자학은 더 이상 사회를 주도하는 사상으로서 기능을 수행하지 못했고 주자학의 자리를 양명학과 실학이 보충해 갔다. 임진왜란 이전까지 사회를 주도하는 중요한 사상이던 주자학은 더 이상 역할을 수행하지 못하고 부정적인 특성까지도 드러냈다. 이런 상황에서 주자학은 객관화되는 과정을 밟음으로써 약점이 드러나 더 이상 사회를 주도하지 못했다. 주자학의 위상 하락을 틈타 대응사상이 주자학의 빈자리를 채워갔다. 주자학을 대신하여 조선 후기에 등장한 사상은 양명학과 실학이었는데 이런 사상의 변화 상황이 이 유형의 소설을 발생시키는 기반으로 작용하였다.

천기론도 소설의 발생에 작용했다. 조선 후기에는 문학관으로 천기론이 중요한 흐름을 이루면서 소설도 이에 따라 파악되었다. 문학을 담당하는 계층이 확대되고 진정한 문학을 두고 심각한 논쟁을 벌임으로써 진정성에 대한 논의가 활발하게 이루어지고 소설도 이런 흐름에서 설명되었다. 소설은 진성성의 달성에는 한계가 있지만 진성성이 무엇인가를 따지게 만들었다. 소설은 진정성을 달성하는 데는 뭔가 부족한 점이 있지만 또 다른 진정성을 달성하는 요소를 지녔다고 인식하게 되었다.

소설의 발생 기반으로 특히 두러지게 작용한 점은 인간과 학문에 대한 담론이 발생한 것이다. 담론은 철학적인 논설과 문학적인 형상으로 나타났다.

인간을 파악하는 관점은 진·가 확인을 할 때 어디에 중점을 두어 할 것인가를 결정하는 요소로 작용하면서 진·가 확인형 소설을 두 부류로 나누는 기준이 되었다. 주자학에서는 불교에서 파악하던 인간관을 극복하려는 의도에 맞추어 객관적인 인간의 특성에 주목하였으며 신체적인 특성에 기준하여 진·가를 구별하였다. 주자학에서는 인간을 신체적인 특성을 구유하고 있으며 이것은 다른 물질과 같은 존재로 다루어졌다. 양명학에서는 주자학의 인간 이해가 너무 외적인 조건에 기울어져 있다고 보고 인간이 원래 가진 부분인 마음을 중시해야 한다고 보았다.

인간관의 차이뿐만 아니라 학문을 어떻게 해야 올바른가를 두고 주자학과 대응 사상은 다른 입장을 보였다. 주자학을 기반으로 하여 학문을 수행하는 사람은 주자가 했던 방법을 그대로 따르는 것이 올바른 학문을 하는 가장 좋은 방법이라고 믿고 이를 실천했다. 이런 학문 자세로 학문을 하게 되면 학문의 발전은 쉽게 이루어지지 않고 학문이 생활을 떠나 관념적 차원으로 빠져들 가능성도 높다. 조선 후기의 학자들이 기존의 권위에 의존하여 자신의 안위와 평안만을 먼저 생각하고 이론적 번쇄함에 빠져든 것은 학문 경향이 빚어낸 결과이다. 학문은 새롭게 창조되지 못하고 기존의 견해를 확인하고 따르는 데만 한정되어 갔으며 다른 학문은 점점 설자리를 확보하지 못하고 이단으로 내몰려 부당한 대우를 받는 상황에 처해졌다. 주자학을 신봉하는 학자들의 학문 자세의 편협성은 대응사상의 등장과 도전으로 근본적인 반성을 하게 되고 이에 따라 보다 개방적인 입장에서 학문을 해야 한다는 의식이 싹트게 되었다. 주자학에서 이단으로 평가하고 금지하는 학문을 하는 양명학자들은 주자학의 학문 자세에 대해 가장 활발하게 나서서 예리한 비판을 가하는 부류가 되어 학문 자세에 대한 근본적인 반성의 기회를 제공했다. 이런 점은 실학자들에게도 그대로 드러나는 특성이다.

인간관과 학문관은 담론으로 실현하는 방식을 결정하는 요소로 작용했다. 두 가지 중요한 문제를 두고 기본적인 관점이 차이가 난다는 점이 글쓰기로 실현되는 데 어떻게 해야 하는가를 결정하는 데 강력하게 작용하였다. 인간관과 학문관의 차이에 영향을 받아 담론은 두 가지로 나누어져 실현되었는데, 철학적인 논설과 문학적인 형상이 그것이다.

작자는 확실하고 직접적인 의견을 남에게 알리려는 목적을 달성하려는 담론으로는 철학적인 논설을 활용하였고 그에서 벗어나는 것들은 문학적인 형상을 이용했다. 철학적인 논설을 활용하는 방법으로 담론을 실현하는 데는 작자의 확연하고 직접적인 의견을 제시하는 것이 편리하였기 때문에 철학적인 논설이 보다 많은 사람들에게 별다른 거부감 없이 받아들여졌다. 이런 점은 전대로부터 이이져 오고 있었는데 조선 후기에도 널리 받아들여져 철학적인 논설이 유행하게 되었다.

이와는 달리 문학적인 형상에는 작자가 담론의 양식을 적극적으로 개발하여야 하고 담론으로 표현했을 때 작자의 의견이나 의미를 곡해할 수도 있다는 위험이 따랐다. 문학적 형상을 중시한 담론양식에는 작자의 의도를 제대로 실현한다는 것이 아무래도 어렵다고 보고 담론에 참여한 사람들은 문학적 형상을 동원한 담론을 적극적으로 수용하여 활용하지 못했다. 또한 그들은 담론의 문맥에 직접 개입하여 나서서 자신의 의견을 피력하는 자리를 마련하여 문학적 형상을 불완전하게 만들어 놓으면서까지 자신의 의도를 실현하려는 의지를 관철했다. 문학적 형상으로의 표출에는 글을 쓴다는 자부심을 심어주기도 하여 많은 사람들이 참여할 것 같으나 실제로 그렇지 않고 몇몇 사람들만이 참여하여 이를 실행하는 것으로 국한되었다. 이런 점에서 진·가 확인 담론에 철학적인 논설이 많이 문학적인 형상이 적게 창작되었던 것은 당연하다 하겠다.

소설은 글쓰기로서 독특한 의미를 가진다. 이제까지 이루어진 글쓰기의 전통과 앞으로 이루어질 글쓰기의 방향을 모색해 볼 수 있는 기회를 소설이라는 형식의 글쓰기를 통해서 작자들은 실험해 보는 기회를 가졌는데 그런 과정에서 기존에 분명하게 나누어져 진행되던 글쓰기의 방법이 소설적 글쓰기에서 서로 섞이고 해체되었다. 소설이라는 글쓰기를 하면서 작자는 글쓰기의 종합적 시각을 마련하는 계기를 갖고 글쓰기의 수준을 한 단계 높일 수 있는 기회를 맞이하였다. 그런 의미에서 진·가 확인형 소설은 글쓰기의 각 단계에서 일어날 수 있는 고민과 모색이 어떠하였으며 어떻게 극복하였는지를 알려 준다.

진·가 확인형 소설은 사실을 중시하는 작품과 가치를 중시하는 작품으로 나눌 수 있다. 두 가지는 확연하게 갈라질 수 있는 것은 아니고 연결되어 있다. 사실을 기준으로 하여 진짜와 가짜를 판단하는 것은 가치의 판단으로 이어지게 되며 가치에 따른 판단은 사실에 근거하여 내려지게 마련이다. 그러나 작품은 어느 하나에 중점을 두어 진짜와 가짜를 구별하는 기준으로 삼고 있어 작품이 나누어지는 기준이 될 수 있다. 작자의 지향하는 의식도 전자는 중세적인 가치관의 묵수에 두고 있으며 후자는 근대적인 가치관의 모색에 목적이 있다. 사실의 진·가 확인형 소설로는 「유연전」과 「화산중봉기」가 있다. 이들 작품은 주자학적 가치관을 확인하는 데 작품의 주지가 놓여 있다. 이에 비해 가치에 기준하여 진·가를 확인하는 작품인 「옹고집전」과 「양반전」 및 「호질」은 양명학이나 실학의 가치관을 확인하는 데 작품의 주지가 놓여 있다.

진·가 확인형 소설에는 작자의 바람직한 인격을 갖춘 인간형을 모색하려는 의식이 강하게 투영되어 있다. 작자의 의도를 실현하기 위하여 작자는 진짜에게 인간의 바람직한 인격에 갖출 것을 요구하여 진짜가 잘못된 마음을 바로잡는 데 도움이 된다면 가짜도 일정한 역할을 수행하는 것이 필요하다고 하면서 그에게 인격성을 부여하는 노력도 기울였다. 진짜가 강조되는 것은 당연하지만 가짜라고 하여 이런 점에서 소외되고 가볍게 처리되지는 않는다. 진짜에게 바람직한 인격을 요구하는데 가짜는 아주 중요한 역할을 수행하는 인물로 그려진다. 가짜도 진짜의 인격적 변화에 도움이 되기만 한다면 인격을 갖춘 인물로 등장하여야 한다는 작자의 생각이 이런 경향을 불러왔다고 하겠다. 특히 이런 점이 두드러진 작품은 가치의 진·가 확인형에 속하는 작품이다.

진·가 확인형 소설에는 개인보다 공동체가 우선한다. 작자는 인물의 행위에서 잘못된 점을 찾아내고 그것을 보다 올바른 방향으로 바꾸어 놓기 위해 노력해야 한다는 관점에 서 있는데 이런 관점은 사회적 차원에서도 지속적으로 강화되고 있다. 인물이 바람직한 인격을 갖춘 상태에서 제대로 된 삶을 유지하기 위해서는 사회도 이상적인 사회인 대동사회로 바뀌어야 함을 주장한다. 소설에서 이루고자 한 사회는 대동사회로서의 성격을 지니고 있다.

이런 인간과 사회에 대한 반성과 방향 제시는 새로운 역사적 방향을 모색하는 의식으로 연결된다. 인간은 사회라는 토대를 기반으로 하여 대응하면서 자신만의 독특한 세계관을 형성하는데 이런 과정에서 역사를 만나고 이 과정에 새로운 의식은 형성된다. 이 시대가 중세에서 근대로의 이행기에 해당하기 때문에 이런 과도기적 시대가 어떤 성격을 가졌는지 그런 시대를 어떻게 파악하고 어떤 대응책을 마련해야 하는지를 두고 당대인이 고민을 하고 새로운 방향을 모색한다. 진·가 확인형 소설에는 이런 시대에 대한 고민이 나타나면서 두 시대를 사이에 두고 고민하는 작자의 방황하는 의식이 드러난다. 중세를 버리지도 못하고 그렇다고 근대를 추구하지도 못하는 작자는 두 시대를 사이에 두고 고민을 겪는다.

진·가 확인형 소설에는 전복된 현실질서에 대한 비판이 나타난다. 작자는 현실에서 반성도 없이 진리로 믿어지거나 받들어지는 것들에 대해 강력한 비판적 태도를 지니고 있다. 조선 후기에 이르면 기존 사회 구성원들에 의해 이미 진리로 받아들여진 것이 너무 많이 있었으며 이런 것들에 대한 반성의 필요성이 요구되었으나 기존의 세력들은 이런 비판을 용납하지 않고 기존의 것들을 강화하는 추세를 보였다. 기존의 세력들은 비판적 태도와 시선을 금지할 정도로 사회의 잘못된 체제는 더욱 힘을 얻고 있었다. 진·가 확인형 소설의 작자들은 현실에 대해서 나서서 반성과 비판을 하게 된다.

진·가 확인형 소설은 조선 후기에 이루어진 심성론에서 논의되던 문제를 문학적으로 형상화하였다는 점에서 문학사적 의의가 크다. 철학에서의 논의가 문학으로 곧바로 수용되어 정확하게 대응되는 것은 아니다. 철학과 문학 간에는 어느 정도 일정한 영향관계가 있었음을 심성론과 진·가 확인형 소설의 관계에서 확인할 수 있다. 심성론은 문학에도 영향을 주어 하나의 큰 흐름을 이룰 정도로 중요하게 떠올랐다. 대응 관계의 이면에는 각자의 독자적인 요소가 작용하고 있었다. 조선 후기에 이르면 철학적인 논쟁은 문학의 창작을 이끌어 내는 요소로 작용하기에 충분할 정도로 깊이를 갖추게 되었으며, 실제로 철학적 논의에 영향을 받아 문학적인 형상화가 이루어지는 경우도 있었다. 조선 후기에는 조선 전기에 이루어졌던 심성에 대한 논쟁을 한 단계 발전시키는 계기를 맞았는데 성선의 관점으로만 파악되던 인간 심성이 현실적으로 존재하는 인간 심성의 악한 면을 인정하려는 움직임에 따라 성악적인 측면에서도 설명되는 논리의 개발이 이루어졌다. 특히 심성론의 혁신은 주로 이이의 사상을 수용한 학자들이 이룩하였다.

진·가 확인형 소설에서는 글쓰기를 통해 철학적인 논설과 문학적인 형상을 어떻게 적절하게 조화시키고 방향을 설정하여야 하는지를 고민하는 모습들이 나타난다. 조선 후기 소설 작자들은 그전까지 이루어진 철학적인 논쟁을 하면서 사용하던 전통적인 글쓰기를 일정하게 받아들이면서 그것에만 머물지 않고 새로운 글쓰기를 개발하려는 노력을 기울이고 문학적인 형상을 진·가 확인형 소설에서 어떻게 활용해야 하는지를 적극적으로 모색했다.

필자는 진·가 확인형 소설을 문학만의 현상에 국한된 것이 아니라 조선 후기라는 사회를 기반으로 하여 나타난 여러 현상이 맞물린 것으로 보고 논의를 진행했다. 문학을 발생시킨 요인을 문학만의 현상에 국한시켜 바라보지 않고 사회의 한 현상으로 봄으로써 다양한 관점으로 문학을 바라볼 수 있는 열린 시각을 확보할 수 있었다. 종합적인 관점에서 진·가 확인형 소설을 고찰하려는 시각을 견지함으로써 소설은 문학만의 현상에 머물지 않고 다른 영역과 연관되어 탐구될 수 있는 시각을 확보했다. 종합적인 연구 시각은 진·가 확인형 소설을 더욱 풍부하고 다양한 방향에서 논의할 수 있는 방법을 제시해 주었다는 점에서 유용한 연구 방법이 되기에 충분했고 적절한 방법이었다고 할 만하다. 그만큼 종합적인 시각을 동원한 연구로 말미암아 진·가 확인형 소설은 온전한 의미를 드러낼 수 있었다.

이 책은 진·가 확인형 소설을 하나의 유형으로 묶고 이 유형이 어떤 형성 기반을 가지고 있으며 작품이 가진 유형적 특성은 어떠하며 어떤 철학적 기반을 가지고 있는지에 중점을 두고 논의를 전개했다. 연구의 기본적인 관점이 사상과 문학을 따로 다루지 않고 연관하여 다루어야 한다는 한 점과 이들이 서로 얽히면서 어떤 글쓰기로 구현되었는가를 찾아보고자 노력한 것이었다. 물론 이런 과정에서 사상은 소설을 해석하는 근거로서의 의미를 지닌 선에서만 다루어지고 취급됨으로써 사상만의 독자적인 특징과 의의는 사상된 측면도 있었다. 이런 점에 이 책이 가진 근본적인 한계가 있다. 이 책은 진·가 확인형 소설이 어떤 사상적인 기반을 가지고 있는지를 찾아보았다는 점에서 의의가 있는 반면에 이를 철저하게 따져 어떤 점은 주자학과 어떤 점은 양명학과 관련되는지를 밝혀내는 데까지 나아가지 못했다는 점에서는 근본적인 한계를 가지고 있다.

이 책에서는 다른 나라에서는 이런 문제가 어떤 전개를 보이는가에 주목하지 못했다. 이런 경향은 사상과 문학 두 방면에 모두 해당한다. 사상의 변화 과정을 우리의 경우에 한정하여 다루다 보니 이것이 어떤 맥락에서 중국과 일본 등과 연관되는지 이런 만남을 통해 우리만의 독자적인 특성을 이룬 점은 어떤 것인지를 확인하고 이를 드러내는 데까지 나아가지 못했다. 앞으로의 논의로 보충해야 할 부분 중에서 가장 중요하게 다루어야 할 것으로 여겨진다. 또한 이런 점에 덧붙여 보충해야 할 점으로는 중국에서 전개된 문학이론과도 비교하는 것이다. 그리고 글쓰기와 관련하여서도 보충해야 할 부분은 있다. 글쓰기를 더욱 철저하고 종합적인 시각에서 논의하여야 할 것인데도 여기에서의 논의는 이런 수준으로까지 나아가지 못하고 글쓰기의 대체적인 윤곽이 드러나는 수준에 머물렀다. 앞으로의 논의로 더욱 철저하고 깊이 있는 고찰이 이루어져야 할 부분이다.

참고문헌

1. 기본자료

고려대 민족문화연구소편, 「화산중봉기」, 『한국고전문학전집』7, 1993.

權尙夏, 『寒水齋集』, (민족문화추진회, 『韓國文集叢刊』150, 1995.)

金昌協, 『農巖集』(민족문화추진회, 『韓國文集叢刊』162, 1996.)

김삼불, 『裵裨將傳·雍固執傳』, 국제문화관, 1950.

朴世堂, 『思辨錄』(민족문화추진회, 『국역사변록』, 1977.)

朴趾源, 『燕巖集』(민족문화추진회, 『韓國文集叢刊』252, 2000.)

尹鳳九, 『屛溪集』(민족문화추진회, 『韓國文集叢刊』204, 1998.)

李　珥, 『栗谷全書』(민족문화추진회, 『韓國文集叢刊』44, 1988.)

李　縡, 『陶庵集』(민족문화추진회, 『韓國文集叢刊』194, 1997.)

李　滉, 『退溪集』(민족문화추진회, 『韓國文集叢刊』29, 31, 1988.)

李　瀷, 『星湖僿說』(민족문화추진회, 『국역성호사설』Ⅷ, 1979.)

이항복, 「유연전」(김균태, 『文集所載傳資料集』11, 계명문화사, 1986.)

李玄逸, 『葛庵集』, (민족문화추진회, 『韓國文集叢刊』128, 1994.)

任聖周, 『鹿門集』(민족문화추진회, 『韓國文集叢刊』228, 1999.)

정약용, 『與猶堂全書』, 경인문화사, 1987.

鄭齊斗, 『霞谷集』(민족문화추진회, 『국역하곡집』Ⅰ·Ⅱ, 1972·1973.)

鄭齊斗, 『霞谷集』(민족문화추진회, 『韓國文集叢刊』160, 1995.)

최래옥, 『동양학』19(단국대 동양학연구소, 1989.)

최래옥, 『사대논문집』4(한양대 사대, 1986.)
최래옥, 『한국학논집』10(한양대 한국학연구소, 1986.)
최래옥, 『한국학논집』11(한양대한국학연구소, 1987.)
韓元震, 『南塘集』(민족문화추진회, 『韓國文集叢刊』202, 1998.)
洪大容, 『湛軒書』(민족문화추진회, 『韓國文集叢刊』248, 2000.)
洪世泰, 『柳下集』(『閭巷文學叢書』1, 여강출판사, 1986.)

2. 논문자료

국사편찬위원회, 『한국사』31·34, 탐구당, 1985.
김균태, 「호질」, 『한국고전소설작품론』, 집문당, 1990.
김종철, 「옹고집전 연구」, 『한국학보』75, 지학사, 1994.
김종철, 「옹고집전의 연구 – 조선후기 요호부민의 동향과 관련하여 – 」, 『한국학보』75, 일지사, 1994.
김학성, 「양반전의 구조와 주제」, 『인문과학』19, 성균관대 인문과학연구소, 1989.
김현룡, 「옹고집전의 근원설화 연구」, 『국어국문학』62·63, 국어국문학회. 1973.
노꽃분이, 「유연전의 구성적 특징과 서술의식」, 『한국고전연구』 창간호, 한국고전연구회, 계명문화사, 1995.
문영오, 「호질의 노장철학적 조명」, 『연암소설의 도교철학적 조명』, 태학사, 1993.
박기석, 「호질의 작자」, 『한국문학사의 쟁점』, 집문당, 1986.
박희병, 「조선후기 <전>의 소설적 성향 연구」, 서울대 박사학위논문, 1991.

박희병, 「홍대용 연구의 몇 가지 쟁점에 대한 검토」, 『진단학보』79, 1995.

설중환, 「옹고집전의 구조적 의미와 불교」, 『문리대논집』4, 고려대 문리대, 1986.

성현경, 「호질의 구조와 원작자」, 『한국학보』31, 일지사, 1983.

소재영, 「호질재론」, 『숭전어문학』2, 숭실대 국어국문학과, 1973.

송석준, 「실학자의 사상에 나타난 양명학적 사유구조」, 『유교사상연구』7, 한국유교학회, 1994.

심경호, 「강화학의 허가비판론」, 『대동한문학』14, 대동한문학회, 2001.

오상태, 「연암소설의 풍자성 연구」, 영남대 대학원 박사학위논문, 1982.

오상태, 「호질의 작자에 대하여」, 『영남어문학』, 영남어문학회, 1978.

윤사순, 「다산의 인간관」, 『한국유학사상론』, 열음사, 1986.

이강엽, 「"자기실현"으로 읽는 <옹고집전>」, 『한국고소설연구』17, 한국고소설학회, 2004.

이상택, 「연경도서관본 한국 고소설에 관한 일연구」, 『관악어문연구』16, 서울대 국문과, 1991.

이상호, 「호질의 작자고」, 『논문집』1, 연암공업전문대학, 1984.

이석래, 「옹고집전의 연구」, 『관악어문연구』3, 서울대 국문과, 1978.

이수봉, 「유연전연구」, 『호서문화연구』3, 충북대 호서문화연구소, 1983.

이우성, 「호질의 작자와 주제」, 『창작과 비평』11, 창작과 비평사, 1968.

이원수, 「양반전과 허생전, 그 설문과 해답」, 『연민학지』3, 연민학회, 1995.

이원주, 「호질의 풍자대상」, 『상산이재수환력기념논문집』, 형설출판사, 1972.

이을호, 「반주자학적 사상의 대두」, 『한국철학연구』중권, 동명사, 1978.

이재수, 「연암소설논고」, 『논문집』10, 경북대, 1966.

이헌홍, 「실사의 소설화―유연전을 중심으로」, 한국고소설연구회 편, 『한국고소설의 조명』, 아세아 문화사, 1990.

이헌홍, 「양반전의 송사소설적 구조와 의미」, 『고소설연구논총』, 경인
　　　문화사, 1994.

이현국, 「양반전 연구」, 『문학과 언어』14, 문학과 언어연구회, 1992.

임형택, 「關于洪大容'醫山問答'－'虛'與'實'的意味及其散文的性格」, 중
　　　국학술대회발표문, 1993.

장덕순, 「옹고집전과 둔갑설화」, 『한국설화문학연구』, 서울대 출판부, 1978.

장석규, 「구운몽과 옹고집전의 상관성」, 『국어교육연구』23, 경북대 사
　　　대 국어교육연구회, 1991.

장석규, 「옹고집전연구」, 경북대 석사논문, 1984.

장석규, 「옹고집전의 구조와 구원의 문제」, 『문학과 언어』11, 문학과
　　　언어연구회, 1990.

장석규, 「옹고집전의 통일성과 서술원리」, 『국어교육연구』22, 경북대
　　　사대 국어교육연구회, 1990.

정만조, 「16세기 사림계 관료의 붕당론」, 『한국한논총』12, 국민대 한국
　　　학연구소, 1990.

정인한, 「옹고집전의 설화연구」, 『문학과 언어』1, 문학과 언어연구회, 1980.

정충권, 「옹고집전 이본의 변이양상과 그 의미」, 『판소리연구』4, 판소
　　　리학회, 1993.

정충권, 「옹고집전의 이본과 변이양상과 그 의미」, 『판소리연구』4, 판
　　　소리학회, 1993.

정충권, 「진가쟁주 화소와 화산중봉기」(간행위원회, 『한국고전문학과
　　　서사문학』하), 집문당, 1998.

조계찬, 「임진왜란기의 신분상승에 대한 소고」, 『동아논총』12, 동아대, 1975.

조동일, 「18세기 인성론의 혁신과 문학의 사명」, 『한국의 문학사와 철
　　　학사』, 지식산업사, 1996.

최래옥, 「설화와 그 소설화 과정에 대한 구조적 분석 - 특히 장자못 전설과 옹고집전의 경우 - 」, 서울대 대학원 석사논문, 1968.

최정락, 「호질의 풍자기법 고찰」, 『논문집』6, 안동대, 1984.

최천집, 「열하일기의 서술기법과 그 의도」, 『문학과 언어』18, 문학과 언어연구회, 1988.

황패강, 「양반전의 연구」, 『한국학보』13, 일지사, 1978.

황패강, 「호질연구」, 『조선왕조소설연구』, 단국대 출판부, 1981.

3. 단행본

강만길 외, 『한국사』9, 한길사, 1994.

국사편찬위원회, 『한국사』34, 탐구당, 1995.

금장태, 『한국유학의 심설』, 서울대학교 출판부, 2002.

김광순, 『천군소설연구』, 형설출판사, 1986.

김동욱, 『한국가요의 연구(속)』, 이우출판사, 1980.

김동욱, 『한국가요의 연구』, 을유문화사, 1961.

김명호, 『열하일기 연구』, 창작과 비평사, 1990.

김일렬, 『고전소설신론』, 새문사, 1991.

김일렬, 『조선조 소설의 구조와 의미』, 형설출판사, 1984.

김태준, 『홍대용과 그의 시대』, 일지사, 1982.

김태준, 『홍대용평전』, 민음사, 1987.

마르티나 도이힐러, 이훈상 옮김, 『한국 사회의 유교적 변환』, 아카넷, 2003.

배종호, 『한국유학사』, 연세대학교 출판부, 1974.

알라키 켄고, 김석근 옮김, 『불교와 양명학』, 서광사, 1993.

앤소니 기든스, 권기돈 옮김,『현대성과 자아정체성』, 새물결, 1997.

양국영, 김형찬 외 옮김,『양명학』, 예문서원, 1994.

양윤모,『정체성의 탐구와 소설의 형식』, 박이정, 2003.

유명종,『성리학과 양명학』, 연세대학교 출판부, 1994.

유명종,『송명철학』, 형설출판사, 1982.

유봉학,『연암일파 북학사상 연구』, 일지사, 1995.

윤남한,『조선시대의 양명학 연구』, 집문당, 1982.

윤사순,『한국의 성리학과 실학』, 삼인, 1998.

이가원,『연암소설연구』, 을유문화사, 1965.

이애희,『조선후기 인성·물성 논쟁의 연구』, 고려대 민족문화연구원, 2004.

이헌홍,『한국송사소설연구』, 삼지원, 1997.

정석종,『조선후기사회변동연구』, 일조각, 1983.

정인보,『양명학 언론』, 계명대 출판부, 2004.

조동일,『문학사와 철학사의 관련양상』, 한샘출판사, 1992.

조동일,『한국문학사상사시론』, 지식산업사, 1978.

조동일,『한국문학통사』3, 지식산업사, 1984.

조동일,『한국소설의 이론』, 지식산업사, 1977.

진래, 전병욱 옮김,『양명철학』, 예문서원, 2003.

陳正炎·林其錟, 이성규 역,『중국의 유토피아 사상』, 지식산업사, 1990.

최귀묵,『김시습의 사상과 글쓰기』, 소명출판사, 2001.

최근덕 외,『조선조 성리철학의 구조적 탐구』, 성균관대학교 출판부, 2001.

최영희,『임진왜란중의 사회변동』, 한국연구원, 1975.

· 저자 ·

최 천 집   · 약 력 ·
저자 최천집은 경남 합천에서 태어나 경북대학교 인문대학 국어국문학
과를 졸업했으며, 같은 대학원에서 문학석사 및 문학박사 학위를 받았
다. 현재 경북대학교와 동국대학교에 출강하고 있다.

· 논 문 ·
「호질에 나타난 이상 사회에 대한 추구 경향」
「호질 창작의 연원과 배경」
외 다수

조선 후기 진·가 확인형 소설의
형성 기반과 서사 세계

· 초판 인쇄 │ 2008년 9월 18일
· 초판 발행 │ 2008년 9월 18일

· 지 은 이 │ 최천집
· 펴 낸 이 │ 채종준
· 펴 낸 곳 │ 한국학술정보㈜
              경기도 파주시 교하읍 문발리 513-5
              파주출판문화정보산업단지
              전화 031) 908-3181(대표)·팩스 031) 908-3189
              홈페이지 http://www.kstudy.com
              e-mail(출판사업부) publish@kstudy.com
· 등   록 │ 제일산-115호(2000. 6. 19)
· 가   격 │ 20,000원

ISBN   978-89-534-9952-2 93800 (Paper Book)
       978-89-534-9953-9 98800 (e-Book)